TRAITÉ

HISTORIQUE ET DOGMATIQUE

DE

LA VRAIE RELIGION.

TOME SIXIEME.

TRAITÉ
HISTORIQUE ET DOGMATIQUE
DE
LA VRAIE RELIGION,
AVEC

La Réfutation des erreurs qui lui ont été opposées dans les différens siecles.

Par M. l'Abbé BERGIER, Chanoine de l'Église de Paris.

Cum essemus parvuli, sub elementis hujus mundi eramus servientes; at ubi venit plenitudo temporis, misit Deus Filium suum..... ut adoptionem filiorum reciperemus.   GALAT. c. 4, ⅴ. 3.

TOME SIXIEME.

A PARIS.

Chez MOUTARD, Imprimeur-Libraire de la REINE, de MADAME, & de MADAME la Comtesse d'ARTOIS, Hôtel de Cluny, rue des Mathurins.

M. DCC. LXXX.
Avec Approbation & Privilége du Roi.

TRAITÉ
HISTORIQUE ET DOGMATIQUE

DE

LA VRAIE RELIGION,

Avec la Réfutation des erreurs qui lui ont été opposées dans les différens siecles.

SECONDE PARTIE.

CHAPITRE IV.

De la Mission de Moïse.

LA question que nous allons examiner, est la plus importante de toutes celles que nous avons à traiter dans notre seconde Partie ; il s'agit de favoir fi Moïfe a réuni dans fa perfonne les fignes qui caractérifent un Miniftre du Seigneur, fpécialement chargé d'annoncer aux hommes les volontés divines; s'il a fait des miracles & des prophéties ; s'il a eu la fageffe, l'équité, la fincérité, le défintéreffement & les autres vertus que doit avoir un envoyé du Ciel. Au cas qu'il raffemble tous ces traits, il eft prouvé que fa miffion eft furnaturelle : quand nous ne pourrions pas rendre raifon de tout ce qu'il a dit & de tout ce qu'il a fait, il ne s'enfuivroit pas que cette miffion eft fauffe, que Moïfe eft un impofteur : un homme conduit par des lumieres furnaturelles, peut avoir eu des vues, des connoiffances, des motifs que nous ignorons ; il nous fuffit de montrer qu'il n'y a rien dans fes actions qui ne foit conforme au deffein général & au plan de la Providence & qui n'ait dû contribuer au fuccès. Puifqu'il a établi la Religion & la République Juive ; puifque cet ouvrage a duré jufqu'à la venue du Meffie, qui étoit la fin de la Loi, il eft déja démontré par l'événement que Moïfe a rempli fon miniftere, que Dieu ne s'étoit point trompé dans fes mefures, que l'instrument dont il s'est servi a été tel qu'il devoit être. Mais nous ne sommes point réduits à cette simple présomption ; quoique les Incrédules aient examiné les actions de Moïse avec toute l'attention & la malignité possible, nous nous croyons en état de satisfaire à toutes leurs plaintes, & de montrer que ce Législateur est irrépréhensible.

Nous continuerons à suivre l'ordre chronologique de son Histoire, & à discuter les faits tels qu'il les raconte ; nous parlerons dans le premier article, de ses miracles ; dans le second, de ses prophéties ; dans le troisieme, de sa conduite. Ce n'est pas notre faute si nous sommes obligés de nous arrêter souvent à des circonstances minutieuses ; l'opiniâtreté de nos Adversaires à tout blâmer, nous met dans la nécessité de tout examiner. L'Auteur de l'Esprit du Judaïsme a rassemblé à peu près toutes les objections des Incrédules, contre la mission de Moïse ; c'est là principalement que nous les avons puisées : il les a copiées lui-même d'après les Déistes Anglois.

TRAITÉ

ARTICLE PREMIER.

Des Miracles de Moïse.

§. I.

Il y avoit soixante-quatre ans que Joseph étoit mort ; le souvenir des services qu'il avoit rendus à l'Egypte, avoit procuré jusqu'alors à la famille de Jacob un sort heureux : placée dans une contrée fertile, elle s'étoit multipliée à l'excès ; elle étoit devenue un peuple nombreux. Il s'éleva, dit le Livre de l'Exode, un nouveau Roi d'Egypte qui ne connoissoit pas Joseph. Ce pouvoit être un Prince étranger, un conquérant qui avoit assujetti la basse Egypte. Frapé de voir dans ses Etats une nation entiere qui avoit une langue, des mœurs, une croyance différentes de celles des Egyptiens, qui se regardoit comme étrangere, & qui espéroit de sortir un jour du pays qu'elle occupoit, il en conçut de l'ombrage. Ce peuple est trop nombreux, dit-il ; il est plus puissant que le reste de la nation ; s'il survenoit une guerre, il se joindroit à mes ennemis, & sortiroit malgré moi de mon Royaume ; réduifons-le à l'efclavage pour l'affoiblir. Il condamne les Hébreux aux travaux publics; il ordonne à fes Sujets de ne leur accorder aucun relâche ; il enjoint à deux Sages-femmes de tuer les enfans mâles des Hébreux à leur naiffance. Ces femmes révoltées de la barbarie de cet ordre, ne l'exécutent point; elles difent au Roi que les femmes des Hébreux s'accouchent elles-mêmes : Dieu récompenfe leur humanité, en faifant profpérer leur famille.

Voilà, difent nos Adverfaires, un menfonge récompenfé; Dieu l'approuve donc, felon l'Ecrivain facré (*a*).

Il faudroit commencer par prouver que les Sages-femmes mentoient. Les femmes des Hébreux, informées de l'ordre qui avoit été donné, ne s'empafferent pas, fans doute, d'avoir recours à des Sages-femmes ; elles fe rendoient fervice les unes aux autres dans leurs couches, & n'appelloient les Sages-femmes qu'après la naiffance de leurs enfans. Il n'y a donc rien de faux dans la réponfe de celles-ci. Leur fera-t-on

---

(*a*) Tindal, Chriftian. auffi ancien que le monde, c, 13, p. 320.

un crime d'avoir eu horreur de la cruauté qu'on vouloit leur inspirer ? Mais plusieurs Interpretes, quelques Peres de l'Eglise, ont pensé que les Sages-femmes avoient menti : soit. Le Texte ne le prouve point; ce soupçon n'est pas fondé.

Le Roi d'Egypte, trompé dans son projet, ordonna à tous ses Sujets de noyer les enfans mâles des Hébreux, & de ne réserver que les filles. Moïse vint au monde; sa mere, après l'avoir caché pendant trois mois, est obligée de l'exposer sur le bord du Nil : la fille du Roi y vint pour se baigner avec ses femmes; touchée de compassion, elle tire des eaux l'enfant, le fait élever, & l'adopte pour son fils.

Un Philosophe objecte que l'on ne se baigne point dans le Nil à cause des Crocodiles. Il pouvoit y avoir des Crocodiles dans le principal lit du fleuve; mais est-il certain qu'il y en avoit aussi dans tous les canaux que l'on avoit creusés pour arroser l'Egypte, que dans un climat aussi chaud l'on n'avoit ménagé aucun bassin où l'on pût se baigner en sureté ?

Un autre nous apprend que les Juifs ont forgé une vie de Moïse pleine de fables absurdes, où ils racontent mille prodiges opérés par Moïse dans son enfance. Que nous importe ? Il est question de savoir si l'Histoire de Moïse, écrite par lui-même, est fausse. Des fables forgées récemment peuvent-elles y donner atteinte ? pas plus que les Romans de Chevalerie ne renversent l'Histoire de Charlemagne.

Un troisieme demande comment Aaron, frere aîné de Moïse, avoit pu être sauvé. Nous répondons qu'il étoit né avant l'ordre donné de mettre à mort les enfans mâles des Hébreux : il avoit trois ans plus que son frere.

§. II.

Moïse, élevé dans le palais du Roi & parvenu à l'âge viril, va visiter ses freres. Il apperçoit un Egyptien qui maltraitoit un Hébreu, il tue l'Egyptien & l'enterre dans le sable. Le Roi, informé de ce meurtre, veut punir Moïse ; il s'enfuit dans le pays de Madian. Le premier exploit de Moïse, disent les Incrédules, est donc un assassinat (*a*).

(*a*) Esprit du Judaïsme, c. 2. p. 26. Tableau des Saints, c. 1.

Pour démontrer cette conséquence, il faut prouver, 1.° Que Moïse eut tort de prendre la défense d'un homme opprimé. 2.° Que l'Egyptien ne tourna pas sa fureur contre Moïse lui-même, & ne mit point sa vie en danger. 3.° Que l'homicide fut volontaire, prémédité, & non point causé fortuitement par Moïse, en voulant défendre l'opprimé. On objectera que le Texte ne nous apprend point ces circonstances. Il ne dit rien non plus de contraire, & il suffit que le cas soit possible. N'est-il jamais arrivé à aucun homme de tuer malgré soi un furieux, sans en avoir formé le dessein, & uniquement pour éviter d'être tué soi-même ? Alors le meurtre est graciable, le meurtrier est déclaré innocent. On sait que selon les loix de l'Egypte, c'étoit un crime capital de ne pas secourir un homme en danger d'être assassiné (a); Moïse, en prenant la défense d'un Hébreu, attaqué par un Egyptien, accomplissoit donc la loi naturelle de l'humanité & la loi civile de l'Egypte.

(a) Orig. des Loix, des Sciences, &c. tom. 1, liv. 1, p. 119. Recherches philos. sur les Egypt. tom. 2, sect. 9, p. 285.

Si, contre son intention, il tua l'agresseur, cet accident involontaire ne le rend pas criminel.

Réfugié dans le pays de Madian, Moïse épouse la fille de Jéthro, chef d'une Tribu de Madianites; nos Censeurs lui font un crime de s'être allié à une famille idolâtre. C'est une fausse accusation; il est prouvé par le chap. 18 de l'Exode, que Jéthro connoissoit & adoroit le vrai Dieu.

On ne doit pas s'étonner que Moïse, âgé de près de 80 ans, fût occupé à garder les troupeaux de son beau-pere; les Madianites, aussi bien que les Hébreux, étoient un peuple pasteur, les troupeaux étoient la principale richesse de ces tems-là. Nous invitons nos Adversaires à lire de sang-froid le troisieme & le quatrieme Chapitre de l'Exode; Moïse y raconte la maniere dont Dieu lui apparut & lui donna sa mission, les objections que sa timidité y opposa, ce que Dieu lui dit pour le rassurer. Lorsqu'ils auront considéré le ton de candeur, de naïveté, de modestie qui regne dans cette narration, ils seront en état de juger si un imposteur ou un visionnaire auroit ainsi parlé. Pour la faire paroître, ridicule, l'Auteur de la Bible expliquée, a été obligé de la travestir (*a*).

Arrivé en Egypte, Moïse déclare aux Israélites que le tems de leur délivrance est arrivé, qu'il est chargé, de la part de Dieu, de les mettre en liberté. Nouveau crime aux yeux des Incrédules. Il souleve, dit-on, les Hébreux contre leur Souverain, il fait périr des millions d'Egyptiens (*b*).

Ce soulévement est faux; Moïse alla directement à Pharaon, & lui demanda, de la part de Dieu, la liberté de son peuple. Ce Roi, irrité, fit aggraver les travaux des Israélites; ils s'en plaignirent à Moïse, mais ils ne se souleverent point. Nous pensons d'ailleurs que des étrangers reçus à titre d'hospitalité & réduits à l'esclavage contre le droit naturel, ont une raison légitime de s'en aller, s'ils le peuvent. Moïse ne commença pas par tuer des Egyptiens, il fit des miracles devant Pharaon & sous les yeux des Egyptiens, pour prouver qu'il étoit envoyé de Dieu. Si le Roi & ses Sujets ont résisté à un ordre du Ciel,

---

(*a*) Bible expliquée, p. 124, & s.
(*b*) Tableau des Saints, premiere Part. c. 1.

évidemment prouvé, ils n'ont dû attribuer qu'à eux-mêmes les fléaux par lesquels ils furent punis.

§. III.

Avant d'aller plus loin, nos Adversaires exigent que nous prouvions la réalité de ces miracles : il est juste d'y satisfaire. La mission & l'inspiration de Moïse, disent-ils, sont fondées sur ses miracles, & c'est lui qui les atteste ; c'est lui qui nous dit qu'ils ont été faits sous les yeux d'une nation entiere : voilà toute la preuve (*a*).

Démontrons le contraire. 1.° Ce n'est point Moïse seul qui raconte ses miracles ; Josué, son successeur, qui les avoit vus en Egypte & dans le désert, prêt de mourir, assemblé les anciens, les chefs, les Juges de toutes les Tribus : « Vous avez » vu de vos yeux, leur dit-il, les pro- » diges que le Seigneur a faits pour vous » par le ministere de Moïse en Egypte & » dans le désert, les plaies de l'Egypte, » le passage de la mer rouge, &c. (*b*). » Ces anciens avoient vingt ans à la

---

a) Tableau des Saints, premiere Part. c. 1.
(*b*) Josué, c. 24.

sortie de l'Egypte; il n'étoit mort dans le défert que ceux qui étoient au-deſſus de cet âge (*a*). Nous avons vu en effet, répondent-ils, les grands miracles que le Seigneur a faits pour nous tirer de l'Egypte, & nous mettre en poſſeſſion du Pays des Chananéens ; en conféquence ils jurent au nom du peuple de demeurer fideles au Seigneur. Joſué fait élever une groſſe pierre pour ſervir de monument de cette eſpece de traité. L'Auteur qui a fini l'Hiſtoire de Joſué, ajoute qu'ils tinrent parole ; tant que vécurent ces vieillards, témoins oculaires des faits, Iſraël ſervit fidélement le Seigneur (*b*). Cet Ecrivain étoit bien ſûr de ne pas être contredit; la pierre exiſtoit à Sichem, & parloit auſſi hautement que lui.

Ces mêmes miracles ſont rappellés ſous les Juges comme des événemens dont perſonne ne doutoit; David en fait l'énumération dans ſes Pſeaumes, &c. (*c*). Ce n'eſt donc point le ſimple témoignage

---

(*a*) Num. c. 14, v. 19.
( ) Joſué, c. 24. Jud. c. 2 & 6.
(*c*) Jud. c. 2, v. 7, 12 : c. 6, v. 9. Pſeaumes 77, 104, 105, 106, 134, &c.

de Moïse, mais celui de toute la nation, rendu d'abord par les témoins oculaires, tranfmis d'une génération à l'autre par la tradition orale, par les écrits, par les monumens. Il y a de la différence entre la narration d'un feul Hiftorien, & l'acquiefcement conftant d'un peuple entier.

2.° Nous avons vu que les Auteurs profanes qui ont parlé de Moïse, Egyptiens, Phéniciens, Grecs, Romains, ont fuppofé qu'il avoit fait des miracles, puifque la plupart l'ont regardé comme un magicien fameux. La queftion fera d'examiner fi les prodiges de Moïfe peuvent être attribués à la magie. Ces Ecrivains n'étoient pas témoins oculaires; ils n'avoient pas de ces miracles les mêmes preuves que les Juifs; mais ils atteftoient la tradition qui en fubfiftoit, même chez les autres nations; ils n'avoient pas lu ces faits dans les Livres de Moïfe. Un Auteur récent a montré des veftiges affez reconnoiffables des plaies de l'Egypte & des miracles de Moïfe dans l'ancienne Hiftoire de ce royaume (*a*).

―――――――――――――――――

(*a*) Hift. véritable des tems fabuleux, tom. 3, p. 173 & *fuiv*.

3.° La principale & la plus forte preuve de ces miracles sont les effets qu'ils ont opérés, & qui n'ont pas pu être produits par une autre cause; la sortie d'Egypte, la route qu'ont tenue les Israélites, leur séjour de quarante ans dans un désert, l'obéissance qu'ils ont rendue à Moïse jusqu'à sa mort & après sa mort même, leur attachement à ses Loix. Si Moïse n'a point fait de miracles, il faut nous apprendre pourquoi les Egyptiens ont donné la liberté aux Hébreux, par quel chemin ceux-ci ont passé, comment ils ont vécu pendant quarante ans, qui a fait leur législation, pourquoi ils s'y sont soumis, & y sont revenus tant de fois après s'en être écartés. Car enfin, leur demeure en Egypte, leur habitation dans la Palestine, leur législation existante, l'attachement qu'ils ont eu pour elle, sont quatre faits incontestables. Il faut les lier, les expliquer, en tracer l'Histoire. Jamais les Incrédules ne nous satisferont sur aucun de ces chefs. Ce n'est pas tout de contredire & de rejetter la narration des Livres saints, il faut nous donner une Histoire plus probable, mieux soutenue dans ses différentes époques, plus analogue aux tems, aux mœurs, au caractere des Nations & des personnages.

§. IV.

4.° Si Moïse n'a point fait de miracles pour mériter la confiance des Hébreux, il faut assigner une cause naturelle des vertiges dont ils ont été attaqués pendant quinze cents ans; comment ils se sont soumis à des mœurs, à des usages, à des Loix, à une Religion qui les faisoient détester des autres Nations; comment les premiers qui l'ont embrassée ont pu se résoudre à démentir tous les jours le témoignage de leur conscience. Un Juif, non convaincu des miracles de Moïse, a-t-il pu dire, j'immole tous les ans un agneau avec telles cérémonies, en mémoire de notre délivrance miraculeuse de l'Egypte & du passage de la mer rouge : j'offre à Dieu les premiers nés de mes enfans & de mes troupeaux, pour me souvenir que les premiers nés de mon peuple ont été sauvés des coups de l'Ange exterminateur. Je célebre le Sabbat toutes les semaines, pour attester, non-seulement la Création, mais le miracle de la manne dont Dieu nous a nourris dans le défert, &c. (*a*). Si ces rites n'ont pas été pratiqués par ceux-mêmes qui avoient vu les faits, comment, à quelle occafion, par quelles caufes cette frénéfie a-t-elle commencé & s'eft-elle perpétuée ? Nous ne trouvons rien dans les Écrits des Incrédules qui puiffe nous appaifer fur ce point.

Les Juifs ont fait plus; ils ont établi des jours de jeûne, pour attefter les événemens de l'Hiftoire de Moïfe les plus humilians pour eux. Nous en trouvons dans leur calendrier, non-feulement pour pleurer la mort de Moïfe, celle d'Aaron, celle de Jofué, mais pour déplorer l'adoration du veau d'or, les Tables de la Loi brifées par Moïfe, la mort des efpions envoyés dans la Terre promife, la Sentence qui condamna les murmurateurs à mourir dans le défert. Ces faits font célébrés par des jeûnes, de même que les malheurs arrivés à la Nation dans les fiecles poftérieurs. Un Peuple s'eft-il jamais avifé d'établir des jours de deuil pour expier des malheurs imaginaires, de s'afliger férieufement pour

---

a) Exode, c. 12, 13, 16. Deut. c. 5, & 16.

des fables ? Ces jeûnes des Juifs sont anciens ; non-seulement Tacite en parle & en donne une mauvaise raison, mais les Prophetes donnent des leçons aux Juifs sur la maniere de les sanctifier. Dans toute l'antiquité, nous ne connoissons point d'événemens fabuleux attestés de cette maniere.

5.° Les miracles de Moïse ne sont point des faits isolés, qui aient pu arriver sans conséquence ; ils avoient été prédits à Abraham (*a*) ; les Hébreux s'y attendoient sur la promesse de leurs peres. Lorsque Moïse fit des miracles devant eux, ils reconnurent que Dieu les visitoit selon sa promesse, & se prosternerent pour l'adorer (*b*). C'est donc ici un dessein de la Providence annoncé, suivi, continué pendant une longue suite de siecles ; il avoit pour but l'établissement d'une législation nouvelle & inouie, c'étoit un préparatif à la révélation générale, destinée au genre humain. Tout s'est fait dans les tems marqués, tout se tient & forme une chaîne indissoluble. Un imposteur, sur-tout un Juif, qui les

---

(*a*) Gen. c. 15, ℣. 13.
(*b*) Exode, c. 4, ℣. 30, 31.

auroit forgés dans la suite des siecles; auroit-il été capable de lier ainsi les préparatifs, les faits, les conséquences, de les adapter au caractere des personnages, aux mœurs des Nations, aux généalogies, aux détails géographiques & chronologiques? L'art humain ne va pas jusques-là; nous ne voyons point les prodiges fabuleux des autres Nations liés ainsi à un plan suivi & raisonné.

6.° La Religion Juive, à laquelle ces miracles servent de base, étoit sage, utile, digne de Dieu, au-dessus des lumieres & de la capacité d'un légiflateur, dans le tems & dans les circonstances où elle a été donnée; nous le prouverons exactement dans la suite; donc Moïse, qui en est l'Auteur ou plutôt le simple Ministre, a été revêtu d'un pouvoir surnaturel & d'une mission divine.

Un Déiste Anglois qui s'est élevé de toutes ses forces contre les miracles de Moïse, dit néanmoins: les Juifs étoient si stupides qu'ils ne pouvoient être persuadés que par des miracles; la raison ne pouvoit rien sur eux (a). Ils n'auroient pas ajouté foi à Moïse, s'il n'avoit pas

---

(a) Morgan, Moral philos. tom. 2, p. 32.

été plus habile que les Magiciens de l'Egypte (*a*); ils n'auroient pas cru l'unité de Dieu quoique démontrée, si elle ne leur avoit pas été intimée de sa propre bouche (*b*). Par une inconséquence palpable, il soutient que les miracles de Moïse n'étoient pas plus réels que ceux des Magiciens (*c*). Il suppose donc que pour instruire les Juifs, Dieu a été dans la nécessité de leur en imposer par de faux miracles. Il nous paroît plus aisé de croire vrais les miracles de Moïse, que d'adopter un pareil blasphême.

Voilà les preuves principales de la vérité & de la réalité des miracles de Moïse; elles se développeront par la suite de nos discussions. Viendra-t-on encore nous dire qu'elles se réduisent au simple témoignage de ce législateur?

§. V.

L'Auteur des lettres sur les miracles, prétend qu'Abadie, en prouvant ceux de Moïse, a supposé ce qui est en question:

(*a*) *Ibid.* tom. 1, p. 242.
(*b*) *Ibid.* tom. 2, p. 41.
(*c*) *Ibid.* p. 65.

TRAITÉ

« Les incrédules, dit-il, recherchent si
» Moïse a existé; si un seul des Ecrivains
» prophanes a parlé de Moïse avant que
» les Hébreux eussent traduit leur His-
» toire en grec; si l'homme dont les
» Hébreux ont fait leur Moïse, n'est pas
» le *Misem* des Arabes. Ils recherchent
» pourquoi Joseph ne cite aucun Auteur
» Egyptien qui ait parlé des miracles de
» Moïse. Ils se fondent sur des passages
» des Livres de Moïse, pour prouver
» que ces Livres n'ont pu être écrits que
» sous les Rois....... Ils ne disent pas,
» Moïse a trompé six cent mille soldats,
» mais ils disent qu'il est impossible que
» Moïse ait eu six cent mille soldats;
» cela supposeroit près de trois millions
» d'hommes; & il est impossible que
» soixante & dix Hébreux réfugiés en
» Egypte, aient produit trois millions
» d'habitans en deux cent cinq ans. Il
» n'est pas probable que si Moïse avoit
» eu trois millions de suivans à ses ordres,
» & Dieu à leur tête, il se fût enfui
» comme un lâche; il n'est pas probable
» que, s'il a écrit, il ait écrit autrement
» que sur des pierres; il n'est pas probable
» que le dépôt de ces pierres se soit con-
» servé quand les Juifs furent esclaves

» après Josué. Il n'est pas sûr que Moïse
» ait écrit; il ne l'est pas même que
» Moïse ait existé. D'ailleurs, toute la
» Théogonie des Juifs semble prise des
» Phéniciens. C'est ainsi que nos adver-
» saires s'expliquent (a) ».

Réponse. Ce Philosophe ne nous accusera pas d'avoir supposé de même ce qui est en question. Nous avons prouvé que Moïse a existé, qu'il n'est point le *Misem* des Arabes, que des Auteurs Egyptiens, Phéniciens, Chaldéens, Grecs & Romains ont parlé de lui, même de ses miracles. Qu'ils l'aient fait avant ou après la traduction des livres Saints en grec, cela nous paroît fort indifférent. Pour quelle raison le témoignage d'un Auteur, qui auroit connu le texte hébreu, auroit-il plus de force que celui d'un Écrivain, qui n'auroit lu que la version grecque? Sanchoniathon, Phénicien, qui, selon Porphyre, avoit fait l'Histoire des Juifs, & qui approchoit du siecle de Moïse, n'avoit certainement pas vu la version grecque ; donc il avoit connu le texte hébreu. Pour que la narration

---

(*a*) Seconde Lettre sur les miracles, p. 31 & suiv.

d'un Historien mérite confiance, est-il nécessaire qu'il ait tiré les faits d'un Livre qu'il n'entend pas? Bien-tôt peut-être que les Incrédules exigeront que pour confirmer l'Histoire Juive, nous produisions l'attestation des Ecrivains qui n'ont point connu les Juifs.

Nous avons fait voir que les passages allégués par nos Adversaires pour prouver que le Pentateuque a été écrit sous les Rois, prouvent précisément le contraire. Ces passages renversent-ils les raisons par lesquelles nous avons démontré l'authenticité du Pentateuque? Si Moïse ne l'a pas écrit, personne n'a été capable de l'écrire; il ne l'a écrit ni sur des pierres, ni sur du mortier, mais sur la même matiere dont notre Philosophe veut que Sanchoniathon se soit servi pour écrire avant Moïse. Quand il nous aura dit sur quoi étoit écrite la Théogonie de Sanchoniathon, nous lui dirons sur quoi étoit écrit le Pentateuque.

On verra dans la suite que les Hébreux n'ont point été esclaves après Josué; ils ont toujours eu les livres de Moïse, & ils ne pouvoient s'en passer.

Nous avons montré par un exemple incontestable & qui n'est pas fort ancien, que soixante-dix Hébreux ont pu produire plus de deux millions de personnes en deux cent quinze ans; mais le calcul de notre Philosophe est enflé d'un tiers; six cent mille hommes en état de combattre, supposent tout au plus dix-huit cent mille ames dans la nation entiere. Accordons pour un moment qu'il y ait eu erreur ou exagération dans le nombre des soldats; toujours y en eut-il assez pour vaincre les Cananéens, quarante ans après. Quand il n'y en auroit eu que cinquante mille, étoit-ce un trop petit nombre pour attester les miracles de Moïse?

Ce Chef de la nation Juive ne s'est point enfui en lâche, puisqu'il a forcé les Egyptiens à le laisser partir avec tout son monde. Il avoit à droite une chaîne de montagnes, à gauche les Philistins & les Amalécites, derriere lui les Egyptiens, devant lui la mer rouge; il ne pouvoit donc pas s'enfuir: nous supplions nos doctes Dissertateurs de nous apprendre comment cet homme lâche s'est tiré de là.

Il n'a point emprunté sa Théogonie des Phéniciens, puisqu'il n'a point écrit de Théogonie; il a enseigné que Dieu seul a créé le monde, au lieu que le fragment de Sanchoniathon, très-postérieur à Moïse, selon Porphyre, & qui paroît avoir été assez mal traduit, n'est qu'une Théogonie inconcevable & aussi absurde que celle d'Hésiode.

L'Auteur de l'objection & ses partisans, peuvent donc chercher de meilleures raisons à opposer aux preuves d'Abadie ; ce judicieux Apologiste ne pouvoit pas prévoir, que pour renverser un fait positif, établi sur des raisonnemens invincibles, les Incrédules se rabattroient à dire, *il n'est pas possible, il n'est pas probable :* un fait est possible & probable dès qu'il est solidement prouvé. Ou il faut attaquer directement les preuves, ou il faut convenir des faits.

§. VI.

Pour rendre suspects les miracles de Moïse, ces habiles critiques commencent par observer qu'il fut élevé dans l'étude de la magie, très-commune chez les Egyptiens (*a*).

(*a*) Esprit du Judaïsme. Avant-propos, p. 14, c. 2, p. 25 & 33. Opinions des Anciens sur les Juifs, p. 21. Tableau des Saints, c. 1. Tableau du Genre humain, p. 16 & 21.

Mais

Mais il n'est pas aisé de concevoir ce qu'ils entendent par *Magie*. Etoit-ce l'art de tromper les yeux par souplesse, comme font les jongleurs & les joueurs de gobelets ? Nous verrons que les miracles de Moïse ne sont point de simples tours, que l'illusion ne peut y avoir lieu. La magie est-elle une science naturelle, un mélange de physique, de médecine, & de pratiques inconnues au vulgaire? Nous prouverons que les miracles de Moïse ne peuvent être l'effet d'aucune cause naturelle. Est-ce enfin un commerce avec les Esprits infernaux pour étonner & séduire les hommes? Moïse n'a eu de commerce qu'avec Dieu; il n'a fait usage de son pouvoir que par l'ordre de Dieu; il n'a enseigné qu'une doctrine pure & vraie, il n'a établi que des loix sages, il n'a favorisé ni le vice ni l'erreur ; un suppôt de l'enfer doit se reconnoître à des caracteres tout différens. Que signifie donc cette accusation de magie à laquelle on n'attache aucun sens clair & décidé ?

Moïse paroît devant Pharaon, & lui demande, de la part du Seigneur, la liberté des Hébreux. Ce Roi répond qu'il ne connoît pas le Seigneur ; qu'il ne mettra point Ifraël en liberté. Pour l'y forcer, Dieu donne à Moïfe le pouvoir de faire des miracles & de faire tomber fur l'Egypte des fléaux furnaturels. Déja l'on nous arrête fur la conduite de la Providence à cette occafion.

§. VII.

Premiere Objection. Si les miracles de Moïfe étoient réels, il y auroit eu de l'injuftice de la part de Dieu de punir par des fléaux auffi terribles les Egyptiens de l'incrédulité de leur Roi & de fa réfiftance aux ordres du Ciel. Il eft contre l'équité de rendre les Sujets refponfables de la faute de leur Souverain. A fuppofer que Dieu voulût délivrer les Ifraélites de la fervitude, il pouvoit auffi bien le faire par des bienfaits accordés aux Egyptiens que par des châtimens ; maître des efprits & des cœurs, il pouvoit infpirer à Pharaon la volonté de mettre les Hébreux en liberté fans dévafter fon royaume, fans punir les innocens avec les coupables. Une conduite auffi odieufe, attribuée à Dieu par Moï-

DE LA VRAIE RELIGION. 27

se, suffit pour ôter toute croyance à son histoire & à ses prétendus miracles (*a*).

Réponse. De quelque manière que la Providence divine en agisse envers les hommes, les Incrédules sont trop révoltés contre elle pour l'approuver jamais. Le Roi d'Egypte étoit-il le seul incrédule de son Royaume, le seul coupable d'injustice & de violence envers les Hébreux, le seul obstiné à méconnoître Dieu & à braver sa Loi? Humilié par une suite de fléaux, il confesse enfin que Dieu est juste, que son peuple & lui sont des impies: *Dominus justus, ego & populus meus impii* (*b*). La vérité de cet aveu est prouvée par toute la suite de l'Histoire. 1.º Le motif qui avoit engagé Pharaon à opprimer les Israélites, étoit la crainte qu'ils ne devinssent trop puissans, qu'ils ne sortissent de son Royaume à main armée & malgré lui; il savoit donc que ce peuple n'étoit chez lui qu'en qualité d'hôte & seulement pour un tems: ses Sujets étoient entrés dans ses vues; ils accabloient de travaux

_____

(*a*) Esprit du Judaïsme, c. 2. p. 28. Bible expliquée, p. 132. Morgan, t. 2, p. 27.
(*b*) Exode, c. 9, ẏ. 27.

B ij

& d'outrages une nation paifible qui s'étoit établie parmi eux fur la parole d'un de leurs Rois; ils violoient l'hofpitalité, l'humanité & le droit des gens (*a*). 2.º Ils avoient exécuté l'ordre barbare qu'avoit donné leur Souverain, de noyer les enfans mâles des Hébreux (*b*). 3.º Il ne tint qu'à eux de fe fouftraire à la plupart des fléaux dont Dieu les affligeoit; Moïfe en avertiffoit toujours d'avance; il eft dit à la fixieme plaie que ceux qui craignirent les menaces du Seigneur, fe tinrent renfermés chez eux, & furent épargnés (*c*). 4.º La plupart des plaies de l'Egypte étoient évidemment deftinées à confondre l'idolatrie monftrueufe de ce peuple & à l'en corriger. Dieu le déclare par ces paroles, *j'exercerai mes jugemens fur tous les Dieux de l'Egypte* (*d*). Les Egyptiens adoroient le Soleil fous le nom d'*Ofiris*, le Nil, les animaux, les plantes; Dieu leur dérobe la vue du Soleil par des ténebres épaiffes; il

---

(*a*) Exode, c. 1, ℣. 9 & fuiv.
(*b*) Ibid. ℣. 22.
(*c*) C. 9, ℣. 20.
(*d*) C. 12, ℣. 12.

change l'eau du Nil en sang; il couvre d'ulceres les animaux & leurs adorateurs; il détruit les plantes par la grêle & par les sauterelles. Dieu ajoute: *les Egyptiens apprendront que c'est moi qui suis le Seigneur* (a). S'ils ne l'ont pas appris, ou s'ils n'ont pas voulu s'en souvenir, ce n'est pas faute d'avoir reçu des leçons assez frappantes.

Nous ne supposons point sans preuve que les Egyptiens étoient alors idolâtres. Pharaon répondit d'abord à Moïse, qui est le Seigneur, pour que je lui obéisse? Je ne le connois point, & je ne mettrai point Israël en liberté (b). Moïse lui représente que les Israélites ne peuvent rendre en Egypte leur culte au Seigneur: nos sacrifices, dit-il, paroîtroient une abomination aux Egyptiens, si en leur présence nous immolions à Dieu les êtres qu'ils adorent; ils nous lapideroient (c). On sait d'ailleurs que le Veau d'or, adoré dans le désert par les Israélites, étoit une image du bœuf Apis, qu'ils avoient vu adorer en Egypte.

(a) C. 7, ℣. 5. Sap. c. 12, ℣. 23, 27.
(b) C. 5, ℣. 2.
(c) C. 8, ℣. 26.

Quand on aura pesé toutes ces circonstances, on ne sera plus tenté d'accuser Dieu d'injustice, & de cruauté envers les Egyptiens.

Dieu pouvoit les convertir par des moyens plus doux; qui en doute? Mais leurs crimes sont-ils donc un titre pour exiger de Dieu un traitement moins rigoureux? Les Incrédules raisonnent constamment sur cette supposition insensée, que plus un peuple est ingrat, méchant, intraitable, plus il est de la bonté divine de prodiguer les graces pour le rendre meilleur

§. VIII.

Seconde Objection. Il est dit que Dieu endurcit le cœur de Pharaon & de ses serviteurs, afin d'avoir sujet d'opérer des miracles, & pour instruire les Israélites par cet exemple (*a*); c'est un blasphême répété dans vingt endroits de l'Exode: quelle idée Moïse veut-il donner de Dieu à son peuple? Quelle foi peut-on ajouter aux écrits d'un homme aussi mal instruit? Des miracles faits pour

---

(*a*) Exode, c. 10, ℣. 1 & 2.

endurcir les hommes portent leur réfutation avec eux (*a*).

Réponse. C'est justement parce que ce blasphême est révoltant qu'il faut y penser plus d'une fois avant de l'attribuer à un Ecrivain qui parle souvent de Dieu d'une maniere si juste & si sublime. Le verbe *endurcir* auquel les versions donnent ici la signification active, ne l'a pas toujours en Hébreu ; souvent il signifie laisser endurcir, permettre l'endurcissement, tel est le génie de cette langue. Qu'il ait ici cette signification, cela est clair, 1.° parce qu'il est dit dans ce même Chapitre & le suivant, que Pharaon endurcit son propre cœur : *induravit Pharao cor suum*, qu'il ne se laissa point toucher, *non apposuit cor etiam hâc vice* (*b*). De même la particule hébraïque qui est traduite par *afin que*, doit souvent être rendue par *de maniere que*, *tellement que*; alors elle ne signifie point le dessein d'une action, mais l'effet qu'elle produira, l'événement dont elle sera suivie. Il y en a un exemple sensible dans

_____

(*a*) Esprit du Judaïsme, c. 2, p. 28. Tableau du genre humain, p. 22. Bible expliquée, p. 131.
(*b*) Exode, c. 7, ⅴ. 23 ; c. 8, ⅴ. 15.

le Chapitre onzieme; on y lit: *Pharaon ne vous écoutera point, afin qu'il se fasse de grands miracles en Egypte* (*a*). L'intention de Pharaon n'étoit certainement point de voir multiplier les plaies dont il étoit frappé. On doit donc traduire: Pharaon ne vous écoutera point, & il en résultera que je ferai de grands miracles. Par conséquent l'on doit rendre de même le passage du chapitre précédent: je permettrai que Pharaon s'endurcisse; je n'empêcherai point son endurcissement, & il en arrivera que je ferai de grands miracles pour le forcer enfin d'obéir.

2.° Le sens que nous donnons aux verbes hébreux est confirmé par une infinité d'exemples que l'on peut voir dans les Grammairiens (*b*), nous n'en citerons qu'un, tiré de l'Exode même. Lorsque Moïse eut demandé à Pharaon la liberté des Israélites, ce Roi irrité les traita encore plus durement, & aggrava leurs travaux; Moïse, affligé, demande au Seigneur: *pourquoi avez-vous ainsi*

(*a*) Exode, c. 11, v. 9.
(*b*) V. Glassius, philolog. sacra, p. 769, S.

maltraité votre peuple (a)? Dieu ne maltraitoit point lui-même les Israélites; mais il permettoit à Pharaon de les maltraiter; il ne l'empêchoit point. Cette maniere de parler n'a rien d'étonnant pour ceux qui ont étudié le génie des langues, elle a lieu en françois; on dit dans le style populaire, *cet homme me fait enrager*. Cela ne signifie point qu'il produit immédiatement la colere & le dépit dans mon cœur, mais que sa conduite est pour moi une occasion de colere, soit qu'il en ait l'intention, soit qu'il ne l'ait pas, soit qu'il ait même une intention contraire. Il est dit dans les Pseaumes que Dieu changea le cœur des Egyptiens, *afin qu'ils eussent* de la haine contre son peuple, & qu'ils maltraitassent ses serviteurs (b). Croirons-nous que Dieu a rendu exprès les Egyptiens injustes & cruels envers un peuple qu'il protégeoit? Cent expressions semblables ne peuvent jetter dans l'erreur que ceux qui veulent y tomber. Les Juifs disent à Dieu, dans Isaïe: pourquoi nous avez-vous fait écarter de vos voies? Vous

---

(a) Exode, c. 5, ℣. 22.
(b) Ps. 104, ℣. 25.

B v

avez endurci notre cœur, afin de nous ôter la crainte de vos châtimens (*a*). Cependant ils reconnoissent qu'*ils ont péché* ; donc leur endurcissement avoit été libre & volontaire de leur part.

3.º Le sens du verbe *endurcir* est prouvé par l'événement même. Des miracles qui forçoient Pharaon de dire à Moïse : priez Dieu pour moi, afin qu'il fasse cesser le fléau dont il m'afflige ; le Seigneur est juste, mon peuple & moi sommes des impies ; j'ai péché contre le Seigneur & contre vous, &c. ne peuvent avoir été destinés à endurcir un Roi qui avoit répondu d'abord : qui est le Seigneur ? Je ne le connois point ; je n'ai aucun égard à ses ordres. Après les premieres plaies, il commença d'abord à baisser le ton ; il consentit ensuite au départ des Israélites, & ne contesta plus que sur les conditions ; enfin il accorda tout ce que Moïse demandoit. Les miracles le touchoient donc & diminuoient par degrés son endurcissement ; Moïse ne pouvoit, sans se contredire, assurer que Dieu endurcissoit exprès Pharaon, pour avoir lieu d'opérer de plus grands miracles.

(*a*) .f. c. 63, ỳ. 17.

Il est vrai qu'un miracle par lui-même ne suffit point pour convertir un cœur endurci; il faut encore une grace intérieure qui le touche & l'amollisse. Dieu n'accorda point avec le premier miracle cette grace que Pharaon ne méritoit pas, puisqu'il faisoit profession de ne pas connoître le Seigneur. Le miracle sans cette grace victorieuse étoit un moindre bienfait qu'un miracle accompagné d'une grace plus puissante; mais ce n'étoit pas un don pernicieux par lui-même, ni destiné à produire l'endurcissement; il auroit fait plus d'impression sur un cœur moins pervers; c'étoit un moyen de conversion, quoique trop foible encore pour vaincre un cœur aussi obstiné: c'étoit donc un bienfait. Dieu, dit S. Augustin, endurcit, non en produisant la malice du pécheur, mais en lui refusant un secours aussi puissant que sa méchanceté l'exige: *Nec obdurat Deus impertiendo malitiam, sed non impertiendo misericordiam* (a). Encore une fois, l'obstination volontaire du pécheur n'est pas un titre pour exiger de Dieu une grace plus forte &

(a) Epist. 194, ad Sixtum, c. 3, n. 14.

plus capable de le convertir; & lorsque Dieu ne l'accorde point, il ne s'enfuit pas qu'il foit la caufe de l'endurciffement.

§. IX.

Troifieme Objection. Si les paroles de Moïfe font fufceptibles d'un bon fens, elles peuvent aufli en avoir un mauvais ; comment favons-nous que les Juifs les ont prifes dans le premier plutôt que dans le fecond, qu'ils n'ont pas attribué formellement à Dieu l'endurciffement de Pharaon ?

Réponfe. Nous le favons, 1.º parce que Moïfe & les Juifs entendoient leur langue maternelle comme nous entendons la nôtre. Ce qui eft équivoque pour les étrangers qui étudient notre langue, ne l'eft pas pour nous; ainfi ce qui eft équivoque en Hébreu pour nous, ne l'étoit pas pour les Juifs. 2.º Parce que Moïfe & les Juifs ont fu & ont cru que Dieu eft la bonté, la juftice, la fainteté même, qu'il eft vengeur du crime & rémunérateur de la vertu : il eft donc impoffible qu'ils aient fuppofé que Dieu eft l'auteur & la caufe de l'endurciffement ou de la malice du pécheur; Dieu ne pourroit punir avec justice le péché dont il seroit l'auteur.

Mais plusieurs Théologiens se sont fondés sur les paroles de Moïse & d'autres semblables, pour soutenir que Dieu est la cause du péché, pour enseigner la réprobation absolue, &c. Soit. Moïse n'est pas plus la cause des égaremens des Hérétiques que Dieu n'est la cause de l'endurcissement de Pharaon; l'Eglise Catholique n'a jamais adopté ces blasphêmes; elle les a flétris & condamnés dans tous les tems comme contraires au bon sens, & à la doctrine formelle des Livres Saints.

Ces objections auroient été mieux placées dans le Chapitre suivant, où nous examinerons la doctrine de Moïse & la croyance des Juifs; mais comme les Incrédules s'en servent pour indisposer d'abord le Lecteur contre les miracles de Moïse, il étoit à propos de prévenir ce scandale. Nous y reviendrons plus d'une fois, parce que les Incrédules ne cessent de répéter les mêmes clameurs, sans jamais faire mention de nos réponses.

§. X.

La principale question est de savoir si

les plaies d'Egypte étoient de vrais miracles; quelques-uns de nos Adversaires soutiennent que c'étoit des fléaux naturels; il faut démontrer le contraire.

1.° Nous avons fait voir ci-dessus, chap. I, art. I, §. XI, que le changement de la baguette de Moïse en serpent, le changement des eaux du Nil en sang, la multitude de grenouilles tirées des eaux & répandues dans toute l'Egypte, ne sont point des opérations naturelles, que les Magiciens ne parvinrent à les imiter que très-imparfaitement, qu'il y avoit une différence essentielle & sensible entre leurs prestiges & les miracles de Moïse.

N'importe, répliquent les Incrédules, il étoit indigne de Dieu de joûter contre des Magiciens. Disons mieux, il y avoit de la folie de la part des Magiciens de vouloir joûter contre Dieu; mais étoit-il indigne de lui de le permettre ? Dieu n'emploie pas ordinairement son pouvoir absolu pour prévenir les crimes des hommes ni leur aveuglement volontaire. Avec un esprit plus docile & un cœur plus droit, Pharaon & ses Magiciens se feroient rendus à l'évidence des premiers miracles de Moïse; ils s'obstinèrent à en contester la réalité; ils essayerent de les contrefaire pour les rendre douteux; qu'en résulte-t-il contre la toute-puissance & la sagesse de Dieu? Rien, non plus que des blasphêmes vomis contre la Providence par les Incrédules. Ils se glorifient aussi de luter contre Dieu; ils n'y réussissent pas mieux que les Magiciens d'Egypte.

2.° En frappant la terre de sa baguette, Moïse change en insectes incommodes la poussiere de l'Egypte. Les Magiciens ne peuvent imiter ce prodige; ils sont forcés de dire, *le doigt de Dieu est ici*. Il annonce à Pharaon que le lendemain l'Egypte sera couverte de mouches de toute espece, & qu'il n'y en aura aucune dans la terre de Gessen où demeurent les Israélites; & ce phénomene s'accomplit à point nommé (*a*).

3°. Il lui prédit que dans vingt-quatre heures il y aura une maladie contagieuse sur tous les animaux qui se trouveront à la campagne, qu'ils périront tous, sans que les Israélites en perdent un seul; & la menace se vérifie (*b*).

(*a*) Exode, c. 8.
(*b*) Chap. 9.

4.° Il lui dit qu'en jettant en l'air une poignée de poussiere, il va faire naître des ulceres sur les hommes & sur les animaux ; & il tient parole ; les Magiciens eux mêmes, couverts d'ulceres, n'osent se montrer.

5.° Il annonce que le jour suivant, à la même heure, Dieu excitera un orage de grêle & de tonnerre qui dévastera les campagnes, qui tuera les animaux & les hommes qui s'y trouveront. Ceux d'entre les Egyptiens qui ajoutent foi à la prédiction, se tiennent à couvert & sont préservés ; ceux qui le méprisent & s'exposent à l'événement, en éprouvent toute la rigueur : la terre de Gessen seule est épargnée. Pharaon avoue qu'il a péché ; le Seigneur est juste, dit-il, mon peuple & moi sommes des impies ; priez Dieu de me délivrer de ce fléau : Moïse prie, & l'orage cesse.

6.° Il avertit le Roi que puisqu'il persiste à résister au Seigneur, une nuée de sauterelles achevera le lendemain de ravager ce qui reste d'herbes & de fruits dans la campagne ; le prodige s'opere au moment marqué. Pharaon consterné, demande d'en être délivré, & à la priere de Moïse, un vent d'Occident transporte les sauterelles dans la Mer Rouge (*a*).

7.° Moïse couvre d'épaisses ténebres toute l'Egypte pendant trois jours, à la réserve du lieu où habitoient les Israélites ; Pharaon vaincu, consent qu'ils partent, sous condition qu'ils laisseront leurs troupeaux. Moïse veut une liberté entiere & absolue.

8.° Il déclare au Roi qu'il ne reparoîtra plus devant lui ; que la nuit suivante les premiers nés des Egyptiens seront frappés de mort, pendant que ceux des Hébreux seront conservés. Il ordonne aux Hébreux d'immoler un agneau, de teindre de son sang le linteau de leur porte & les deux jambages, afin qu'à la vue de ce sang l'Ange du Seigneur épargne leurs premiers nés. La sentence fatale s'exécute au milieu de la nuit, toutes les familles égyptiennes, le Roi lui-même, ont un mort à pleurer. Ils se réunissent pour presser les Hébreux de partir ; nous mourrons tous, disent-ils, si nous les retenons plus long-tems (*b*). Les Hé-

---

(*a*) Exode, c. 10.
(*b*) Exode, c. 12.

breux leur demandent ce qu'ils ont de plus précieux en habits, en vases d'or & d'argent, les Égyptiens le donnent.

§. XI.

Tous ces événemens sont-ils naturels ? Chacun d'eux considéré en particulier, sans faire attention aux circonstances, pourroit être naturel ; une nuée de mouches ou de sauterelles, un orage violent & imprévu, une contagion sur le bétail ou sur les hommes, ne sont pas des miracles ; mais rapprochons les faits de leurs circonstances, tout change de face.

En premier lieu, qu'un ou deux de ces fléaux fussent arrivés en Egypte, cela ne prouveroit rien ; mais que tant de fléaux divers qui n'ont ensemble aucune connexion, se soient rassemblés sur ce royaume dans l'espace d'un mois ou de six semaines, il n'y en a point d'exemples dans toutes les Histoires de l'univers : cette suite continuelle de plaies n'est point selon le cours de la nature. 2.° Tous ces fléaux ont été prédits d'avance ; ils sont arrivés précisément au jour & à l'heure que Moïse les avoit annoncés ; il les opéroit en élevant sa baguette ; il les faisoit cesser par ses prieres ; il les faisoit durer à volonté. Il exerçoit donc un pouvoir éclatant sur la nature ; ce pouvoir ne peut venir d'aucune cause physique. 3.° Les Israélites étoient exempts des plaies dont les Egyptiens étoient frappés, aucune ne se fit sentir dans la partie de l'Egypte qu'ils habitoient ; cette exemption n'est point naturelle. 4.° Ces événemens avoient été prédits, du moins en gros, à Abraham 430 ans auparavant ; Dieu lui avoit dit : j'exercerai mes jugemens sur le peuple qui retiendra votre postérité captive ; elle sortira du lieu de son exil comblée de richesses (*a*). Jacob & Joseph, en mourant, avoient promis à leurs descendans que Dieu les visiteroit & les tireroit de l'Egypte ; les Hébreux s'y attendoient ; aux premiers miracles que Moïse fit en leur présence, ils reconnurent que le moment de leur délivrance étoit arrivé (*b*). La suite des événemens démontre que les prodiges opérés par Moïse, ne sont point l'effet du

---

(*a*) Gen c. 14, ℣. 14.
(*b*) Exode, c. 4, ℣. 31.

hasard, mais d'un dessein suivi, prémédité & surnaturel de la Providence.

Des miracles isolés qui ne tiennent à rien, dont on ne voit ni le but, ni la nécessité, peuvent être suspects; ceux de Moïse sont essentiellement liés à l'établissement de la Religion & de la Législation Juive, ils en sont la base, & sans eux ce grand ouvrage ne pouvoit être exécuté. Moïse n'a point changé le cours de la nature pour faire ostentation de son pouvoir, comme font les imposteurs, mais pour instruire, policer & gouverner un peuple entier: il a réussi; la République Juive a subsisté pendant quinze cents ans. Cette révolution a préparé les voies à une autre plus importante, à la mission de Jesus-Christ, & à l'établissement du Christianisme. Ce plan de providence étoit conçu depuis le commencement du monde; il embrasse toute la durée des siecles, & nous en voyons les effets sous nos yeux. S'il y a un cas où les miracles soient utiles, nécessaires, conformes à la sagesse & à la bonté divine, c'est certainement celui-là.

Rien n'est donc plus faux que d'avancer, comme font les Déistes, que les miracles de Moïse n'ont pas été plus réels que ceux des Magiciens d'Egypte; qu'il n'y avoit aucun moyen de les discerner (a).

§. XII.

Premiere Objection. Les Hébreux, peuple ignorant, grossier, crédule, ont pris aisément pour des miracles les phénomenes les plus naturels; leur témoignage ne prouve rien. Pour attester des événemens aussi incroyables, le concert des savans les plus éclairés ne seroit pas trop fort; quel fond peut-on faire sur l'opinion d'un Peuple à demi sauvage?

Réponse. Quand les Hébreux auroient été cent fois plus stupides, il leur étoit impossible de se tromper sur la nature des plaies de l'Egypte. Ils voyoient, ils sentoient la différence que Dieu mettoit entr'eux & les Egyptiens. Si c'étoient des fléaux naturels, ils devoient en souffrir; s'ils en avoient souffert, l'eussent-ils pardonné à Moïse; eux qui le prirent à partie, lorsque Pharaon, irrité de sa demande, fit aggraver leurs travaux (b)? Ce Roi & sa Nation étoient

---

(a) Morgan, tom. 2, pag. 65.
(b) Exode, c. 5, ⱴ. 21.

donc encore auffi ignorans & auffi crédules que les Hébreux. Comment purent-ils confentir à mettre en liberté un peuple efclave, duquel ils tiroient les plus grands fervices, qu'ils avoient opprimé impunément jufqu'alors, qui étoit hors d'état de leur réfifter, s'ils n'y furent pas contraints par une force furnarelle ? Moïfe nous apprend que les Hébreux, partant de l'Egypte, furent fuivis par une foule d'Egyptiens (*a*); comment ceux-ci purent-ils fe réfoudre à quitter un pays fertile, pour s'expofer à périr dans le défert avec une troupe d'efclaves mis en liberté ? Si dans un inftant la tête a tourné à deux millions d'hommes, ce phénomene n'eft pas plus naturel que les plaies de l'Egypte ; au lieu des miracles opérés par la Divinité, pour accomplir un grand deffein, nous aurons un prodige abfurde, dont on ne peut affigner la caufe dans la nature.

C'eft encore une erreur de croire que le témoignage des Hébreux eft la preuve principale du furnaturel des plaies de l'Egypte ; la meilleure preuve eft l'effet

---

(*a*) Exode, c. 12, ỳ. 38. Num. c. 11, ỳ. 4.

qu'elles ont opéré sur les Egyptiens & sur les Hébreux; les premiers ont mis en liberté, contre leur intérêt, une Nation esclave; les seconds se sont livrés à la conduite d'un guide, qui ne pouvoit les conserver & les faire subsister que par une suite de prodiges. Il est impossible que les uns & les autres aient ainsi agi sans aucun motif, & ils n'ont pu avoir d'autre motif que le pouvoir surnaturel de Moïse invinciblement prouvé.

§. XIII.

Deuxieme Objection. Lorsque Moïse a fait son Histoire, il a donné aux événemens le tour qu'il lui a plu; les Juifs asservis à son autorité, ont aisément adopté une fable qui flattoit leur orgueil, en leur persuadant que Dieu les avoit toujours protégés par des miracles; il n'y a rien en cela de surnaturel ni d'extraordinaire (a).

Réponse. Cette supposition ne leve aucune difficuté, & ne rend raison de rien. La sortie d'Egypte est un événement réel; il est attesté par les Auteurs

(a) Morgan, Moral Philos, tom. 1, p. 250.

profanes, aussi bien que par les Écrivains sacrés. Elle a été libre & non forcée de la part des Hébreux; nous l'avons encore prouvé, les Egyptiens n'ont pas pu y consentir sans y être forcés, puisqu'ils avoient le plus grand intérêt à retenir les Hébreux dans l'esclavage, & puisqu'ils les ont poursuivis après leur départ pour les remettre sous le joug; Trogue Pompée nous l'apprend aussi bien que Moïse. Par quel moyen les Hébreux leur ont-ils échapé? Voilà ce que nos adversaires doivent nous apprendre; il n'y a rien dans leurs écrits qui puisse nous tirer de cette embarras.

Moïse ne marche point ainsi au hazard dans son Histoire; pour faire attester par tout son peuple le surnaturel de sa délivrance, il établit, avant de sortir de l'Egypte & à la vue même des faits, trois monumens perpétuels & irrécusables. 1.° La Pâque ou la fête du *Passage*, en mémoire du passage de l'Ange exterminateur qui exerça sur les premiers nés des Egyptiens les vengeances du Seigneur. Pour manger l'Agneau pascal, il veut que les Hébreux se mettent dans le même état de Voyageurs où ils étoient la nuit de leur sortie de l'Egypte, qu'ils
soient

soient ceints sur les reins, qu'ils aient un bâton à la main, qu'ils usent de pain sans levain pendant sept jours, comme s'ils n'avoient pas eu le tems de le faire fermenter, qu'ils y joignent des laitues ameres, pour leur rappeller les amertumes de leur esclavage. 2.° L'offrande & la consécration des premiers nés. Il dit qu'en vertu de la délivrance des premiers nés des Hébreux, ces enfans appartiendront au Seigneur, qu'ils seront rachetés par une somme d'argent, qu'il en fera de même des animaux, que les premiers nés des animaux qui ne pourront être ni rachetés, ni offerts en sacrifice, seront mis à mort. Dès ce moment, ces deux Loix ont été religieusement observées par les Hébreux; 3.° Il veut que le mois de leur sortie soit désormais le premier de l'année religieuse, au lieu qu'il étoit le septieme de l'année civile (a). Dès-lors les Hébreux ont ainsi réglé leur calendrier.

Nous demandons si un imposteur eût jamais le front d'établir de pareils monumens d'un fait supposé faussement, d'un miracle imaginaire; si Moïse a pu avoir

---

(a) Exode, c. 12 & 13.

assez d'empire sur les Hébreux, pour les assujettir à des usages aussi singuliers & aussi onéreux, par des motifs évidemment faux & contre le témoignage de leur conscience ; si une Nation entiere a pu consentir à racheter ses premiers nés sous le faux prétexte qu'ils avoient été miraculeusement sauvés de la mort, pendant qu'elle savoit le contraire. A-t-elle pu célébrer sérieusement une fête commémorative d'un événement de la fausseté duquel elle étoit intimement convaincue ?

On nous objecte que les Païens célébroient cent fêtes pareilles, en mémoire de plusieurs événemens fabuleux. Mais les fêtes des Païens ne remontoint point comme celles des Juifs à la date même des événemens ; elles n'avoient point été instituées ni observées par ceux qui étoient témoins oculaires de ces événemens prétendus. Voilà une différence essentielle, sur laquelle les Incrédules affectent de fermer les yeux ; nous osons les défier de citer dans le paganisme un seul monument qui remonte jusqu'à l'époque des faits dont il rappelle le souvenir. Si la pâque & l'offrande des premiers nés n'avoient été établies qu'après la mort de Moïse, ou après la mort de tous ceux qui étoient sortis de l'Egypte, on pourroit dire que ces cérémonies ne prouvent rien; mais c'est en Egypte, la nuit même du départ, que la premiere pâque est célébrée; dans le désert, immédiatement aprés, les Hébreux offrent dans le tabernacle & rachetent leurs premiers nés : ce sont donc les témoins oculaires des faits qui les attestent par les cérémonies qu'ils observent; ou ce témoignage est croyable, ou Moïse & tous les Hébreux ont eu l'esprit aliéné. Moïse leur ordonna d'instruire soigneusement leurs enfans du sens, de la raison, de la date de ces deux cérémonies (a); d'avoir continuellement sous les yeux l'événement miraculeux qui y avoit donné lieu. S'il est faux, non-seulement les Hébreux ont consenti à se tromper continuellement eux-mêmes, mais encore à tromper leurs enfans dès le berceau, sans qu'il se soit trouvé un seul particulier assez sincere pour dévoiler la vérité après la mort de Moïse. Tous ceux qui sont entrés dans la Terre promise à soixante ans, en avoient vingt au sortir

---

(a) Exode, c. 13.

de l'Egypte; à vingt ans un homme est capable de juger de la vérité ou de la fausseté d'un fait public & palpable; comment ne se sont-il pas souvenus, que la mort des premiers nés des Egyptiens étoit une fable?

§. XIV.

Troisieme Objection. Les Hébreux sont un peuple de voleurs & de brigands; après avoir massacré les premiers nés de l'Egypte, ils dépouillent les Egyptiens (*a*). Ils en conviennent, & prétendent que Dieu leur a commandé cette injustice; Dieu ne peut pas faire des miracles pour favoriser le crime (*b*). Les Manichéens faisoient déjà cette objection (*c*).

Réponse. Nous voudrions savoir dans quelle Histoire les incrédules ont lu que les Hébreux ont *massacré* les premiers nés des Egyptiens; comment ils ont pu faire cette exécution sanglante;

(*a*) Exode, c. 3, ⅴ. 21; c. 12, ⅴ. 35.
(*b*) Esprit du Judaïsme, c. 2, p. 34. Tableau du Genre humain, p. 22. Tindal, c. 13, p. 238, 320. Quest. sur l'Encyclop. Juifs. Morgan, tom. 2, pag. 27, 70.
(*c*) S. Aug. *contrà Faustum*, l. 22; c. 5.

pourquoi ils ne se sont pas vantés d'avoir tiré cette vengeance de la cruauté avec laquelle on les avoit traités; pourquoi ils se sont obstinés à célébrer une fête, pour attester que la mort des premiers nés étoit un miracle auquel ils n'avoient point contribué.

Voler quelqu'un, c'est lui enlever son bien par violence ou par surprise; il faut donc voir si les Hébreux ont usé envers les Egyptiens de surprise ou de violence. Ils disent qu'ils demanderent aux Egyptiens leurs effets les plus précieux; que Dieu leur fit trouver grace devant les Egyptiens pour les obtenir. Les Egyptiens savoient très-bien que les Hébreux ne reviendroient jamais; que ce qu'on leur donnoit étoit autant de perdu pour l'Egypte. Dans la consternation où ils étoient, ils se crurent trop heureux d'éviter la mort à ce prix: Est-ce là un vol ou une rapine? Allez, leur dit Pharaon, emportez tout ce que vous avez, & en partant demandez pour moi les bénédictions du Ciel. Nous mourrons tous, disent les Egyptiens; pressons Israël de partir (a).

(a) Exode, c. 12, ⅴ. 31 & suiv.

Mais, dans la consternation où étoient les Egyptiens, le don qu'ils faisoient aux Hébreux n'étoit pas libre ; cette circonstance équivaut à une violence. Les Egyptiens le sentirent si bien, qu'après avoir eu le tems de la réflexion, ils poursuivirent les Hébreux pour reprendre ce qu'ils emportoient.

Soit. Quel paiement les Hébreux avoient-ils reçu des services qu'ils avoient rendus aux Egyptiens, & des travaux auxquels ils avoient été condamnés? La violence dont on avoit usé envers eux étoit-elle légitime? Si elle ne l'étoit pas, nous demandons en quel sens le dédommagement peut être injuste. Supposons que les Hébreux se fussent trouvés les plus forts en Egypte, qu'ils se fussent mis en liberté les armes à la main, qu'ils se fussent vengés de leurs oppresseurs en les dépouillant, qu'auroit-on à leur reprocher? Quelle est la Nation qui ne se croiroit pas en droit d'en faire autant en pareil cas?

Sans cesse nos Philosophes déclament contre l'esclavage & contre les puissans qui oppriment les foibles, sans cesse ils parlent des droits sacrés de l'humanité ; il ne tient pas à eux que tous les esclaves ne prennent les armes contre leurs Maîtres, & n'exterminent tous les tyrans. Les Juifs sont donc le seul peuple qu'il a été permis d'opprimer impunément? On leur pardonneroit peut-être de s'être vengés & d'avoir subjugué les Egyptiens à leur tour; on leur fait un crime de n'avoir eu recours qu'aux prieres, pour obtenir le paiement de leurs services.

Il est faux que les Egyptiens aient poursuivi les Hébreux pour ravoir ce qu'ils emportoient; ils les poursuivirent pour les remettre sous le joug de la servitude. Qu'avons-nous fait, disent-ils, de laisser partir Israël & de nous priver des services qu'il nous rendoit (a)? Ils persévéroient donc dans leur système d'oppression; ils méritoient la mort qu'ils trouverent dans les flots de la Mer Rouge.

§. XV.

Quatrieme Objection S'il est vrai que l'Ange du Seigneur ait fait mourir tous les ainés des Egyptiens, si Pharaon & son armée ont péri dans les flots, pour-

---

(a) Chap. 14, ℣. 5.

quoi Moïse ne pensa-t-il point à s'emparer de l'Egypte, pays fertile & abondant, au lieu de conduire deux millions d'hommes dans le désert, où ils étoient en danger de périr par la faim, & où ils sont errans pendant quarante ans (a)?

Réponse. C'est que Moïse savoit que Dieu ne destinoit point à son peuple la possession de l'Egypte, mais de la Palestine ; pour en faire la conquête, il ne comptoit point sur la force des armes, mais sur la protection du Ciel. Il n'est donc pas question de juger de la conduite de Moïse selon les vues de la politique humaine & de l'intérêt présent ; mais selon les desseins de Dieu qui lui étoient connus, & dont les Hébreux étoient instruits. Les os de Joseph qu'ils apportoient avec eux, les avertissoient assez du lieu où ils devoient aller. Nos adversaires toujours parfaitement d'accord avec eux-mêmes, blâment tout à la fois les Hébreux d'avoir dépouillé les Egyptiens, & de ne s'être pas emparés de leur pays.

Y auroit-il eu de l'avantage pour la

(a) Examen important, c. 2, p. 19. Esprit du Judaïsme, c. 2, p. 35. Philosophie de l'Histoire, c. 39. Tableau des Saints, c. 1.

postérité de Jacob à posséder l'Egypte plutôt que la Palestine ? Pour peu que l'on ait lu les Voyageurs, on sait que l'Egypte est un pays très-incommode, très-mal sain, sujet à des contagions fréquentes, où les anciens habitans ne pouvoient conserver leur santé, que par un régime très-sévere & par des précautions infinies ; il n'y a point d'eau douce que celle du Nil ; les alimens & les fruits n'y sont ni aussi variés, ni aussi abondans, ni d'aussi bonne qualité que dans la Palestine (*a*). Celle-ci étoit un pays préférable à tous égards.

Moïse observe, que Dieu ne conduisit point les Hébreux vers la Palestine par le chemin le plus droit ; il auroit fallu traverser le pays des Philistins, & peut-être combattre contre eux ; il les conduisit dans le désert pour les instruire, pour les soumettre aux loix & à la police qu'il vouloit établir parmi eux. Moïse n'avoit pas à craindre que son peuple pérît par la faim, tant qu'il seroit conduit par la main du Tout-puissant ; & Dieu y pourvut en effet.

(*a*) V. Réponses critiques de M. Bullet, p. 130, tom. 1.

58 TRAITÉ

Le séjour de quarante ans dans le désert fut une punition de l'idolâtrie & des révoltes continuelles des Hébreux; s'ils avoient été plus dociles, Dieu ne les y auroit retenus qu'autant de tems qu'il en falloit pour leur donner des loix. C'est très-mal à propos que l'Auteur de la Philosophie de l'Histoire blâme la conduite de Moïse à cette occasion. Un homme sûr de sa mission & de la protection divine, avoit-il les mêmes mesures à prendre & la même marche à suivre qu'un législateur ordinaire (*a*)?

§. XVI.

A peine les Israélites étoient-ils partis, que Pharaon les poursuivit avec un corps d'armée. Ils se trouvoient entre les Egyptiens & un des bras de la Mer Rouge; Dieu commanda à Moïse d'élever sa baguette sur les eaux & de les diviser; il fait souffler un vent chaud pendant une partie de la nuit pour dessécher le fond de la mer; il place entre les deux camps une nuée obscure du côté des Egyptiens,

---

(*a*) Philos. de l'Hist. c. 40. Bible expliquée, pag. 135, 139.

lumineuse du côté des Israélites; à cette lueur ils passent sur la fin de la nuit au milieu des eaux qui s'élevoient comme un mur à leur droite & à leur gauche. Au point du jour, Pharaon qui les poursuit, s'engage dans ce passage ; Moïse étendant la main fait retourner les flots dans leur lit ordinaire; les Egyptiens y sont submergés (a). Sur ce passage miraculeux Moïse a fait un Cantique dont le style efface ce que nous avons de plus sublime dans les Poetes (b).

Un souvenir confus de ce prodige s'est conservé chez les Historiens profanes. Trogue-Pompée dans Justin, dit que les Egyptiens s'étant mis à la poursuite des Hébreux, furent forcés par des tempêtes de retourner sur leurs pas. Diodore de Sicile nous apprend que selon une ancienne tradition des Ictyophages, peuple voisin de la Mer Rouge, les flots s'étoient autrefois séparés, avoient laissé le fond à sec pendant quelque tems, étoient ensuite rentrés dans leur lit (c).

(a) Exode, c. 14, ℣. 16 & suiv.
(b) Chap. 15.
(c) Diod. l. 3, n. 20, tom. 1, pag. 410, Justin, l. 36.

Rien de plus célebre dans les Livres saints que le paſſage de la Mer Rouge.

Les Incrédules ont fait tous leurs efforts pour le révoquer en doute. Ils diſent que Moïſe a traveſti en prodige ſurnaturel un phénomene très-ordinaire ; que dans le bras de la Mer Rouge qui aboutit à Suès, le flux & le reflux ſont très-ſenſibles ; que dans le tems du reflux les eaux laiſſent à ſec au moins une demi-lieue de terrein à l'extrémité du Golfe ; que Moïſe, qui connoiſſoit les lieux, ſut profiter habilement du moment du reflux pour faire paſſer les Hébreux ; que Pharaon s'étant engagé imprudemment dans le même paſſage quelques heures après & au moment du flux, perdit la tête avec ſon monde, & ſe trouva ſubmergé par les flots. Ils confirment cette conjecture par l'aveu de l'hiſtorien Joſeph, qui compare ce paſſage avec celui des ſoldats d'Alexandre ſur les bords de la mer de Pamphilie, & n'oſe affirmer qu'il y ait eu du ſurnaturel. Enfin ils le conteſtent parce qu'aucune nation du monde n'en a entendu parler

Réponſe. Pour attaquer la narration d'un témoin oculaire, confirmée par la croyance & par les usages de toute une nation, il faudroit des preuves positives, des témoignages formels d'Auteurs mieux instruits; on ne nous donne que des conjectures détruites par la narration même.

§. XVII.

1.° Moïse dit que Dieu lui ordonna de diviser la mer, que les Israélites, en la traversant, avoient à leur droite & à leur gauche les flots élevés comme un mur.

2.° Il est ridicule de penser que les Hébreux aient pris le reflux de la mer pour un miracle qu'ils aient eu la stupidité de chanter avec Moïse: « Le souffle de votre colere, Seigneur, a rassemblé & fait monter les eaux, les flots ont perdu leur fluidité, les abymes d'eau se sont amoncelés au milieu de la mer (a) ».

3.° Il l'est encore davantage de supposer que Moïse a connu seul le flux & le reflux du Golfe de Suès; que Pharaon & toute son armée n'en avoient aucune notion. Les Egyptiens qui en habi-

___

(a) Exode, c. 15, ⱴ. 8.

toient les bords, & qui étoient si éclairés, au jugement des Incrédules, voyoient ce phénomene tous les jours; comment pouvoient-ils s'y laisser surprendre? Les enfans mêmes, élevés sur les côtes de l'Océan, connoissent les heures du flux & du reflux.

4.º Niébuhr, voyageur instruit & bon observateur, prouve, par l'inspection des lieux, que le Golfe de Suès s'étendoit autrefois plus au Nord, étoit plus large & plus profond qu'il n'est aujourd'hui. « Le
» Golfe Arabique, dit-il, à Suès, n'est
» plus qu'un bras de mer, large de 1514
» pas, ou 3406 pieds de roi. Du tems
» de Moïse il pouvoit avoir une demi-
» lieue de largeur. Aujourd'hui encore
» aucune Caravane n'y passe pour aller
» du Caire au Mont-Sinaï, ce qui abré-
» geroit pourtant beaucoup le chemin;
» l'on tourne à cinq ou six mille pas plus
» au Nord; & du tems de Moïse le cir-
» cuit devoit être plus long, puisque le
» Golfe s'avançoit davantage de ce côté-
» là..... Au Nord de Suès la mer n'a
» plus qu'un quart de lieue de large;
» mais il y a encore assez d'eau pour
» noyer toute une armée, & il y en avoit
» davantage au siecle de Moïse. En re-

„ tournant du Mont-Sinaï à Suès, j'ai
„ traversé le Golfe sur mon Chameau
„ *pendant la plus basse marée*, près des
„ ruines de Kolsum, & les Arabes qui
„ marchoient à mes côtés, avoient de
„ l'eau jusqu'aux genoux. Ce banc ou
„ cet isthme sous l'eau ne paroissoit pas
„ fort large. Si donc une Caravane
„ vouloit passer à Kolsum, elle ne le
„ pourroit qu'avec bien de l'incommo-
„ dité, & sûrement pas à pied sec (a) „.

Si les Israélites ont passé la mer à douze lieues au Midi de Suèz, comme on le croit communément, la mer y a trois lieues de large, & le passage est encore plus impossible. Shaw, qui a suivi exactement leur route, nous apprend que la vallée par laquelle ils passerent est encore appellée aujourd'hui par les Arabes, *la route des Israélites* (b). Le P. Sicard indique plusieurs autres vestiges de cette ancienne tradition.

5.° Le doute affecté de Joseph, qui n'ose affirmer ce miracle, qui laisse à chacun la liberté d'en penser ce qu'il voudra, ne prouve rien; il ménageoit

---

(a) Descript. de l'Arabie, p. 318 & *suiv.*
(b) Rép. crit. de M. Bullet, tom. 1, p. 84.

les préjugés des Payens, & ce n'est pas ici le seul endroit où il ait trahi la vérité. L'inspection des lieux & le témoignage des Voyageurs sont d'un plus grand poids que le sentiment de Joseph, qui a vécu quinze cents ans après l'événement.

On peut voir ce fait discuté plus au long dans une dissertation sur ce sujet, Bible d'Avignon en 17 vol. t. 2, p. 46, & dans l'Histoire Universelle par plusieurs Auteurs Anglois, t. 2.

Quant au passage des soldats d'Alexandre sur les bords de la mer de Pamphilie, il ne ressemble en rien à celui des Israélites au travers de la Mer Rouge. Il est dit dans les Historiens que ces soldats profiterent du moment où un vent violent écartoit les flots du rivage, & qu'ils avoient encore de l'eau jusqu'à la ceinture; les Hébreux passerent à pied sec au milieu des flots, suspendus à droite & à gauche. Alexandre, lui-même, dans les Lettres où il parloit de son passage, n'a pas dit un mot du prodige prétendu (a).

Un Critique pointilleux demande comment les Israélites purent marcher

---

(a) Bayle, Dict. Crit. *Phaselis*, B.

sur le fond bourbeux de la Mer Rouge ? Il n'a pas fait attention que Dieu l'avoit desséché par un vent chaud qui souffla toute la nuit. Est-il certain d'ailleurs qu'en cet endroit le fond étoit bourbeux & non sablonneux ? La même difficulté, si c'en est une, auroit empêché les Hébreux de passer pendant le tems du reflux.

§. XVIII.

Comment croire un si grand miracle ? Nous demandons à notre tour comment croire que Moïse, deux millions d'Hébreux & une armée entiere d'Egyptiens ont été tous des insensés ; qu'ils ont pris pour miracle un fait qu'ils avoient pu voir tous les jours ; que la tradition qui s'en est établie & a persévéré constamment chez les Juifs, chez les Arabes, chez les Egyptiens, est fausse ? Comment croire que depuis la traduction des livres de Moïse en Grec, il ne se soit trouvé aucun Auteur Egyptien qui ait pris la peine de la réfuter par le silence des annales de son pays, si ce silence est réel ; par des discussions géographiques, par la facilité qu'avoient les Hébreux de passer ailleurs, &c. S'ils n'ont pas passé au travers de la mer, quelle route ont-ils suivie pour gagner le défert de Sinaï? Ont-ils franchi les montagnes ou volé dans les airs?

Il eft bien étonnant, dit-on, qu'aucun Auteur Égyptien n'ait parlé de ce miracle, qu'aucune nation n'en ait eu connoiffance, finon long-tems après la traduction des Septante (*a*).

Nous avons déja remarqué que le filence des Egyptiens eft abfolument faux; indépendamment de la tradition qu'en ont confervé les nations voifines, furtout les Arabes, l'Auteur de l'Hiftoire véritable des tems fabuleux en a montré des veftiges très-reconnoiffables dans l'Hiftoire même d'Egypte.

Quand le fait avancé par les Incrédules feroit vrai, il pourroit étonner, fans doute, ceux qui n'ont aucune connoiffance de l'antiquité, de l'état & des mœurs des nations au fiecle de Moïfe, des vuides de l'ancienne Hiftoire, de la multitude des monumens qui ont péri, des révolutions qu'a effuyées l'Egypte, des ténebres dans lefquelles font tombées fes anciennes annales. Dans un

_____

(*a*) Bible expliquée, p. 137.

tems où les nations n'avoient entr'elles aucun commerce, ne s'approchoient que pour combattre, regardoient tout étranger comme un ennemi, est-il étonnant qu'elles aient eu très-peu de connoissance de ce qui se passoit à cent lieues de leur demeure? Nous n'avons plus les Histoires des Juifs composées par les Auteurs Phéniciens, qui avoient écrit avant ou après la version des Septante; Joseph lui-même paroît n'avoir eu aucune connoissance de celle que Porphyre attribue à Sanchoniathon; il ne cite que celles d'Hécatée d'Abdere, de Démétrius de Phalere, de Philon l'ancien, d'Eupoleme, & dit qu'ils ne se sont pas beaucoup écartés de la vérité (*a*). Nous ne voyons pas pourquoi les Historiens Egyptiens qui ont écrit plusieurs siecles après l'événement, ont dû être fort empressés de consigner dans leurs Livres un fait qui couvroit d'opprobre leur propre nation. Nos adversaires, qui ont tant invectivé contre les préjugés de religion, sont-ils surpris de ce que ces préjugés ont empêché les nations voisines des

---

(*a*) Joseph contre Appion, l. 1, c. 8, à la fin.

Juifs, de confirmer l'Histoire de Moïse par des aveux humilians pour elles?

§. XIX.

Moïse raconte que Dieu faisoit marcher à la tête des Israélites une colonne de nuée qui devenoit lumineuse pendant la nuit; qu'elle leur servoit de guide dans le désert; qu'elle s'arrêtoit lorsqu'il falloit camper; qu'elle se mettoit en mouvement lorsqu'il falloit partir; qu'elle couvroit le camp des Israélités pendant le jour (*a*). Selon les Incrédules cette prétendue nuée miraculeuse n'étoit autre chose qu'un brasier qui éclairoit pendant la nuit, & qui rendoit une fumée pendant le jour. C'est un signal dont on s'est servi de tout tems pour diriger la marche d'une armée, ou pour guider les Caravanes qui traversent des déserts. Ainsi Moïse suppose des miracles où il n'y en a point. Une preuve que ce signal étoit naturel, c'est que Moïse voulut retenir avec lui Hobab son parent, qui connoissoit le désert, pour qu'il servît de guide

---

(*a*) Exode, c. 13, ⅴ. 21. Num. c. 10, ⅴ. 34; c. 14, ⅴ. 14.

DE LA VRAIE RELIGION. 69

aux Hébreux, & leur indiquât les lieux où il falloit camper. Ce qui n'eût pas été nécessaire, si la colonne de nuée avoit dirigé leur marche (*a*).

Réponse. Il est impossible que les Hébreux aient été assez imbéciles pour regarder comme un miracle, un brasier qui fumoit pendant le jour & qui éclairoit pendant la nuit. Il est impossible qu'un feu porté dans un brasier ou élevé au bout d'une perche, ait pu être apperçu par deux millions d'hommes. Il est impossible que la fumée d'un brasier ait pu former une nuée capable de couvrir tout un camp, & le parer des ardeurs du soleil pendant le jour. Il ne l'est pas moins que Moïse ait été assez insensé pour vouloir en imposer là-dessus à une Nation entiere. C'est un fait que l'on pouvoit vérifier à toutes les heures du jour & de la nuit. Lorsqu'un imposteur veut tromper les hommes par de faux miracles, il ne choisit pas des faits aussi aisés à éclaircir, ni des objets aussi communs, dont un enfant même peut voir à tout moment la vérité ou la fausseté.

Quoique la colonne de nuée servît à

(*a*) Esprit du Judaïsme, p. 39.

désigner aux Hébreux les lieux où ils devoient camper, elle n'indiquoit point les lieux voisins du camp, qu'il étoit utile de connoître, où il y avoit des eaux ou des pâturages. Il étoit donc avantageux d'avoir un homme tel que Hobab, qui, connoissant parfaitement le désert, pouvoit découvrir toutes ces choses, & épargner aux Hébreux la peine de les chercher.

Ce n'est pas dans un seul passage de ses Livres que Moïse parle de la nuée miraculeuse qui accompagna les Hébreux pendant quarante ans; il en fait mention dans vingt endroits; il prend tout son peuple à témoin de cette attention de la Providence : un prestige, une illusion, un miracle imaginaire ne dure point pendant quarante ans (a).

§. XX.

Il s'agissoit de nourrir pendant ce long espace de tems une multitude d'environ deux millions d'hommes; nous supplions nos adversaires de dire par quel moyen naturel Moïse a pu le faire dans un désert stérile & inculte, qui n'a jamais pu

---

(a) V. Réponses Critiques, &c. p. 95 & suiv.

être fertilifé par aucun travail, & où l'on trouve à peine quelques brins d'herbe.

Moïfe nous apprend que Dieu fit tomber exactement tous les matins pendant quarante ans de la manne, ou une efpece de rofée blanche, qui, en fe condenfant formoit une fuftance folide & femblable à une grêle menue; elle fe fondoit au foleil, & fe corrompoit au bout de vingt-quatre heures. Elle ne tomboit point les jours de Sabbat; la veille on en ramaffoit pour deux jours, & alors elle fe confervoit : Elle avoit le goût de farine mêlée avec du miel. Jofué ajoute qu'elle ceffa de tomber lorfque les Hébreux entrerent dans la Paleftine, & mangerent des fruits du pays (a).

On ne peut pas fuppofer que ce phénomene ait été naturel, puifqu'il ceffoit les jours de Sabbat, & qu'il n'a plus reparu dès le moment que les Hébreux ont pu s'en paffer. Jamais aucun Voyageur n'a vu tomber de manne dans ces mêmes déferts, & cette nourriture n'eft connue dans aucun lieu du monde. C'eft encore ici un fait fenfible, journalier,

_____

(a) Exode, c. 16, ℣. 14, & fuiv. Num. c. 11, ℣. 7, Deut. c. 8, ℣. 16. Jofué, c. 5, ℣. 12.

aisé à vérifier, sur lequel il est impossible que Moïse ni Josué en aient imposé à une Nation entiere. Pour en conserver la mémoire, Moïse fait emplir de manne un vase & ordonne qu'il soit conservé à côté de l'Arche dans le Tabernacle.

Cependant un Philosophe moderne prétend en avoir découvert l'imposture. « En coupant, dit-il, la pointe des » bourgeons du cocotier, on en fait distil- » ler une liqueur blanche, qui est reçue » dans un vase attaché à leur extrémité. » Ceux qui la recueillent avant le lever » du soleil, & qui la boivent dans sa » nouveauté, lui trouvent le goût d'un » vin doux. C'est la manne du désert. » Qui sait même si l'idée de celle-ci n'a » pas été prise dans des Livres plus » orientaux que ceux de l'Arabie & de » l'Egypte ? L'Inde est, dit-on, le ber- » ceau de beaucoup de Fables, d'Allé- » gories, de Religions. Les curiosités » de la nature sont une source féconde » pour l'imposture ; elle convertit des « phénomenes singuliers en prodiges ; » l'Histoire naturelle d'un pays devient » surnaturelle dans un autre (a) ».

_____

(a) Hist. des Etabl. des Europ. t. 1. l. 1. p. 75.
Réponse.

Réponse. Il n'est pas question de savoir dans quels Livres Moïse a pris l'idée de la manne, mais quels alimens il a pu fournir dans le désert à deux millions d'hommes pendant quarante ans. Est-ce du vin de cocotier ? Il n'en vient point dans les déserts de l'Arabie. Les Hébreux n'ont pas vécu pendant 40 ans sans rien manger. Le vase conservé dans le Tabernacle pendant plusieurs siecles, renfermoit des grains de manne & non une liqueur ; le Psalmiste qui a pu le voir en a parlé comme Moïse (*a*). Peu de tems avant sa mort ce Législateur cite encore aux Hébreux cette nourriture, inconnue à leurs peres, & que Dieu leur a fournie miraculeusement (*b*). Il ne s'agit donc pas ici d'une *curiosité de la nature*, mais d'un aliment capable de faire subsister un peuple entier.

Selon Niébuhr, on recueille à Ispahan, sur un petit buisson épineux, une espece de manne en petits grains ronds & jaunes, semblable à celle des Israélites ; mais elle ne tombe que pendant trois mois. On s'en sert, au lieu de su-

---

(*a*) Pseaume 77, ⅴ. 24.
(*b*) Deut. c. 8. ⅴ. 16.

cre, pour les pâtisseries & autres mets; l'on peut en manger beaucoup sans qu'elle purge (*a*). Mais aucun Voyageur n'en a jamais vu de semblable dans le désert de Sinaï; celle dont parle Moïse se recueilloit sur terre & non sur des buissons épineux (*b*): elle tomboit pendant toute l'année, excepté le jour du Sabbat; elle se corrompoit au bout de vingt-quatre heures, excepté ce jour-là: cela n'est plus naturel.

§. XXI.

Les autres miracles opérés par Moïse pour prouver sa mission, n'étoient pas moins sensibles, pas moins aisés à vérifier. Le Mont-Sinaï couvert de nuées & de flammes, avec un bruit de tonnerre & de trompettes, lorsque Dieu donna sa Loi; l'eau sortie du rocher d'Horeb par un coup de la baguette de Moïse; les habits & les souliers des Hébreux, conservés pendant quarante ans, &c. aucun de ces faits ne s'expliquera par l'Histoire naturelle; ou ce sont des fables, ou ce sont de vrais miracles.

(*a*) Descript. de l'Arabie, p. 129.
(*b*) Exode, c. 16, ℣. 14.

Peuvent-ils être fabuleux ? Non. 1.° La plupart font la feule caufe de plufieurs événemens, & ceux-ci font indubitables. Nierez-vous que les Hébreux aient été en Egypte ? Vous contredirez les anciens Hiftoriens qui les ont pris pour une peuplade d'Egyptiens, & les Incrédules qui ne voient dans la religion Juive que l'Egyptianifme pur ; alors Moïfe & fon peuple font des infenfés de conferver tant de monumens de leur efclavage en Egypte. S'ils y ont été, ils en font fortis ; comment & pourquoi les Egyptiens ont-ils laiffé dépeupler leur pays ? Par qu'elle route ces fugitifs ont-ils paffé ? Qu'ils aient habité le défert, la fête des Tabernacles en dépofe ; pour quel autre fujet auroit-elle été inftituée ? Par-tout ailleurs les nations voifines leur auroient difputé le paffage. S'ils y ont erré pendant quarante ans, comment y ont-ils fubfifté ? Perfonne ne peut y vivre aujourd'hui. S'ils y ont demeuré moins, où Moïfe a-t-il fait & publié fa légiflation ? Doutera-t-on fi les Juifs ont conquis la Paleftine ? Les Hiftoires profanes le difent ; toutes les Nations les y ont vus ; on leur reproche cette conquête comme un brigandage. Par quels moyens en font-ils venus à bout après un séjour si long dans le désert ? Ou il faut faire des Hébreux une histoire plus probable, ou il faut convenir que celle de Moïse est vraie. Si elle est vraie, ses miracles sont indubitables.

§. XXII.

2.° Il est l'auteur de cette histoire, nous l'avons prouvé ; elle a été connue en même-tems que ses loix ; il justifie par cette histoire même les loix qu'il établit. Il dit aux Hébreux : Vous n'adorerez qu'un seul Dieu, parce que c'est lui qui vous a tirés de la servitude de l'Egypte (*a*). Vous célébrerez chaque année la Pâque ou la fête du passage, parce que Dieu, pour vous tirer des mains de Pharaon & des Egyptiens, vous a ouvert un passage au milieu des flots de la Mer Rouge (*b*). Vous consacrerez à Dieu vos premiers nés, parce qu'il a mis à mort les premiers nés des Egyptiens & a conservé les vôtres (*c*). Toutes les

---

(*a*) Exode, c. 20. Deut. c. 6.
(*b*) Exode, c. 12. Deut. c. 16.
(*c*) Exode, c. 13. Levit. c. 27.

semaines vous obferverez le Sabbat en mémoire de la création, & parce que Dieu fait tomber la manne pendant fix jours pour vous nourrir; il n'en fait point tomber le feptieme, parce qu'il veut que vous vous repofiez ce jour-là (*a*). Vous pratiquerez la circoncifion; c'eft le figne de la promeffe que Dieu a faite à votre pere Abraham de vous donner la terre de Chanaan: lorfque vous la pofféderez, vous attefterez par la circoncifion l'accompliffement de la parole du Seigneur. Un Incirconcis ne fera point membre du peuple; il ne pourra point manger la Pâque, &c (*b*). Tel eft conftamment le ftyle de Moïfe; c'eft ainfi qu'il appuie toutes fes loix.

Ces loix fervent donc de preuves & de monumens de fes miracles; fans les miracles, deux millions d'Hébreux, peuple intraitable & accoutumé aux mœurs de l'Egypte, ne fe feroient jamais foumis à une légiflation & à des ufages incommodes, & qui alloient les rendre odieux à tous leurs voifins. Qu'une nation croie des miracles fabuleux, quand

---

(*a*) Exode, c. 16. Deut. c. 5.
(*b*) Exode, c. 12, ỳ. 48.

ils lui sont honorables & ne l'engagent à rien de pénible, cela se conçoit ; mais qu'elle les adopte sans raison lorsqu'ils lui imposent un joug très-onéreux & une sujétion très-pénible, voilà ce dont on ne connoît aucun exemple. Qu'elle suive par habitude des loix absurdes ou gênantes qui lui ont été transmises par ses ancêtres, cela n'est pas étonnant ; qu'elle en change tout-à-coup pour en adopter de plus dures, sans motifs, sans aucun fait éclatant qui l'y détermine, voilà ce qui n'est plus dans l'ordre de la nature.

Un Philosophe demande si Moïse a lu son Pentateuque à deux millions de Juifs, s'ils étoient capables de le réfuter par écrit, s'ils ont signé son histoire comme témoins (*a*) ?

Oui, Moïse a lu son Pentateuque aux Juifs, puisqu'il leur a lu ses loix ; ils ont lu ses loix, puisqu'ils les ont observées. Ils ont vu les faits dont il les prend à témoins ; sans ces faits, aucun peuple n'auroit pu être assez insensé pour se soumettre à de pareilles loix. Si les faits étoient faux, ils ont pu les réfuter, non-seulement de vive voix & par écrit, mais

___

(*a*) Exam. import. c. 2, p. 21.

DE LA VRAIE RELIGION. 79
en proscrivant ou en massacrant le Législateur ; il le méritoit si c'étoit un imposteur. Ils ont donc signé son histoire en adoptant ses loix ; ils l'ont signée de leur sang en pratiquant la circoncision, à laquelle rien n'a pu les engager que cette histoire.

Toujours on nous répete que tous les peuples ont cru des fables, & ont pratiqué des loix absurdes uniquement fondées sur ces fables (a).

Il faudroit au moins en citer un exemple. Tous ont cru des fables qui flattoient leur vanité ou leur ambition, dont ils ne savoient ni la date ni l'origine, qu'ils ne pouvoient plus vérifier, & qui ne leur imposoient aucun devoir onéreux: mais où est la nation qui a consacré gratuitement des fables qui devoient l'humilier, la soumettre à des loix très-dures, l'exposer à la haine de ses voisins ? Encore une fois nous en demandons un exemple.

Les loix & les usages absurdes des nations sont moins fondés sur des fables que sur de fausses raisons de Physique, sur de prétendus besoins relatifs au climat, sur des goûts bisarres & dépravés,

---

(a) Quest. sur l'Encyclop. *Antiquité*, sect. 3.

D iv

souvent ce qui est devenu absurde ne l'étoit pas dans l'origine, on y persévere par habitude. A l'égard des Hébreux, il s'agissoit d'une législation complette, nouvelle & inouie, onéreuse & gênante; l'ont-ils adoptée par un vertige subit & universel?

§. XXIII.

Objection. Si Moïse avoit fait tant de miracles, les Hébreux ne se seroient pas révoltés si souvent contre lui. A peine sont-ils en marche pour quitter l'Egypte, & à la vue de l'armée de Pharaon qui les poursuit, ils déclament contre leur chef. *N'y avoit-il donc pas assez de tombeaux en Egypte pour nous enterrer, sans vouloir nous faire périr dans un désert?* Dès qu'ils ont passé la mer, ils murmurent, ils regrettent l'Egypte, parce qu'ils n'ont rien à manger. Nouvelle sédition lorsqu'ils manquent d'eau. Moïse disparoît pendant quarante jours, & ils adorent un veau d'or (*a*). Deux ans après ils s'ennuient du désert & de la manne; ils soupirent après les fruits & les vian-

---

(*a*) Exode, c. 14, 16, 17, 32.

des de l'Egypte. Aaron & Marie s'élevent par jalousie contre Moïse. Quand on leur parle de conquérir la Palestine, ils se révoltent & se disposent à retourner en Egypte. Coré & d'autres veulent s'emparer du Sacerdoce. La disette d'eau, la fatigue des marches, le dégoût de la manne font recommencer les murmures (*a*); les séditions ne finissent point : un peuple témoin des miracles de Moïse auroit été plus docile (*b*).

Réponse. Ici du moins la vérité perce. Moïse gouvernoit un peuple mutin, rebelle, intraitable; tels ont été les Juifs dans tous les tems, cela est prouvé, nous en convenons. Comment a-t-il échappé à leur fureur ? Comment les a-t-il assujettis & policés sans miracle ? Il n'avoit ni armée à sa solde, ni garde pour le défendre; les Lévites mêmes levent l'étendard contre lui : si c'est un imposteur, comment a-t-il pu contenir pendant quarante ans cette foule séditieuse ? Com-

---

(*a*) Num. c. 11, 12, 14, 16, 20, 21.
(*b*) Esprit du Judaïsme, c. 2, p. 36. Tableau des Saints, c. 1. Tableau du genre humain, p. 24. Morgan, moral Philos. tome 2, p. 66.

ment l'a-t-il réduite à porter le joug de sa loi lorsqu'il a été mort?

Toutes les révoltes finissent par demander pardon & revenir à l'obéissance; le peuple reconnoît donc qu'il a tort & que son Législateur a raison. Cependant s'il n'est pas envoyé & autorisé de Dieu, c'est un fourbe, un tyran, un scélérat. Pour ramener les rebelles, Moïse ne change rien à ses loix, à son plan, à sa conduite. A Rome, lorsque le peuple se mutinoit contre les Sénateurs, on peut croire que souvent il eut raison, puisque dans le traité de paix qui s'ensuivoit, il obtenoit toujours quelque chose. Ici rien de semblable; les séditions & les clameurs n'ont pas fait changer un iota dans les loix & le gouvernement de Moïse.

Les moyens dont il se sert pour calmer les séditieux méritent attention. Il les met à couvert des poursuites de Pharaon en les faisant passer au travers des flots, il appaise leur faim en faisant tomber la manne, leur soif en tirant de l'eau d'un rocher, leur gourmandise en leur faisant venir des Cailles. Les rebelles sont punis par des morts subites; Aaron demande pardon de son imprudence; Marie est châtiée par sept jours de lèpre; Coré &

ses partisans sont engloutis dans le sein de la terre ou dévorés par le feu du ciel; les murmurateurs sont mordus par des serpens. Si ces moyens miraculeux ne sont pas vrais, par quelle voie Moïse a-t-il maintenu son autorité dans le même degré ?

Par des actes de cruauté, répliquent nos adversaires, il arme les Lévites contre les adorateurs du veau d'or, & il en fait égorger vingt trois mille (*a*). Il ordonne aux Juges de mettre à mort ceux qui se sont souillés par l'idolatrie avec les Moabites & on en extermine vingt-quatre mille (*b*). Voilà comme il est venu à bout d'asservir les Hébreux, de les rendre obéissans & stupides, de leur persuader ce qu'il a voulu (*c*).

Reponse. Le nombre des morts est exagéré des trois quarts; nous le verrons ci-après, Art. 3, §. 8. N'importe, admettons-le pour un moment. Dans une nation, composée de deux millions

---

(*a*) Exode, c. 32.
(*b*) Num. c. 25.
(*c*) Esprit du Judaïsme, pag. 42. Tableau des Saints, c. 1. Encyclopédie, art. *vingtieme*, ajouté, pag. 862.

d'hommes, cinquante-sept mille font le trente-cinquieme de la nation tué en quarante ans. Que l'on compare le sang répandu chez tous les autres peuples par les guerres injustes, par l'ambition des conquérans, par les antipathies nationales, par les passions & les folies des hommes, avec celui que Moïse a fait verser pour le maintien de la loi de Dieu, & que l'on dise de quel côté est la cruauté; mais encore une fois le calcul est faux.

Voyons la conduite de Moïse. Lorsque les révoltes des Israélites l'attaquent personnellement, ou il les appaise par des bienfaits, ou il laisse à Dieu le soin du châtiment, & il intercede pour les coupables. Qu'on nous montre un seul trait de sévérité que Moïse se soit permis pour le maintien de son autorité. Lorsqu'il est question d'idolatrie, crime qui attaque l'autorité de Dieu & non la sienne, il fait décerner contre les criminels la peine portée par la loi (a): pouvoit-il & devoit-il faire autrement?

C'est donc une calomnie d'affirmer

(a) Exode, c. 22, ⅴ. 20.

qu'il a subjugué les Hébreux par la crainte, qu'il a exercé sur eux un pouvoir tyrannique, qu'il a établi son despotisme par la cruauté. De quoi lui auroient servi ces moyens odieux pour contenir un peuple naturellement rebelle? Il falloit pourvoir à tous ses besoins. Les châtimens ne peuvent appaiser la faim & la soif, vétir les hommes, les garantir des injures de l'air, les défendre contre leurs ennemis ; Moïse n'a pu y pourvoir que par des miracles : de quelque maniere que l'on envisage la situation des Hébreux, on est forcé de supposer qu'il en a fait. S'ils sont incontestables, il est donc l'envoyé de Dieu ; il agissoit par les ordres de Dieu. Les châtimens surnaturels, tels que la contagion, le feu du ciel, les abîmes ouverts, la morsure des serpens, qui arrivent toujours à point nommé, prouvent sa mission & ne peuvent lui être imputés. Il est absurde de citer des châtimens évidemment miraculeux pour prouver que Moïse n'a point fait de miracles (*a*).

(*a*) Tableau des Saints, c. 1.

§. XXIV.

Quand ceux qui n'ont duré qu'un moment pourroient être conteſtés, il eſt des miracles conſtans qui ont perſévéré pendant un grand nombre d'années, & dont il faut rendre raiſon. Si la manne n'a pas tombé pendant quarante ans dans le déſert, de quoi ont vécu les Hébreux?

Moïſe ordonne que tous les ſept ans la terre demeure en repos & ſans culture. « Si vous demandez, leur dit-il,
» que mangerons-nous la ſeptieme an-
» née, ſi nous ne ſemons pas & ne re-
» cueillons point de fruits? Je répan-
» drai, dit le Seigneur, ma bénédiction
» ſur la ſixieme année; elle rapportera
» les fruits de trois ans. Vous ſemerez
» la huitieme année & vous mangerez
» les fruits de la ſixieme juſqu'à la neu-
» vieme; cette proviſion vous ſuffira juſ-
« qu'à la nouvelle récolte (a) ».

Cette loi a été exécutée, elle étoit encore en vigueur après la captivité (b);

___

(a) Exode, c. 23, ẙ. 10. Levit. c. 25, ẙ. 3 & 20.
(b) 1. Machab. c. 6, ẙ. 49.

Joseph en est témoin ; il nous apprend que les Juifs obtinrent des Romains la rémission des tributs à chaque septieme année (*a*). Tacite, informé du fait, mais mal instruit de la raison, a cru que les Juifs suspendoient ainsi leurs travaux par goût pour l'oisiveté: *Septimo die otium placuisse ferunt, quia is finem laborum tulerit ; deindè blandiente inertiâ septimum quoque annum ignaviæ datum* (*b*). Le fait est donc incontestable.

Dieu avoit ajouté une menace terrible ; il dit aux Hébreux que s'ils n'observent point cette loi, il fera reposer la terre malgré eux, en les transportant eux mêmes dans une terre étrangere (*c*). Cette menace fut accomplie par la captivité de Babylone (*d*).

La terre a-t-elle pu naturellement produire une triple récolte à chaque sixieme année ; & si cela n'est pas arrivé, comment la famine n'a-t-elle pas régné dans la Judée tous les sept ans ? Il n'est

---

(*a*) Joseph, antiq. l. 14, c. 10, V. Réponses critiq. tome 3, pag. 111.
(*b*) Tacite, hist. l. 5, c. 1.
(*c*) Levit c. 26, ℣. 33.
(*d*) 2. Paral. c. 36, ℣. 21.

plus ici question d'un prodige obscur & inconnu, mais d'un fait permanent, attesté par les Historiens profanes, aussi bien que par les livres des Juifs; & il suffiroit seul pour constater la divinité de la législation de Moïse aussi bien que de sa mission. Silence profond sur ce point de la part de nos adversaires. Ce qu'ils ont écrit sur la prétendue stérilité de la Palestine, sur les famines fréquentes que cette contrée a souffertes, ne sert qu'à faire mieux éclater la providence surnaturelle de Dieu envers les Juifs.

§. XXV.

« A quoi bon, disent-ils, ces prodi-
» ges insensés? Pour prouver la puissance
» du Maître de l'Univers, pour autori-
» ser sa loi d'une maniere éclatante. Mais
» sa loi est dans mon cœur. Ces tours de
» gibeciere peuvent m'étonner, mais
» toute cette parade ne signifie rien; si
» mon cœur n'est pas touché, c'est un
» prodige inutile: j'aime Dieu, & l'on
» veut m'en faire peur.... Dieu n'a pas
» la petite ambition de m'étonner; il
» parle à mon cœur, & la voix de la con-
» science se fait entendre d'un pôle à

„ l'autre. Etoit-il plus facile à Dieu de
„ bouleverser la nature que de tou-
„ cher les cœurs, de persuader les es-
„ prits (a) „?

Réponse. En effet, la voix de la conscience étoit écoutée avec une docilité parfaite par les Egyptiens, par les Chananéens, par les Moabites, &c. Ils adoroient tout excepté Dieu; leur culte étoit un chaos d'abominations; leurs mœurs, un scandale affreux; leurs loix, une résistance continuelle à la voix de la nature; nous avons vu le tableau de celles des nations qui sont encore dans le même état. Dieu néanmoins parloit à leur cœur depuis deux mille ans. Puisque cette voix douce & paternelle n'étoit pas entendue, étoit-il indigne de Dieu de tonner & d'effrayer les coupables? Lorsque l'homme aveugle, loin d'aimer Dieu, le méconnoît & l'outrage, quelle ressource y a-t-il pour le changer, sinon de lui faire peur? La fiévre est souvent le seul remede efficace pour convertir un Incrédule.

(*a*) Celse dans Orig. l. 4, n. 2 & *suiv.* Lettre de Trasib. pag. 111. Tableau du genre humain, pag. 16.

Mais si son cœur n'en est pas plus touché, le prodige est donc inutile. Soit d'abord. Parce que les roues & les gibets ne corrigent pas mieux les scélérats que les loix, la conscience & la voix de la nature, ils sont donc inutiles ; il faudra les supprimer pour mettre le crime plus à son aise. Est-il certain que les miracles de Moïse & de Josué n'ont touché personne ? Ils forcerent du moins la nation Juive à se ranger sous une loi raisonnable ; ils réduisirent Pharaon à s'écrier : *le Seigneur est juste, mon peuple & moi sommes des impies.* Une troupe d'Egyptiens partit avec les Israélites & embrassa leur religion ; les Gabaonites se rendirent à Josué & furent épargnés ; une famille de Jéricho fit de même, & reconnut que le Dieu d'Israel étoit le seul vrai Dieu. Sous Salomon il y avoit dans la Judée cent cinquante-trois mille étrangers prosélytes qui y vivoient hors de danger de tomber dans l'idolatrie (*a*). Si le reste des nations voisines s'obstina dans son aveuglement, ce n'est la faute ni de Dieu, ni de Moïse, ni de la loi Juive, ni des miracles. Si les Incrédules

---

(*a*) 2. Paral. c. 2, v. 17.

DE LA VRAIE RELIGION. 91

ne veulent écouter Dieu, ni quand il leur parle par la voix de la nature, ni quand il les exhorte par leur conscience, ni quand il les effraie par son tonnerre, cela prouve la perversité de l'homme, & non le défaut de la sagesse divine.

Il est absurde de demander si une chose est plus facile à Dieu qu'une autre, puisqu'il est tout-puissant; mais à n'envisager que la possibilité physique des événemens, nous soutenons qu'il est plus difficile de toucher des cœurs pervers, de persuader des esprits rebelles, que de bouleverser la nature. Les êtres inanimés ne résistent point à la volonté du Créateur, l'homme agent libre lui résiste; Dieu le permet, parce qu'il veut que l'obéissance soit libre & méritoire. Quand on veut raisonner par comparaison, changer les mœurs, les penchans, les idées, les habitudes d'une nation entiere ou de plusieurs nations, est un plus grand miracle que les plaies d'Egypte & tous les prodiges opérés par Moïse. La question se réduit à savoir lequel de ces deux procédés est le plus sage; nous soutenons que c'est celui qui nous est présenté dans les Livres saints. 1.° Changer les esprits & les cœurs d'un ou de plusieurs peuples par une révolution intérieure, subite, uniforme, est un miracle invisible dont on ne verroit ni la cause ni le motif; il ressembleroit à l'enthousiasme & à la folie; Dieu ne rend point les hommes insensés pour les porter à la vérité & à la vertu: il leur fournit des raisons & des motifs; les miracles sont le plus puissans de tous. Conduire les hommes autrement, les tourner comme des girouettes & des automates, ce n'est plus un miracle, mais une contradiction de la part de Dieu. 2.° Ce miracle absurde ne seroit d'aucune utilité pour nous; il ne serviroit qu'à nous révolter au lieu de nous instruire; nous dirions que la tête a tourné tout-à-coup à plusieurs millions d'hommes. Les miracles de Moïse, au contraire, instruiront & persuaderont tous les esprits sensés dans toute la durée des siecles. 3.° Ce miracle invisible eût été inutile à l'égard de toutes les nations sur lesquelles Dieu n'auroit pas opéré de même; l'objection des Incrédules reviendroit toujours: ou Dieu peut convertir un homme par un miracle sans en convertir un autre, ou il ne peut éclairer un seul peuple sans les éclairer tous. Comment les Incrédules démontreront-ils que tout bienfait quelconque de la Providence doit être universel & égal pour tous les hommes ? Telle est la supposition folle sur laquelle ils ne cessent d'argumenter : leur plainte reviendra encore contre les miracles de Jesus-Christ.

§. XXVI.

A présent nous sommes en état de peser la valeur de l'objection de M. Hume, contre les miracles du Pentateuque en général. « Nous voyons d'abord, dit-il, » un livre qui nous est présenté par un » peuple ignorant & barbare, écrit dans » un tems où il étoit plus barbare encore, » & vraisemblablement long-tems après » les faits qu'il contient : aucun autre té- » moignage ne concourt à lui prêter son » appui ; il ressemble à ces récits fabu- » leux que toutes les nations nous font » de leur origine. Nous lisons ce livre » & nous le trouvons rempli de prodiges » & de miracles ; il nous décrit un état » du monde & de la nature humaine qui » n'a rien de commun avec celui d'au- » jourd'hui ; notre chûte de cet état ; » l'âge de l'homme approchant de mille » années ; la destruction du monde par

» un déluge, le choix arbitraire d'un
» peuple favori du ciel, & ce peuple ce
» sont les compatriotes de l'Auteur; en-
» fin, leur délivrance de l'esclavage,
» opéré par des prodiges les plus éton-
» nans que l'on puisse imaginer. Que
» chacun mette ici la main sur la con-
» science, & qu'il déclare après un exa-
» men sérieux, s'il pense que la fauf-
» seté d'un pareil livre seroit une chose
» plus extraordinaire & plus miraculeuse
» que ne sont tous les miracles ensem-
» ble qu'il renferme: c'est cependant là
» ce qu'il faudroit pour le faire recevoir,
» conformément au tarif de probabilité
» qu'on établit (*a*) ».

Réponse. La main sur la conscience, & après un examen sérieux, nous pensons & nous disons, que les suppositions de David Hume sont toutes contraires à la vérité, & qu'en suivant son tarif de probabilité, on conclura la nécessité de croire le *contraire*: nous allons prouver ces deux points.

1.º Quoiqu'il dise que les Juifs aient été un peuple ignorant & barbare, ils l'étoient moins que les Égyptiens, les

_____

(*a*) Dissertation sur les miracles, à la fin.

Phéniciens, les Chaldéens & toute autre nation, à la prendre au siecle dans lequel le Pantateuque a été écrit. Sans recourir aux preuves que nous en donnerons, chap. 5, art. 4, il est absurde de juger que le Pentateuque, & un corps de législation tel que celui de Moïse, ont été faits par une nation ignorante & barbare; on n'a qu'à comparer ces loix avec celles des autres peuples: voilà ce que David Hume ni aucun Incrédule n'a jamais fait.

2.° Il est faux que ce livre ait été écrit long-tems après les faits qu'il contient. Nous avons prouvé qu'il l'a été par Moïse lui-même dans le défert, qu'il n'a pas pu être composé par un autre auteur ni dans un autre lieu. Quant aux faits de la Genese, passés depuis long tems, l'Auteur nous montre la chaîne de tradition par laquelle il les avoit reçus, & les monumens par lesquels ces faits étoient attestés. Ce n'est point là le procédé d'un barbare ignorant ou imposteur.

3.° Il est faux qu'aucun autre témoignage ne vienne à l'appui du Pentateuque; nous avons cité le témoignage des autres nations; mais la preuve la plus forte sont les monumens indiqués par l'Auteur, ceux qu'il a laissés lui-même, les effets qui ont résulté de ses actions & de son livre, la suite de l'Histoire, continuée par d'autres Écrivains, qui tous supposent l'existence & la vérité de l'histoire renfermée dans le Pentateuque, &c.

4.º Il est faux que cette histoire ressemble aux annales fabuleuses des autres nations. Celles-ci ne nous montrent aucun des anneaux de la chaîne par laquelle elles ont pu remonter jusqu'à leur origine : Moïse nous la présente dans toute sa longueur. Ces nations furent d'abord ignorantes & sauvages, les ancêtres de Moïse ne l'ont jamais été, Dieu les en a préservés. Les autres se perdent dans une antiquité prodigieuse, Moïse ne donne au genre humain qu'une durée très-bornée, &c.

5.º L'état primitif du genre humain, sa chûte, l'âge des premiers hommes, le déluge, sont connus & rapportés plus ou moins clairement par toutes les grandes nations ; nous en avons cité les preuves ; le globe entier présente encore les vestiges du déluge.

6.º Le choix arbitraire de la race d'Abraham pour conserver la vraie religion

sur

DE LA VRAIE RELIGION. 97

sur la terre, loin de répandre du doute sur les autres faits, les lie & les confirme. Par-là nous voyons les raisons, le but, les motifs de la conduite de la Providence. C'est un plan sage, suivi, constant & qui dure encore. Rien de semblables chez les autres peuples. Il en est de même des plaies de l'Egypte & des autres miracles; ils devoient servir à instruire & à corriger plusieurs nations : si elles y ont résisté, c'est leur faute, Dieu n'en est ni moins juste ni moins sage.

Cela posé, nous soutenons que la fausseté du Pentateuque seroit un prodige plus surprenant, plus incroyable, plus impossible que tous les miracles qu'il renferme pris ensemble. Il faudroit admettre pour lors que la tête a tourné à deux millions d'hommes, non-seulement pendant quarante ans, mais pendant douze ou quinze siecles consécutifs; que la seule vraie religion qu'il y ait eu sur la terre pendant tout cet espace de tems, s'étoit établie par un tissu d'extravagances & d'impostures. Ces deux phénomenes ne peuvent arriver ni par les causes naturelles, ni par la puissance Divine : les miracles du Pentateuque, au contraire, sont très-possibles & très-

Tome *VI*.   E

croyables, dès qu'ils ont été opérés pour une fin digne de Dieu, pour établir, pour conserver, pour perpétuer la vraie religion parmi les hommes. Nous suivons donc exactement le tarif de probabilité de M. Hume; de plusieurs suppositions difficiles à croire, nous préférons la moins incroyable, la plus conforme à la raison & aux lumieres du bon sens.

§. XXVII.

Ne perdons point de vue, comme font toujours les Incrédules, le point essentiel, la différence qui se trouve entre l'Histoire de Moïse & les Annales mensongeres des autres nations. Ceux qui racontent des événemens fabuleux, n'en fixent point la date, on ne sait en quel tems ils sont arrivés; ils n'en désignent point le lieu, l'on ne peut en découvrir les traces; ils n'en produisent aucun témoin, personne ne les a vus & n'a pu les voir: on n'en connoît ni le but ni l'utilité, il n'en reste aucun monument contemporain, ces faits n'ont rien opéré, ne tiennent point au reste de l'Histoire, on peut les croire ou les rejetter, sans rien déranger à l'état certain des choses. Sur ce défaut de preuves nous sommes forcés de rejetter les fables des Chinois, des Indiens, des Perses, des Chaldéens, des Phéniciens, des Grecs & des Romains; toutes sont marquées du même sceau de fausseté, toutes sentent également l'imposture & l'imbécilité.

Moïse a écrit différemment. Il cite le tems des événemens, du moins par les générations; il en désigne le lieu; les uns sont arrivés en Egypte, les autres dans le désert, les autres dans la Palestine; il appelle à témoins ceux mêmes auxquels il parle; il les leur allègue comme des faits qu'ils ont vus, & qui doivent diriger leur conduite; il en établit des monumens, des fêtes, des loix, des cérémonies religieuses, des usages qui seroient absurdes sans les miracles sur lesquels il les fonde. Ces usages & ces loix ont été constamment observés dès le moment même auquel ces faits sont arrivés & par ceux que l'on en suppose témoins. Ces miracles se trouvent liés d'ailleurs avec la situation de ce peuple, avec les circonstances dans lesquelles il se trouve, avec les révolutions qui lui surviennent; on en voit le but & les effets ; c'eſt de préſerver une nation entiere des erreurs & des vices de ſes voiſins, de les corriger eux-mêmes de leur aveuglement, de prévenir l'entier oubli de la vraie religion. Si les miracles ſont faux, toute l'hiſtoire ſuivie eſt fauſſe ; on ne ſait plus ce que ſont les Juifs, d'où ils viennent, quelle eſt leur origine, qui a forgé leurs loix, de qui ils ont reçu leur croyance, leurs mœurs, leur religion. Leur état, leur deſtinée, leur génie, leurs idées, leurs eſpérances, ſont auſſi inexplicables que les miracles mêmes.

C'eſt donc en vain que l'on objecte perpétuellement les fables des peuples anciens ; leur comparaiſon avec l'Hiſtoire des Juifs, démontre la vérité de celle-ci & la fauſſeté de celles-là. Où c'eſt Dieu qui a établi la république, la légiſlation, la religion des Juifs, ou ce n'eſt perſonne ; tout autre qu'un envoyé de Dieu n'a pu le faire : nous en ſerons plus évidemment convaincus à meſure que nous avancerons.

ARTICLE SECOND.

Des Prophéties de Moïse.

§. I.

Nous avons prouvé ailleurs que le don de prédire les événemens futurs, est la preuve certaine d'une révélation & d'une mission divine, puisque Dieu seul peut les faire connoître aux hommes. M. Hume convient que toutes les prophéties sont en effet de vrais miracles, & ce n'est, dit-il, qu'en cette qualité qu'on peut les admettre pour preuve d'une religion (*). Si Moïse a été doué de cette connoissance, c'est un nouveau caractere surnaturel dont Dieu a voulu le revêtir pour rendre sa mission plus authentique & plus respectable : or nous trouvons plusieurs prophéties dans les écrits de ce Législateur.

Il annonce aux Hébreux que dans la suite des siecles ils établiront un Roi pour les gouverner ; il leur prescrit ce qu'ils doivent faire à cette occasion : cette

---

(*) Dixieme essai sur les miracles, à la fin.

prophétie n'a été accomplie que quatre cents ans après par l'élection de Saül (*a*).

Il leur promet que Dieu leur enverra un prophete semblable à lui, qui leur annoncera les volontés Divines, & il leur ordonne de l'écouter sous peine d'encourir l'indignation du Ciel (*b*). Cette prédiction a été vérifiée non-seulement par la suite des Prophetes qui ont paru en différens tems chez les Juifs, mais principalement par la venue du Messie; il est le seul qui ait été semblable à Moïse par le don continuel des miracles & par la qualité de législateur.

Il les assure que s'ils sont fideles à suivre la loi que Dieu leur a donnée, ils jouiront d'une prospérité constante, qu'ils vaincront aisément leurs ennemis, que Dieu fera des miracles en leur faveur, & renouvellera les prodiges qu'il a faits pour eux en Egypte (*c*). La conquête de la Palestine & la suite de l'Histoire nous montrent l'accomplissement de cette promesse.

Il les avertit, au contraire, que s'ils

(*a*) Deut. c. 17, ỳ. 14.
(*b*) Deut. c. 13, ỳ. 15.
(*c*) Deut. c. 7, ỳ. 12 & suiv.

violent les préceptes du Seigneur, tous les fléaux fondront sur eux ; qu'ils seront réduits en esclavage & opprimés par les autres peuples ; qu'ils seront arrachés de leur patrie, dispersés par toute la terre, méprisés & détestés des autres nations (*a*) ; mais que s'ils retournent au Seigneur, il les délivrera, les reconduira dans leur terre natale, leur rendra ses bienfaits. Ces promesses & ces menaces ont été pleinement vérifiées dans la suite, sur-tout par la captivité de Babylone & par le rétablissement des Juifs dans la Palestine.

§. II.

Dira-t-on que Moïse a fait ces prédictions au hasard, seulement pour intimider les Juifs & pour les engager à suivre leurs loix ? Mais aucun autre Législateur n'a fait de même. Moïse ne promet point les prospérités comme un effet naturel de l'attachement à ses loix, mais comme une protection surnaturelle que Dieu veut accorder à son peuple. Dieu seul savoit ce qu'il avoit résolu de faire ; si les Juifs ont été constamment protégés

---

(*a*) Deut. c. 28.

de Dieu lorsqu'ils ont été fideles, cette prospérité n'est point un phénomene ordinaire. Il y a quelques-unes de leurs loix qui ne pouvoient produire un heureux effet que par miracle; par exemple, celle qui ordonnoit le repos de la septieme année; il falloit que Dieu leur accordât une double récolte à la sixieme.

De même les malédictions dont Dieu menace les Juifs rebelles ne sont point des calamités ordinaires; le sort qu'ils ont éprouvé lorsqu'ils sont tombés dans l'idolatrie leur est tellement particulier, qu'il n'est arrivé à aucune autre nation. Il étoit donc impossible à Moïse de le prévoir par les lumieres naturelles, & de le peindre avec toutes ses circonstances. Un accord si parfait entre la prophétie & l'événement arrivé neuf cents ans après, ne peut pas être un effet du hasard.

La promesse d'un Prophete, tel qu'il est désigné, par Moïse, ne pouvoit encore être naturellement prévue; Dieu seul pouvoit l'envoyer & le rendre semblable à Moïse: celui-ci n'a pu être instruit de ce dessein que par les prophéties d'Adam & d'Abraham, ou par une révélation particuliere.

Moïse prédit encore sa propre mort ; il s'y dispose comme à un événement prochain, sans ressentir aucune infirmité, sans être accablé de vieillesse, mais sur la parole de Dieu même. Il monte sur une montagne ; il y considere la terre promise, il y meurt, & personne n'est instruit du lieu de sa sépulture. Pouvoit-il prévoir sa destinée sans être doué de l'esprit prophétique (*a*) ?

La plupart de ces prédictions réunissent les trois conditions que les Incrédules exigent pour une vraie prophétie. Nous sommes assurés de leur date, puisque c'est Moïse qui les a écrites, & qu'elles ont toujours été contenues dans ses livres. Nous en voyons l'accomplissement par la suite de l'Histoire. Nous sommes certains qu'elles n'ont point été vérifiées par hasard, puisqu'elles ne pouvoient l'être naturellement, & qu'il falloit que Dieu lui-même se chargeât de leur exécution.

§. III.

Premiere Objection. Un des Censeurs

_____

(*a*) Deut. c. 32, v. 48, & c. 34.

de la conduite de Moïse, prétend qu'il s'eſt trompé dans ſes calculs prophétiques, & qu'il a vu échouer, dès le commencement, ſon projet de s'emparer de la Paleſtine. Il avoit fait entendre aux Juifs qu'au bout de 400 ans, à compter depuis la naiſſance d'Iſaac, ou de 430 ans depuis la promeſſe ſolemnelle faite à Abraham dans la Méſopotamie, ils ſeroient en poſſeſſion de la terre de Chanaan. Mais au moment qu'ils ſe diſpoſoient à y entrer, les Amalécites s'oppoſent à leur paſſage, & leur tuent tant de monde, qu'ils ſont forcés d'errer 40 ans dans le déſert, pour y produire une nouvelle race d'hommes plus endurcie & mieux diſciplinée. Voilà donc au moins 40 ans de retard à l'accompliſſement de la promeſſe divine & de la prophétie de Moïſe (*a*).

Réponſe. Tous ces faits ſont mal rendus. 1.° Dieu promet à Abraham, non dans la Méſopotamie, mais dans la Paleſtine, qu'il aura un fils & une poſtérité nombreuſe; que ſes deſcendans ſeront voyageurs & habitans d'un pays qui

---

(*a*) Eſprit du Judaïſme, c. 2, p. 39.

ne leur appartiendra pas, pendant 400 ans ; qu'ils feront réduits en servitude, mais que Dieu punira leurs oppresseurs ; qu'ils feront mis en liberté avec des richesses considérables ; qu'à la quatrieme génération, ou plutôt au quatrieme âge, ils reviendront dans la Palestine (a). En quel tems doit-on commencer de compter le tems des *voyages de la postérité d'Abraham ?* Sans doute à la mort de ce Patriarche. Or, depuis la mort d'Abraham, 1821 ans avant Jesus-Christ, jusqu'à la conquête de la Palestine en 1451, il y a 370 ans. Il est donc exactement vrai que les descendans d'Abraham sont rentrés dans la Palestine pendant la durée du quatrieme âge ou du quatrieme siecle de leurs voyages. Si d'autres calculent différemment, cela ne nous fait rien ; nous nous en tenons à la lettre du texte. 2.° Il est faux que les Amalécites aient tué beaucoup de monde en combattant contre les Hébreux ; il est dit seulement qu'ils tuerent les traîneurs & ceux que la fatigue empêchoit de suivre leur troupe : mais ils furent mis en fuite par Josué, &

(a) Gen. c. 15, ⅴ. 13 & 16.

passés au fil de l'épée (*a*). Par le dénombrement que fit Moïse l'année suivante, il se trouva plus de six cents mille Hébreux capables de porter les armes, sans compter les Lévites (*b*). Ce n'est donc pas le massacre fait par les Amalécites qui empêcha les Hébreux de s'emparer de la Palestine, ce sont leurs murmures; Dieu, pour les punir, les condamna à mourir dans le désert & à y passer quarante ans (*c*). 3.° Quand, par un calcul différent, on prouveroit qu'à la sortie d'Egypte le tems fixé par la promesse divine étoit écoulé, que s'ensuivroit-il? que son accomplissement a été retardé de quarante ans, pour punir les murmures séditieux des Israélites. Prouvera-t-on que Dieu devoit tenir ses promesses au tems marqué, malgré les révoltes & la désobéissance de son peuple?

Seconde Objection. Le pays que Dieu avoit promis à son peuple, devoit avoir pour bornes, à l'Orient, l'Euphrate; à l'Occident, la Méditerranée; au Septentrion, le Mont Liban; au Midi, le

---

(*a*) Exode, c. 17, ℣. 13. Deut. c. 25, ℣. 18.
(*b*) Num. c. 2, ℣. 32.
(*c*) Num. c. 14, ℣. 22 & *suiv.*

fleuve ou le torrent d'Egypte, qui eſt le torrent de Rhinocorure (*a*). Jamais ces promeſſes de Moïſe n'ont été accomplies.

Réponſe. Elles l'ont été complétement ſous les regnes de David & de Salomon; il ſuffit de lire le Chap. 3 du ſecond Livre des Rois, le Chap. 4 du troiſieme Livre, les Chap. 8 & 9 du ſecond Livre des Paralipomenes, pour en être convaincu. Il n'auroit été ni juſte ni convenable qu'elles le fuſſent plutôt. Les promeſſes de Dieu ſont toujours conditionnelles; juſqu'aux deux regnes, dont nous parlons, les Juifs n'avoient ceſſé d'être infideles, & ils ne s'étoient pas encore aſſez multipliés pour occuper tout le terrein qui leur étoit promis.

ARTICLE TROISIEME.

De la conduite de Moïſe.

§. I.

Pour prouver efficacement la miſſion

(*a*) Gen. c. 15. Exode, c. 23. Num. c. 34. Deut. c. 11.

de Moïse & fermer la bouche à nos adversaires, ce n'est pas assez de faire voir qu'il a été doué du pouvoir de faire des miracles & du don de prophétie, il faut démontrer encore qu'il n'a été sujet à aucune passion vicieuse capable de déshonorer le caractere dont il étoit revêtu; qu'on ne peut lui reprocher aucune action contraire aux loix divines ou humaines, ni à la politique d'un sage législateur. Si nous voulions en croire les ennemis de la révélation, Moïse a été non-seulement un fourbe & un imposteur, mais un ambitieux, un usurpateur, un tyran; après avoir trompé sa nation pour l'asservir, il n'a usé de son pouvoir que pour la rendre esclave & malheureuse; par des loix insensées il a fait du peuple Juif le plus abject, le plus lâche, le plus stupide, le plus odieux de tous les peuples. Un homme de ce caractere peut-il être l'organe de la Divinité?

Mais ces critiques intrépides emploient une maniere de raisonner fort singuliere. Si Moïse est réellement un fourbe, si sa mission est nulle, il est clair que sa conduite est inconcevable, injuste même & odieuse en plusieurs points. Si au contraire il n'a rien fait que par un ordre exprès du ciel, il n'est plus difficile de rendre raison de ses actions & d'en démontrer la justice. Revêtu d'une autorité légitime & absolue, il en a usé de la maniere la plus convenable à son plan, ou plutôt aux desseins de Dieu qui lui étoient connus, on ne peut plus le taxer d'ambition, d'injustice, de despotisme, de tyrannie. Que font les censeurs de Moïse? Ils partent de la supposition qu'ils ont faite & non prouvée, que Moïse est un imposteur; ils en concluent que sa conduite est injuste & inexcusable; ensuite ils tirent avantage de cette injustice prétendue pour attaquer sa mission. Ils ne cessent donc de tourner dans un cercle vicieux : voici le fond de leurs raisonnemens. Moïse n'a reçu aucune mission du ciel; donc sa conduite est injuste & tyrannique : or, si sa conduite est criminelle, il ne peut être envoyé de Dieu : donc c'est un fourbe & un imposteur. Ils ne sortent pas delà. Sublimes docteurs, commencez par démontrer que Moïse en a imposé aux Juifs, que son Histoire est fausse, par conséquent sa mission nulle; sans cela vous raisonnez en l'air.

Nous ne faisons pas de même; nous

disons : il est prouvé par les miracles &
les prophéties de Moïse qu'il a été envoyé de Dieu pour délivrer les Hébreux
de l'esclavage & pour les gouverner ;
donc ce n'est ni un fourbe, ni un ambitieux, ni un usurpateur. Si Moïse est un
fourbe, c'est aussi un insensé : or il est
prouvé par sa legislation qu'il n'est rien
moins qu'insensé : donc ce n'est pas un
fourbe. Sa conduite est telle qu'elle a dû
être relativement à sa mission ; nous le
montrerons en détail : donc elle n'est ni
absurde, ni vicieuse, ni répréhensible ;
nous répondrons à tous les reproches
qu'on lui fait. Nous partons de faits prouvés & non supposés, nous procédons en
regle sans nous écarter.

§. II.

La premiere question qui se présente
est de savoir si l'autorité de Moïse a été
légitime ou usurpée. Pour décider ce
point, laissons de côté, pour un moment,
sa mission ; tranchons la difficulté par les
principes mêmes de nos adversaires, &
par des faits incontestables.

Les Hébreux étoient esclaves & opprimés en Egypte ; Moïse les en a tirés ;

il les a fait subsister pendant quarante ans dans un désert sans diminuer leur population : en vertu du plan de gouvernement qu'il leur a laissé, ils ont conquis la Palestine, y ont formé une république libre & régie par ses propres loix; ces faits sont avoués par les Auteurs profanes. Supposons que Moïse, sans aucune mission, par un pur motif de compassion pour ses freres, les ait tirés de l'Egypte à main armée, après beaucoup de sang répandu, & qu'au lieu de faire périr les Egyptiens dans la Mer Rouge, il les ait taillés en pieces, voilà un héros, un vengeur des droits de l'humanité. Des Philosophes qui ne prêchent que la liberté, feront-ils un crime à Moïse d'avoir affranchi son peuple de l'esclavage? Est il à présumer que la nation délivrée par son bras, convaincue de sa prudence & de ses lumieres, choisira un autre chef pour la conduire & pour lui donner des loix? Si Moïse, sans autre titre que le service qu'il lui a rendu, continue à la gouverner; s'il lui donne des loix, parce qu'elle n'en a point; s'il exerce sur elle une autorité absolue, parce qu'elle ne peut être policée autrement, s'ensuit-il que c'est un ambitieux & un usurpateur?

Tous les fondateurs de république, tous les premiers légiflateurs des peuples ont fait de même, & ils ne pouvoient faire mieux. Les blâmer d'avoir exercé un pouvoir abfolu fur les nations, c'eft trouver mauvais qu'ils ne les aient point laiffées dans la barbarie; une fociété naiffante, compofée d'hommes brutaux & fans réflexion, ne peut être gouvernée comme un peuple policé depuis longtems.

Le gros de la nation des Hébreux a confenti à l'autorité de Moïfe, puifqu'elle s'eft laiffée gouverner par lui pendant quarante ans. Si Moïfe n'avoit que des reffources humaines, il n'a tenu qu'à elle de fecouer le joug. Une nation entiere raffemblée dans un camp, eft plus forte & plus redoutable qu'un peuple difperfé. Elle a confenti que Moïfe fût fon légiflateur, puifqu'elle s'eft foumife à fes loix; rien n'a pu l'y forcer. Où eft donc l'ufurpation?

Dès que l'on voudra juger de ce qui eft jufte ou injufte par les plaintes & les murmures de quelques féditieux, il n'y a plus d'autorité légitime fur la terre. Aucun état, aucun gouvernement où l'on ne trouve des mécontens; il y en a parmi nous; ils nous fatiguent par leurs clameurs : nous ne croyons pas devoir en conclure que l'autorité de nos Rois est illégitime. C'eût été un prodige, si dans deux millions d'hommes il ne s'étoit point rencontré de Philosophes ennemis de toute subordination.

Pour savoir si le gouvernement de Moïse a été sage ou tyrannique, si les Hébreux ont été heureux ou malheureux sous ses loix, nous en jugerons encore par la regle que proposent nos adversaires, par la population. La population est, suivant eux, la mesure de la sagesse de l'administration & la marque infaillible de la prospérité d'une nation (*a*). Cette regle est encore plus sûre à l'égard d'un peuple qui habite un pays absolument stérile, un désert inculte. Nous ne pouvons juger de la population des Hébreux que par les dénombremens de Moïse. Selon lui, en sortant de l'Egypte, ils étoient au nombre d'environ six cents mille hommes faits (*b*). Par le dénombrement qui se fit dans le désert à la fin

---

(*a*) Hist. des établiss. des Europ. dans les Indes, tome 1, l. 1, pag. 98.
(*b*) Exode, c. 12, ℣. 37.

des quarante années de séjour, il se trouva six cents un mille sept cent trente hommes en état de porter les armes, sans compter la tribu de Lévi qui se montoit à vingt-trois mille mâles, tant hommes qu'enfans (*a*). Voilà une augmentation considérable, malgré les pertes que la nation avoit faites.

Quand ce calcul seroit faux, toujours est-il certain qu'à la sortie du désert les Hébreux se sont trouvés en état de conquérir la Palestine, qui étoit alors très-peuplée. Donc leur population n'a pas diminué sous le gouvernement de Moïse : donc ce gouvernement n'a été ni oppresseur ni tyrannique : donc en perdant même de vue la mission de Moïse, les reproches de ses censeurs sont encore démontrés faux.

§. III.

Ils cherchent dans ses livres de quoi former des accusations : c'est là aussi que nous puiserons son apologie ; ils recueillent avec soin tout ce qui est susceptible d'une tournure odieuse, ils laissent de

_____

(*a*) Num. c. 26, ℣. 51.

côté ce qui peut justifier le Législateur : ce n'est pas là témoigner beaucoup de zèle pour la vérité.

Moïse, disent-ils, non content de s'arroger un pouvoir despotique, a voulu encore le faire passer à sa tribu ; il donne le souverain sacerdoce à son frere, & les ministeres inférieurs aux Lévites ; double injustice. La tribu de Lévi avoit été flétrie par le testament de Jacob : il étoit donc indécent de lui confier les fonctions du culte divin. Aaron avoit trempé dans l'adoration du veau d'or ; pendant que les coupables sont massacrés, le chef de la prévarication est comblé d'honneurs. Moïse, pour favoriser sa famille, établit le gouvernement théocratique, c'est-à-dire, le gouvernement des Prêtres, le plus vicieux & le plus funeste de tous : à ces traits reconnoît-on un sage, un envoyé de Dieu (*a*) ?

Réponse. Il est faux que Moïse se soit arrogé un pouvoir despotique & l'ait fait passer à sa tribu, faux qu'il ait choisi la

---

(*a*) Esprit du Judaïsme, Avant-Prop. p. ij & xiij, & c. 2, p. 44. Tableau du genre humain, p. 23. Tableau des Saints, c. 1. Bible expliquée p. 134. Morgan, tome 1, p. 134.

tribu de Lévi par prédilection pour sa famille, faux que le gouvernement des Juifs ait été *théocratique* dans le sens que l'entendent nos adversaires, ni qu'il ait produit de mauvais effets.

1.° Moïse ne s'est point ingéré de lui-même à gouverner les Hébreux. Lorsque Dieu veut l'envoyer à Pharaon, il objecte sa foiblesse, la difficulté qu'il a de parler, l'incrédulité de son peuple, les dangers de l'entreprise; il faut que Dieu lui commande d'un ton irrité pour le faire obéir (*a*). « Je serai avec toi, » lui dit le Seigneur, ton frere Aaron » parlera pour toi ; je t'ai établi le *Dieu* » ou le maître souverain du Roi d'E- » gypte; Aaron sera ton prophete (*b*) ». Ce n'est donc point Moïse qui choisit son frere, c'est Dieu; & ce choix fut confirmé par un miracle (*c*).

Le pouvoir de Moïse n'est point despotique, il fait profession de suivre en toutes choses les ordres de Dieu. Par le conseil de Jéthro il établit des tribunaux pour rendre la justice; il ne se réserve

---

(*a*) Exode, c. 3 & 4.
(*b*) C. 7, v. 1.
(*c*) Num. c. 16, 17.

que les affaires majeures (a). Il demande à Dieu des adjoints pour l'aider dans le gouvernement de cette multitude auquel il ne peut suffire, & Dieu lui en donne soixante & douze, tirés, non de sa tribu, mais des principaux du peuple (b). Une nation qui n'étoit pas encore policée, ne pouvoit être avantageusement gouvernée que par un pouvoir absolu; mais lorsqu'il y a un corps de loix fixes, immuables & des tribunaux établis pour les faire observer, le gouvernement n'est point despotique.

Ce ne sont point les Lévites, mais les principaux de chaque tribu, qui jugeoient les affaires civiles (c). Pendant quatre cents ans, depuis Moïse jusqu'aux Rois, les chefs de la nation n'ont point été des Prêtres, excepté le seul Héli. Josué, successeur de Moïse, étoit de la tribu d'Ephraïm (d); aucun Roi n'a été de celle de Lévi: où est donc le despotisme attaché à cette tribu?

Dans la République Romaine, le Col-

(a) Exode, c. 8, ⅴ. 21.
(b) Num. c. 11, ⅴ. 16 & 25.
(c) Exode, c. 18, ⅴ. 25.
(d) Num. c. 13, ⅴ. 9.

lége des Pontifes avoit plus d'autorité que n'en eurent jamais les Prêtres chez les Juifs (*a*). Un savant Académicien a prouvé que de toutes les nations policées, il n'en est aucunes qui aient attribué moins de pouvoirs & de priviléges à leurs Prêtres, que les Juifs & les Chrétiens (*b*).

§. IV.

2.° Moïse ne donne point de son chef le Sacerdoce à la tribu de Lévi ; Dieu déclare qu'il l'a choisie au lieu des premiers nés des familles qu'il a sauvées de la mort en Egypte. La nature du Sacerdoce Lévitique exigeoit des hommes qui en fussent uniquement occupés ; chez toutes les nations policées, les Prêtres ont formé un ordre particulier, une hiérarchie ; lorsque leurs fonctions ont été faites par des hommes sans caractere, toutes les religions se sont corrompues : cela ne pouvoit arriver autrement.

(*a*) Coutumes des Romains, par Nieuport, l. 4, c. 2.
(*b*) Hist. de l'Acad. des Inscript. *in*-12, tome 15, p. 143.

La

La tribu de Lévi étoit la moins nombreuse de toutes ; cela est prouvé par les dénombremens (*a*). Au lieu de préférer ses propres enfans à ceux de son frere, Moïse les laisse confondus dans la foule des Lévites. Lorsque les principaux de cette tribu veulent disputer le Sacerdoce à la famille d'Aaron, il lui est confirmé par la punition miraculeuse des séditieux, & par le prodige de la baguette d'Aaron qui fleurit dans le tabernacle (*b*).

Ce Pontife trop foible, n'avoit trempé dans l'adoration du veau d'or, que par crainte & parce que le peuple mutiné lui fit violence (*c*) ; il n'est pas vrai qu'il fût le plus coupable. Dieu ne lui pardonna qu'à la priere de Moïse (*d*) ; fera-t-on un crime à celui-ci d'avoir demandé grace pour son frere ? S'il avoit fait autrement, on le peindroit comme un monstre. Aaron fut puni peu de tems après, par la mort soudaine de ses deux fils (*e*), & par la mort prématurée qu'il subit lui-

_____

(*a*) Num. c. 3, ℣. 13 & 39.
(*b*) Num. c. 16, & 17.
(*c*) Exode, c. 32, ℣. 22.
(*d*) Deut. c. 9, ℣. 20.
(*e*) Levit. c. 10.

Tome VI. F

même (*a*). Si Moïse est un imposteur, pourquoi a-t-il consigné ces traits fâcheux dans son histoire?

Jacob, par son testament, avoit prédit que la tribu de Lévi seroit dispersée dans Israël (*b*). Les Lévites furent en effet distribués dans les différentes villes de la Palestine, & n'eurent point de portion dans le partage des terres. Si ce fut un effet de la malédiction de Jacob, il est donc faux que Moïse ait agi par prédilection pour sa tribu.

Selon nos censeurs, Moïse en disposa ainsi afin d'avoir des espions & des émissaires dans toutes les tribus, & de mieux dominer sur la Nation (*c*). Sublime conjecture! Pendant la vie de Moïse, les Lévites campoient tous rassemblés autour du tabernacle, pour être plus à portée de leurs fonctions; lorsqu'ils furent dispersés dans les villes de la Palestine, ce n'étoit plus un Lévite qui étoit à la tête du peuple: à qui donc pouvoient servir ces espions prétendus?

(*a*) Num. c. 20, ⅴ. 12, & 24.
(*b*) Gen. c. 49, ⅴ. 7.
(*c*) Esprit du Judaïsme. Avant-Prop. p. iv; §. 3, p. 53. Morgan, tom. 2, pag. 136.

En comparaison des autres tribus, le fort des Lévites n'étoit rien moins qu'avantageux; leur vie étoit précaire, ils ne possédoient point de terres labourables, ils vivoient des dîmes & des oblations; lorsque le peuple se livroit à l'idolâtrie, leur subsistance étoit fort mal assurée. Quelques Incrédules l'ont remarqué, & prétendent que c'étoit la raison pour laquelle l'idolâtrie étoit punie de mort (*a*). Il faut que cette tribu ait été la moins florissante, puisqu'elle étoit la moins nombreuse.

Mais aux yeux des Incrédules, tout Sacerdoce est odieux; ils n'en veulent point; ils ont peint les Lévites comme les sangsues de la Nation. Tout ce qu'on leur donnoit, la dîme, les oblations, leur part aux victimes, étoient autant d'exactions qui ruinoient le peuple; c'étoient des hommes inutiles, entretenus & nourris aux dépens du public (*b*).

Ces grands critiques oublient que ce qui étoit attribué aux Lévites, étoit aussi

---

(*a*) Esprit du Judaïsme, c. 3, p, 52. Morgan, tome 2, p 266

(*b*) Esprit du Judaïsme, Avant-Prop. pag. lv. Morgan, tome 2, pag. 132.

destiné à la subsistance des pauvres, des étrangers, des veuves, des orphelins (*a*). Il est donc faux que la dîme fût un *produit net* pour les Lévites ; il est encore plus faux que les villes & les territoires assignés aux Lévites, & totalement exempts de charges, fussent pour le moins la septieme partie des terres de la Nation (*b*). Toutes ces assertions des Incrédules, sont autant d'impostures réfutées par le texte même des Livres Saints.

Certains Philosophes exaltent la police des Egyptiens, & l'utilité qu'ils avoient su tirer du Sacerdoce (*c*) ; d'autres soutiennent qu'en Egypte la multitude de Prêtres, étoit un luxe d'ignorance, le plus nuisible de tous (*d*). Selon les uns, le Sacerdoce a été écrasé par le despotisme à la Chine, & chez les Juifs par le despotisme des Souverains (*e*) ; selon d'autres, le Sacerdoce

―――――――――――――――――

(*a*) Deut. c. 14, ꝟ. 29 : c. 26, ꝟ. 12.
(*b*) Esprit du Jud. c. 3, p. 53 & 57.
(*c*) Recherches Philos. sur les Egyp. tome 2 ; pag. 138 & *suiv.* 291, 293.
(*d*) De la Félicité publ. tome 1, c. 1, p. 18.
(*e*) Recherches Philos. *ibid.* pag. 206.

a été institué par-tout, pour fomenter le despotisme. Nous verrons bien d'autres contradictions.

§. V.

3.° Il est faux que le gouvernement de la République Juive fût *théocratique*, c'est-à-dire, absolument dépendant des Prêtres, & que le Grand-Prêtre fût, à proprement parler, le Dieu d'Israël (a). Si l'on veut appeler ce gouvernement, *Théocratique*, dans ce sens que Dieu étoit l'auteur des Loix établies par Moyse, qu'il avoit attaché la prospérité de la Nation Juive, à l'observation de ses Loix, ou parce que dans la République, Dieu est censé seul Souverain, nous ne disputerons pas sur le terme, nous n'en rejettons que l'abus.

Il y avoit un corps de Loix fixes, immuables, qui pourvoyoient à tout, & auxquelles il n'étoit pas permis de déroger, les Prêtres n'avoient aucune influence dans les affaires civiles, si ce n'est lorsque les Juges ne s'accordoient

---

(*a*) Esprit du Jud. Avant-Propos, pag. xiij, c. 3, pag. 52. Quest. sur l'Encyclop. *Théocratie*.

pas ; quand il y avoit un Chef du peuple, un Juge souverain, on devoit recourir à lui (*a*). On ne consultoit Dieu par l'organe du Grand-Prêtre, que dans les cas extraordinaires, auxquels la Loi n'avoit pas pourvu ; par exemple, pour savoir s'il falloit faire la paix ou la guerre. Le Sénat Romain agissoit de même en pareil cas ; il se décidoit par les réponses des Aruspices & des Augures ; on ne s'est pas avisé d'en conclure que le Gouvernement Romain étoit Théocratique, absolument dépendant des Prêtres, qu'à proprement parler le Grand-Prêtre étoit le Dieu des Romains.

La différence essentielle, c'est que les Romains & les autres peuples employoient pour consulter la divinité des pratiques absurdes & superstitieuses, au lieu que les Juifs se servoient des moyens que Dieu avoit prescrits lui-même. Il n'est aucun peuple ancien chez lequel les Prêtres n'aient eu plus de pouvoir que chez les Juifs & chez les Chrétiens (*b*).

(*a*) Deut. c. 17, v. 8.
(*b*) Hist. de l'Acad. des Inscript. *in*-12, t. 15. p. 143. Observ. sur les commencemens de la Société, par Millar, c. 4, sect. 1, pag. 230.

Si des historiens Grecs ou Romains, Strabon, Diodore, Tacite ont cru que chez les Juifs le gouvernement étoit affecté aux Prêtres, c'est qu'ils n'ont connu les Juifs qu'au siecle des Machabées, dans un temps où les Prêtres s'étoient mis à la tête de la nation, après l'avoir sauvée par leur courage. Moïse n'est point l'auteur d'un plan qui n'a eu lieu que huit ou neuf cents ans après lui, & qui fut dicté par la nécessité des circonstances; il n'a pas même prétendu que le Messie devoit naître de sa famille, mais de celle de Juda.

Si les Grands-Prêtres Juifs avoient été maîtres, ils n'auroient pas souffert que le peuple se livrât si souvent à l'idolâtrie; cet abus ne régna point pendant l'administration des Machabées ni des Asmonéens; jamais la République Juive n'a été plus florissante que sous ce gouvernement sacerdotal.

Toutes les accusations des Incrédules contre Moïse, sont donc évidemment calomnieuses; ce qu'ils ont osé appeler *l'Esprit du Judaïsme*, est leur propre esprit très-faux & très-mal tourné.

§. VI.

Moïse, disent-ils, est un orgueilleux, il se vante de ses succès, de ses vertus, des faveurs qu'il a reçues de la Divinité. Il dit que Dieu l'a établi le *Dieu* de Pharaon ; qu'il fut un homme célebre dans toute l'Egypte ; qu'il parloit à Dieu face à face, comme un ami à son ami, qu'il étoit un *homme divin* & le plus doux des hommes (*a*). Il travaille à inspirer le même orgueil à sa nation, il lui dit qu'il n'y a sous le ciel aucun peuple que Dieu favorise autant qu'elle, qui ait des loix aussi parfaites (*b*) ; c'est ce qui a inspiré aux Juifs le mépris, la haine, l'intolérance envers les autres nations (*c*).

Réponse. Il sied mal à des Philosophes de reprocher l'orgueil aux autres hommes. Moïse n'a point dit de lui-même, comme un ancien, que « le sage fait
» tout pour lui-même, parce qu'il est
» l'homme qu'il estime le plus, & quel-
» que heureux qu'il soit, il ne peut se
» dissimuler qu'il mérite de l'être encore

───────────────

(*a*) Exode, c. 7, & 11. Num. c. 12.
(*b*) Deut. c. 4, ⅴ. 7, & *suiv.*
(*c*) Esprit du Judaïsme, c. 3, pag. 53.

» davantage (*a*) », ni comme un moderne, qu'on devroit lui élever des statues. Nous avons montré dans les écrits & dans la conduite de ce Législateur, des traits de modestie incontestables, & nous avons fait voir que quand il a dit quelque chose à son avantage, ça été dans des circonstances où il étoit forcé de faire l'apologie de sa mission & de sa conduite (*b*). Dans toutes ses démarches, il n'a cherché que l'honneur de Dieu & l'utilité de son peuple, jamais sa gloire ou son intérêt particulier. Dans le chapitre suivant, nous verrons qu'il a fait à sa nation les leçons les plus propres à l'humilier, à lui inspirer la reconnoissance envers Dieu, l'humanité & la charité envers les autres peuples.

À la vérité il veut donner aux Hébreux une haute idée de leur religion & de leurs loix, pour les y attacher & les y rendre fideles. " Vous savez, leur » dit-il, que je ne vous ai rien prescrit » que ce qu'il a plu à Dieu de m'or- » donner lui-même (*c*) ». Ce n'étoit

---

(*a*) Aristippe.
(*b*) Ci-dessus, c. 2, art. 2, §. 21.
(*c*) Deut. c. 4, ⅴ. 5.

donc pas pour tirer vanité de son propre ouvrage.

§. VII.

Il est faux que ce Législateur fasse envisager à sa nation tous les autres peuples comme réprouvés de Dieu (*a*); il ne représente comme tels que les Chananéens, & il en donne pour cause leurs crimes dont il fait l'énumération. C'est pour cela qu'il défend aux Juifs de former des alliances avec eux ; ils vous entraîneroient, dit-il, au culte de leurs Dieux (*b*) : cette prédiction ne fut que trop vérifiée par la suite. A l'égard des autres peuples, il prescrit la justice, la modération, l'humanité ; nous le prouverons ailleurs plus au long.

Nous voudrions savoir quelles sont les entreprises insensées & téméraires par lesquelles les Hébreux, selon nos adversaires, se sont tant de fois attiré les catastrophes les plus cruelles (*c*). Depuis leur établissement dans la Palestine,

---

(*a*) Esprit du Jud. Avant-Propos, p. v, &c.
(*b*) Exode, c. 34, ℣. 12. Levit. c. 18 & 20. Deut. c. 7, ℣. 2 : c. 20, ℣. 18.
(*c*) Esprit du Jud. c. 3, p. 54.

tant qu'a duré leur gouvernement prétendu théocratique, ils n'ont entrepris de troubler le repos ni d'envahir les possessions d'aucun peuple. Leur fera-t-on un crime de ce qu'ils ont été sans cesse attaqués par les Chananéens, par les Ammonites, les Moabites, les Philistins, par les Assyriens & les Egyptiens, par les Grecs & les Romains ? Que parmi leurs voisins on choisisse quelle nation l'on voudra, & que l'on nous dise en quoi elle a été plus sage, plus paisible, plus heureuse que les Hébreux.

§. VIII.

Les mêmes censeurs, sur les traces des Manichéens, reprochent à Moïse plusieurs traits de cruauté ; le premier est d'avoir armé les Lévites contre les adorateurs du veau d'or, & d'en avoir fait égorger vingt-trois mille : c'est, disent-ils, en récompense de cette barbarie que la tribu de Lévi fut mise en possession du Sacerdoce. Cependant bientôt après, Moïse excite lui-même son peuple à l'idolâtrie & lui fait adorer le serpent d'airain. Le second, d'avoir exterminé Coré & ses partisans qui disputoient le Sacerdoce à Aaron. Le troisième, d'avoir fait massacrer vingt-quatre mille israélites, parce qu'ils avoient eu commerce avec des filles Madianites. Enfin d'avoir fait mettre à feu & à sang le pays de Madian, d'en avoir fait périr tous les habitans, quoiqu'il eût épousé lui-même une femme Madianite, & qu'il eût trouvé un asyle chez ce peuple, pendant quarante ans *(a)*.

Réponse. Reprenons tous les faits & continuons d'admirer la candeur, l'exactitude, la bonne foi de nos adversaires.

Est-il vrai d'abord qu'il y ait eu vingt-trois mille hommes tués, pour avoir adoré le veau d'or ? Le texte hébreu, le samaritain, toutes les versions, excepté la vulgate, n'en mettent qu'environ trois mille. Cela est un peu différent ; cette horrible boucherie se trouve réduite à un demi-quart *(b)*.

(*a*) *Ibid.* c. 2, pag. 43. Philos. de l'Hist. c. 40. Quest. sur l'Encyclop. *Contradiction*, p. 318. Bible expliquée, p. 153, 194, 196. Encyc. art. *vingtième*, ajouté. Tableau des Saints, c. 1. Tableau du genre humain, p. 24. S. Aug. *contrà adverf. legis & prophet.* L. 1, c. 16, n. 32, 33.

(*b*) Exode, c. 32, ℣. 28.

Il est bon de faire attention qu'avant cette époque, Dieu avoit porté la loi qui défendoit l'idolâtrie sous peine de mort, & le peuple s'y étoit soumis (*a*). Il étoit donc du devoir du Législateur de la faire exécuter dans toute la rigueur, quel que fût le nombre des coupables ; à moins qu'il ne voulût ôter toute espece d'autorité à la législation. Mais cette loi n'étoit-elle pas trop sévere ? Non assurément. Le dessein de Dieu, en faisant choix du peuple hébreu pour lui donner sa loi, étoit de conserver au moins dans un coin de l'univers & chez une nation entiere, la notion d'un seul Dieu oubliée par-tout ailleurs, de mettre une digue au torrent de l'idolâtrie qui se répandoit sur toute la face de la terre. Tel avoit été le but des prodiges qu'il avoit opérés pour tirer les Israélites de l'Egypte, des bienfaits dont il les combloit, des promesses & des menaces qu'il leur avoit faites. Tolérer l'idolâtrie parmi eux ou la laisser impunie, c'eût été anéantir la législation, fomenter l'ingratitude & la révolte, rendre inutile les travaux & la mission

---

(*a*) Exode, c. 20, ℣. 23, & c. 22, ℣. 20.

de Moïse. Un peuple sauvé, nourri, guidé, instruit par des miracles continuels, & assez méchant pour méconnoître son Dieu, ne méritoit aucune grace. Le massacre exécuté par les Lévites étoit nécessaire, indispensable; le salut de la République Juive en dépendoit. Nous savons très-bien que des Philosophes qui ne font aucun cas de la connoissance de Dieu ni de son culte, qui voudroient former des républiques d'Athées, n'en jugent point ainsi; mais leurs clameurs ne nous feront pas changer d'avis. La nation Juive composée de près de deux millions d'hommes, ne pouvoit être conservée dans le désert, que par une providence surnaturelle; Dieu ne la lui avoit promise que sous condition de fidélité & d'obéissance: dès qu'elle devenoit idolâtre, Dieu en l'abandonnant, l'auroit fait périr toute entiere, & il l'en menaçoit (*a*); les exécuteurs de la loi doivent donc être envisagés comme les sauveurs de la nation.

L'auteur de la Philosophie de l'Histoire dit que Moïse fit massacrer les Hébreux, pour la prévarication de son

---

(*a*) Exode, c. 32, v. 10.

propre frere (*a*). C'est une calomnie; Aaron n'étoit point l'auteur de la prévarication; il n'avoit fait que céder à l'emportement & aux menaces d'un peuple mutiné ; il étoit coupable sans doute, les idolâtres mis à mort à cette occasion, portoient la peine de leur propre crime & non du sien.

Il est faux que Moïse ait fait adorer aux Hébreux le serpent d'airain. Il est dit que pour les guérir de la morsure des serpens, Dieu commanda à Moïse de faire un serpent d'airain, de l'élever pour qu'il pût être vu de loin, & que tous ceux qui le regardoient étoient guéris (*b*) ; mais il n'ordonne point de lui rendre aucun culte. La défense d'adorer aucune figure étoit claire & formelle dans les loix de Moïse (*c*). Le serpent d'airain ne devint un objet d'idolâtrie que sous les Rois; voilà pourquoi Ezéchias le fit briser (*d*).

La punition de Coré & de ses par-

(*a*) Philos. de l'Hist. c. 40. Bible expliquée, pag. 134.
(*b*) Num. c. 21, ℣. 8.
(*c*) Exode, c. 20, ℣. 4. Deut. c. 4, ℣. 16.
(*d*) 4. Reg. c. 18, ℣. 4.

tifans fut furnaturelle & miraculeufe; ils furent engloutis tous vivans dans les entrailles de la terre, qui s'ouvrit fous leurs pieds; le refte fut confumé par le feu du ciel (*a*). Lorfqu'on dit que Moïfe *avoit tout préparé fans doute pour ce cruel miracle*, il feroit à propos de nous apprendre par quelle préparation Moïfe pouvoit faire ouvrir un gouffre fous les pieds de cette troupe mutinée, ou faire tomber la foudre fur elle ; on ne voit plus aujourd'hui d'impofteur qui ait un tel pouvoir. D'ailleurs il eft affez fingulier que nos adverfaires foient toujours prêts à prendre le parti des féditieux, contre l'autorité légitime (*b*).

§. IX.

Ils font un récit encore plus infidele du châtiment que fubirent quarante ans après, ceux qui fe livrerent au crime avec les filles des Moabites & des Madianites. 1.° Il eft faux que Moïfe ait fait égorger vingt-quatre mille hommes ; il fit pendre les principaux du peu-

---

(*a*) Num. c. 16, ỳ. 31 & 35.
(*b*) Bible expliquée, p. 176.

ple, & Phinées tua un Israélite avec sa prostituée : les 24000 hommes périrent par une contagion subite. Voilà ce que le texte nous apprend, & il est ainsi rendu par les Versions Chaldaïque, Arabe & Syriaque (*a*) ; le terme de *plaga* dont se sert la vulgate, ne signifie point un massacre, mais une contagion. 2.° Il est faux que ces Israélites aient été mis à mort, *pour avoir pris des femmes dans la nation qu'ils venoient de conquérir* (*b*). Les filles de Moab appellerent les Israélites à leurs sacrifices, ils y allerent, ils adorerent leurs Dieux, ils furent initiés au culte de Béelphégor; ils n'épouserent point ces filles, mais ils se livrerent à la débauche avec elles. Voila leur crime (*c*). Ils n'avoient pas encore conquis cette nation ; la conquête fut une vengeance de la perfidie dont elle usoit envers les Israélites. 3.° Il est faux que Moïse ait fait piller & détruire les Madianites, *parce qu'il avoit pris querelle avec eux.* Il les fit exterminer pour se venger de leur perfidie ; se sentant

---

(*a*) Num. c. 25, ✝. 8.
(*b*) Esprit du Judaïsme, c. 2, pag. 47.
(*c*) Num. c. 25.

trop foibles pour résister, ils se servirent d'une troupe de filles corrompues, pour attirer les Hébreux à l'impudicité & à l'idolâtrie, pour leur faire ainsi encourir l'indignation du Seigneur, & les exposer à une perte certaine. Tel avoit été le conseil détestable de Balaam (a); ils l'avoient suivi; ils étoient aussi coupables que s'ils eussent envoyé la peste dans le camp des Hébreux. 4.° Il est faux que Moïse fût allié de ces Madianites, & eût trouvé un asyle chez eux. Le pays de Madian s'étendoit depuis la côte orientale de la Mer Rouge, jusqu'à la Mer Morte; la tribu dans laquelle Moïse avoit pris une épouse, étoit à plus de cinquante lieues plus au midi que celles qui touchoient aux Moabites & à la Mer Morte. On peut le voir sur les cartes de la Palestine. La famille de Jéthro, à laquelle Moïse étoit allié, adoroit le vrai Dieu; celles qui habitoient vers la Mer Morte, adoroient Béelphégor, Dieu des Moabites, & s'étoient corrompues par ce voisinage. Le critique du Judaïsme n'a pas cité un seul fait qu'il n'ait altéré.

(a) Num. c. 31, v. 16.

DE LA VRAIE RELIGION. 139

Selon lui « Moïse s'étoit défait de sa
» femme Madianite, qui, forcée de
» circoncire son fils, lui reprocha sa
» cruauté. Le Prophete despotique, qui
» ne vouloit pas qu'on lui résistât en
» rien, la renvoya dans son pays. Il la
» remplaça par une femme qu'il prit en
» Ethiopie ; mais il ne paroît pas qu'il
» ait eu postérité, vu qu'il légua le pou-
» voir souverain aux enfans de son
» frere (a) ».

Réponse. Nouvelles faussetés. Il est dit dans l'Exode, que Moïse s'étant mis en chemin pour retourner vers ses freres en Egypte, son épouse le quitta & retourna chez son pere (b). Après la sortie d'E-gypte, lorsque Moïse étoit dans le désert, Jethro son beau-pere lui ramena sa femme & ses deux fils ; Moïse alla au devant d'eux, & les reçut cordialement (c). Il n'est donc pas vrai qu'il se soit défait de son épouse, ni qu'il ait été sans postérité. Il est encore plus faux qu'il en ait épousé une autre. Dans

---

(a) Esprit du Judaïsme, c. 2, p. 47. Bible expliquée, p. 171.
(b) Exode, c. 4, v. 26.
(c) Exode, c. 18, v. 5.

le 13.ᵉ chap. des Nombres, Séphora, Madianite est nommée dans le texte, *Chusite*, ou du pays de Chus ; mal à propos l'on traduit ce mot par Ethiopienne. Dans le 1 chap. de la Genèse, le pays situé entre l'Euphrate & le Jourdain, est nommé *terre de Chus* ; dans le chap. 10.ᵉ les enfans de Chus sont placés à l'orient de la Palestine : une Chusite n'est donc pas Ethiopienne. Enfin, il est faux que Moïse ait légué le pouvoir souverain aux enfans de son frere ; il le remit à Josué, qui étoit de la tribu d'Ephraïm (a). En défigurant ainsi l'Histoire Sainte, il est aisé d'en tirer telles inductions que l'on veut.

§. X.

D'autres critiques font sur les mêmes faits, des objections différentes & qui ne sont pas mieux fondées. Selon eux, l'adoration du veau d'or n'est pas croyable. Il est impossible qu'Aaron ait pu jetter en fonte en si peu de tems, la figure d'un veau, qu'il ait trouvé assez d'or pour la faire, que Moïse ait été assez

---

(a) Num. c. 13, ℣. 9.

habile chymiste pour réduire ce veau en poudre, & le faire avaler aux Israélites. Ils ajoutent que dans un terrein aussi borné que celui des Madianites, il ne s'est pas pu trouver six cents soixante & quinze mille brebis, soixante & douze mille bœufs, soixante & un mille ânes, trente-deux mille filles vierges, comme Moïse le raconte (*b*).

Réponse. S'il étoit question d'une statue considérable, & travaillée selon toutes les regles de l'art, on pourroit croire qu'il fallût beaucoup de tems pour la faire ; mais Moïse n'en rapporte ni la grosseur, ni le poids. Les Israélites avoient demandé une figure que l'on pût transporter : *Faites-nous des Dieux qui nous précedent* (*b*). Il ne fallut donc ni beaucoup d'or, ni beaucoup de façon pour l'exécuter. Aaron se fit donner les pendans d'oreilles des filles & des femmes, leur nombre dut former un poids d'or assez considérable. Il est certain que les Hébreux avoient appris en Egypte à

(*a*) Traité sur la Tolérance, c. 12, pag. 108. Questions de Zapata, n. 23 & 25. Dict. Philos. art. *Moïse*. Bible expliquée, pag. 151.
(*b*) Exode, c. 32, v. 1.

travailler les métaux; & ils en firent usage dans la construction du tabernacle. On sait par les expériences des chymistes, que le sel de tartre mêlé au souffre, dissout l'or, & le réduit en une poudre que l'on peut avaler. L'auteur de l'origine des loix, des sciences & des arts, observe que le natron, matiere connue en orient & sur-tout près du Nil, produit le même effet ; Moïse connoissoit parfaitement bien toute la force de son opération ; il ne pouvoit mieux punir l'infidélité des Israélites, qu'en leur faisant boire cette poudre : l'or rendu potable par ce procédé, est d'un goût détestable (*a*). L'auteur des recherches philosophiques sur les Egyptiens, convient que ce peuple a eu des connoissances chymiques, dès les tems les plus anciens (*b*).

On a démontré par des comparaisons & par plusieurs faits incontestables, que le pays des Madianites, dont Moïse n'a point fixé les limites, a pu nourrir la

___

(*a*) Orig. des Loix, des Sciences & des Arts, tome 3, pag. 314.
(*b*) Recherches Philos. sur les Egypt. &c. tome 1, sect. 5, p. 346.

DE LA VRAIE RELIGION. 143
quantité d'hommes & de bétail que l'on y trouva. Il seroit trop long d'entrer dans tous ces détails ; mais si l'on veut se donner la peine de lire les lettres de plusieurs Juifs à M. de Voltaire (*a*), on sera convaincu que les observations de nos critiques sur la construction du veau d'or, & sur le sac du pays de Madian, sont très-peu réfléchies, & montrent de leur part plus de témérité que de connoissance de l'antiquité.

La rigueur des loix de Moïse, disent-ils, décele en lui un caractere atroce. Il a prodigué la peine de mort ; elle est ordonnée non-seulement pour l'adultere, mais pour la simple fornication ; non-seulement pour l'idolâtrie, la magie, le blasphême, mais pour la violation du sabbat. Il est clair que ces crimes sont moins graves & moins odieux les uns que les autres ; la peine devoit être plus douce pour ceux qui sont moins contraires au bien public & au repos de la société. C'est une ancienne objection des Manichéens (*b*).

(*a*) Lettres de plusieurs Juifs, tome 1, p. 113 & 383.
(*b*) S. Aug. contrà Adimantum, c. 8.

Réponse. Quand on a jetté un coup-d'œil sur toutes les législations connues, on voit que les premieres loix, les loix faites pour un peuple nouveau, & encore à demi-sauvage, ont toujours été fort séveres. Celles de Moïse ne l'étoient certainement pas autant que celles de Dracon, & de la plupart des peuples anciens (*a*). C'est par l'habitude de vivre en société & d'observer une police exacte, que les mœurs des Nations s'adoucissent, & qu'elles ont moins besoin d'être retenues par la crainte. La question est donc de savoir si, dans les circonstances où les Hébreux se trouvoient, eu égard à leur génie, à leurs habitudes, au climat, au degré de civilisation qui subsistoit pour lors, leurs loix étoient trop rigoureuses ; il nous paroît que non, & jamais on ne prouvera le contraire. Moïse sans doute connoissoit mieux son peuple que nous, il savoit mieux que nos Philosophes illuminés, ce qui étoit utile ou dangereux. Cette observation est confirmée par Jesus-Christ même, qui répondit aux Pharisiens que Moïse

---

(*a*) Orig. des Loix, &c. tome 1, l. 1, c. 1, art. 1, pag. 41.

n'avoit

n'avoit permis le divorce à leurs peres, qu'à caufe *de la dureté de leur cœur* (*a*).

§. XI.

Un de nos critiques a cru détruire cette réponfe, en criant au blafphême. Quoi, dit-il, Dieu fe feroit proportionné à la dureté des Juifs ! Dieu feroit auffi groffier qu'eux (*b*) ! Objection folle, s'il en fut jamais. Lorfqu'un Légiflateur donne à un peuple des loix telles qu'il peut les fupporter, on ne dira pas que ce trait de fageffe eft une groffiéreté ; c'eft ainfi qu'ils ont fait tous, & ils ne pouvoient mieux faire. Il s'enfuit de-là que les loix de Moïfe n'étoient pas faites pour durer toujours, & nous le prouverons en effet dans la fuite.

Mais puifque Dieu lui-même eft l'auteur de cette légiflation, il pouvoit changer l'efprit & le cœur des Juifs, les rendre fufceptibles d'une police plus douce & plus parfaite. Qui en doute ? Il refte à favoir fi Dieu le devoit, fi cela convenoit, fi c'étoit le plan de provi-

---

(*a*) Matt. c. 19, ℣. 8.
(*b*) Examen important, c. 3.

Tome VI. G

dence le plus sage à tous égards. Nos adversaires toujours révoltés au seul nom de miracle, en exigent à tout moment. Ils ne veulent point de miracles extérieurs, sensibles & que l'on peut prouver; ils demandent des miracles intérieurs, invisibles, opérés dans l'ame des hommes, dont personne ne pourroit avoir connoissance, ni rendre témoignage. Si les loix de Moïse étoient plus douces & plus conformes à l'état actuel de la société, ils diroient qu'elles n'ont pas pu avoir lieu chez un peuple tel que les Juifs; & si on leur répliquoit que Dieu a changé miraculeusement le génie des Juifs, ils demanderoient les preuves de ce prodige. Des censeurs bizarres, obstinés, téméraires ne sont jamais satisfaits.

Ils ont encore accusé Moïse d'ignorance, en fait de physique, d'astronomie, d'histoire naturelle; d'injustice, en ce qu'il ordonne aux Hébreux de dépouiller les Egyptiens; d'imprudence, pour avoir conduit son peuple dans un désert, au lieu de le rendre maître de l'Egypte. Nous l'avons justifié de ces reproches, dans les chapitres précédens.

L'Auteur de la Philosophie de l'Histoire, dit que Moïse s'est laissé battre, à la tête de six cent mille soldats, dans le désert de Cadesbarné, qu'il ne remplit aucun objet de sa législation, que lui & son peuple meurent avant d'avoir mis le pied dans le pays qu'il vouloit subjuger (*a*). Il est faux que Moïse se soit laissé battre ; c'est le peuple mutiné qui vouloit attaquer les Chananéens, malgré la défense de Moïse ; il n'est pas étonnant qu'une multitude sans chef & sans ordre, ait été défaite aisément. Moïse le leur avoit prédit de la part de Dieu (*b*).

L'unique objet de la législation de Moïse étoit-il de conquérir la Palestine ? Lui & son peuple meurent dans le désert, en punition de leur faute ; mais la législation étoit achevée, puisque l'on n'y a rien ajouté depuis Moïse. Tous les Israélites sortis d'Egypte, au dessous de vingt ans, entrerent dans la terre promise, & tout ce qui étoit à l'orient du Jourdain étoit déja conquis avant la mort de Moïse.

(*a*) Philos. de l'hist. c. 40.
(*b*) Num. c. 14, ℣. 41. Deut. c. 1, ℣. 42. Bible expliquée, pag. 174. Morgan, t. 2, p. 71.

§. XII.

Lorsque l'on veut examiner la conduite d'un homme extraordinaire avec des yeux jaloux & malins, il n'est rien à quoi l'on ne puisse donner une tournure odieuse; si l'on ne peut pas attaquer sa conduite, on noircit ses intentions, l'on cherche à pénétrer jusques dans les replis de son ame, pour lui prêter des vues criminelles ou des motifs suspects. Cette maladie est de tous les siecles & de toutes les Nations, mais elle ne prend racine que dans les mauvais cœurs, & les esprits bornés; point de censeurs plus séveres ni de réformateurs plus hardis que les ignorans. Que l'on pese les faits, les temps, les circonstances, qu'on lise les écrits de Moïse sans passion & sans préjugé, y eut-il jamais législateur plus sage & plus ferme, plus éprouvé & plus patient, plus désintéressé & plus sincere, qui eût les vues plus étendues, les intentions plus droites, un zele plus ardent & plus pur que le sien? J'ose défier tout Incrédule qui a une certaine mesure de bon sens, de lire le Deuteronome sans admiration. On y voit un vieillard caffé de travaux, qui, à la veille de fa mort, dont il fait le jour & l'heure, porte encore fa Nation dans fon fein, qui s'oublie lui-même, pour ne s'occuper que de la deftinée d'un peuple toujours ingrat & rebelle. Il ranime fes forces, il ferre fon ftyle, il releve fes expreffions, pour fondre en un feul corps d'ouvrage les faits & les loix renfermés dans les trois livres précédens. Il parle à un peuple raffemblé, il lit dans l'avenir; la crainte, l'efpérance, la pitié, le zele, la tendreffe l'agitent & le tranfportent; il preffe, il encourage, il menace, il prie, il conjure; il ne voit dans l'univers que Dieu & fon peuple. Philofophes, fi ce n'eft pas là un grand homme, dites-nous où l'on peut le trouver?

Mais nous parlons à des aveugles & à des fourds. Après avoir falfifié dans vingt endroits le texte de Moïfe, après avoir peint fes actions, fes deffeins, fes loix fous les plus noires couleurs, après avoir raffemblé les calomnies de cent brochures, le critique du Judaïfme conclut ainfi le portrait de ce célebre Légiflateur. « Peu de tems après tous ces » crimes mourut ce Prophete fangui- » naire, fi refpecté par les Juifs & par

» les Chrétiens, qui, malgré tant de
» forfaits, s'obstinent à voir en lui
» un ami de Dieu, favorisé de ses or-
» dres & n'agissant que par lui. Des
» yeux moins prévenus verront en lui
» un imposteur ambitieux & cruel, un
» fourbe souvent mal-adroit, qui, après
» avoir pris de l'ascendant sur un peuple
» ignorant, grossier, d'une crédulité
» presque incroyable, le gouverna pen-
» dant sa vie avec un sceptre de fer,
» & le transmit après lui à des Prêtres
» qu'il avoit mis à portée de continuer
» à exercer sur lui l'empire le plus ab-
» solu, jusqu'à son entiere destruction.
» En un mot, nous voyons que Moïse
» ne s'est proposé que de se servir du
» nom de Dieu, des prestiges, des fables
» qu'il avoit lui-même inventées, & de
» la crédulité des Hébreux, pour les
» soumettre à son propre joug, & ensuite
» à celui des Lévites, qui par leur zele
» l'aiderent pendant toute sa vie à éta-
» blir son pouvoir (*a*) ».

§. XIII.

A ce style amer & emporté, on re-

(*a*) Esprit du Judaïsme, c. 2, p. 57.

connoît la malignité & l'entêtement fanatique des Incrédules; mais à force d'outrer les calomnies, ils les rendent moins dangereuses: des invectives ne font pas des preuves. Moïse est un ambitieux, & ce n'est ni à sa famille ni à sa tribu qu'il laisse l'autorité après sa mort; son successeur est un Ephraïmite. C'est un fourbe & un imposteur, & on ne peut le convaincre de faux sur un seul fait ni sur aucune allégation. C'est un maître cruel, & pour le démontrer, on met sur son compte les fléaux naturels & surnaturels qui sont tombés sur sa Nation, & qu'il a tâché de prévenir & de détourner autant qu'il a pu. C'est un Prophete sanguinaire, & dans quarante ans il n'a donné que deux exemples d'une sévérité indispensable; dans toutes les autres occasions, on le voit prosterné devant Dieu, & demandant grace pour les coupables. C'est un mal-adroit, & d'un seul coup il a enfanté un corps complet de législation; son ouvrage a subsisté plus long-tems que celui d'aucun autre Législateur. Voilà sans doute des accusations authentiquement prouvées.

Un autre Philosophe moins fanatique prétend que Moïse a été forcé par la tournure particuliere de l'esprit des Hébreux, à leur parler dans un double sens, à les repaître de miracles, à leur donner une loi toute charnelle. Il ne s'enfuit pas, dit-il, que Moïse & les Prophetes aient été des imposteurs, parce qu'ils ne pouvoient faire autrement (*a*).

Pour nous qui croyons qu'il n'est jamais nécessaire de tromper personne, nous convenons qu'il n'y a pas de milieu à prendre sur la conduite de Moïse ; ou il a été envoyé de Dieu, ou c'est le plus fourbe & le plus scélérat des hommes. Mais la fourberie ne donne point les lumieres que nous voyons briller dans ses écrits ; il a eu évidemment des connoissances supérieures à son siecle. L'imposture ne donne point le pouvoir de faire subsister deux millions d'hommes pendant quarante ans dans un désert. La scélératesse ne s'accorde point avec les leçons de vertu qu'il fait aux Hébreux, ni avec ce sentiment vif de la Divinité qui éclate dans toutes ses démarches. S'il avoit eu à conduire une Nation plus docile, il l'auroit rendue heureuse & sage, dans un

―――――――――――――――

(*a*) Morgan, Moral Philos. tom. 1, p. 241, 254; tome 2, pag. 57.

tems où la police, les mœurs, les loix, les vertus civiles étoient encore inconnues sur la terre ; & s'il n'a pas donné aux Hébreux des mœurs plus douces, c'est qu'ils en étoient incapables. Le monde n'étoit pas, il y a trois mille cinq cents ans, ce qu'il est aujourd'hui ; la révolution qui s'est faite dans le génie & le caractere des Nations, est l'ouvrage de Dieu-même : c'est à l'Evangile qu'elles en sont redevables.

Lorsque nos adversaires auront jetté les yeux sur les Nations qui passent de la barbarie à l'état de société, ils seront moins prompts à blâmer les anciens Législateurs. On a pardonné au Czar Pierre les traits de férocité par lesquelles il a souvent souillé ses nouvelles institutions ; on l'a excusé par la fatalité des circonstances, on a loué ses projets, lors même qu'ils ont échoué. Un écrivain, connu par la haine qu'il a fait paroître à toute occasion contre les Juifs & contre Moïse, a fait tous ses efforts pour justifier & faire admirer le Législateur de la Russie. Un autre a multiplié les recherches, pour nous donner une haute idée de la sagesse des Egyptiens, & il n'échappe aucune occasion de décrier les Juifs, que l'on suppose imitateurs serviles des Egyptiens. D'autres déclament contre la grossiéreté des mœurs juives, & ils nous vantent celles des Chinois, qui sont plus grossieres & plus féroces que celles des Juifs. On dit que les Juifs étoient d'une crédulité & d'une stupidité presque incroyable, & d'autre part on soutient que leurs révoltes continuelles contre Dieu & contre son envoyé, sont incroyables. Telle est l'équité & la bonne logique de nos adversaires.

CHAPITRE V.

De la Religion Juive, ou de la croyance & des loix que Moïse a données aux Juifs.

Nous avons exposé dans les chapitres précédens, les signes extérieurs dont il a plu à Dieu d'accompagner la révélation faite aux Juifs pour la rendre croyable, ou les preuves de la mission de Moïse que Dieu avoit choisi pour en être le ministre & l'interprete. Nous avons montré que ce Législateur étoit revêtu d'une autorité divine ; les miracles qu'il a opérés, les prédictions qu'il a faites, la conduite irrépréhensible qu'il a observée, en sont les garans. Il est question de savoir si la doctrine qu'il a professée, le culte qu'il a institué, les loix qu'il a établies, sont dignes de Dieu. Ici comme ailleurs, nous verrons que les censeurs de la révélation n'ont pas pris la peine d'examiner les matieres sur lesquelles ils ont prononcé avec tant de hauteur, qu'ils ont tout défiguré, pour avoir droit de tout condamner, que le texte des Livres Saints réclame formellement contre leurs affertions téméraires.

Il ne faut pas oublier une observation essentielle que nous avons déjà faite, que pour juger sainement de la Loi Mosaïque, il faut se placer dans les circonstances où elle a été donnée, faire attention au génie particulier des Juifs, au degré de civilisation où étoient parvenus les peuples, à l'état contemporain de la société parmi les hommes. Il ne s'agit donc pas de savoir si absolument parlant Dieu n'a pu donner au genre humain une loi plus parfaite que celle de Moïse, puisque nous soutenons qu'il l'a donnée en effet par Jesus-Christ; mais si la loi de Moïse étoit convenable à la nation Juive, & au dessein particulier que Dieu se proposoit pour lors. On n'aura pas de peine à en convenir, lorsqu'on voudra se rappeller l'état où nous avons montré la religion, la législation, les mœurs chez tous les anciens peuples, dans la premiere partie de notre Ouvrage.

Nous soutenons qu'à cette époque, le genre humain n'étoit pas encore sufceptible d'une religion univerfelle, des principes généraux d'humanité, de charité, de fraternité que nous puifons dans l'évangile ; il falloit pour lors une *religion nationale* qui infpirât le patriotifme & les affections civiles, qui apprît aux hommes que Dieu eft l'auteur des loix, le pere de la république, auffi bien que le maître de la nature, que c'eft lui qui regle la deftinée des peuples, comme il fait marcher l'ordre phyfique de l'univers. C'eft fous cet afpect que l'on doit envifager la religion Juive, fi l'on veut juger fenfément de fon efprit, de fa deftination, de fa durée.

Nous examinerons en premier lieu, quels font les dogmes de foi que Moïfe a enfeignés, quelle idée il a donnée aux Juifs de la nature de Dieu & de la nature de l'homme. 2.° Si le culte extérieur, prefcrit dans fes livres, eft digne de la Divinité. 3.° Quelle eft fa morale ou le droit naturel, civil & politique qu'il a établi. 4.° Quels font les effets qui ont dû réfulter de cet enfemble, fi la nation Juive a pu être fociable & heureufe, en fuivant dans tous les points la doctrine de Moïfe. Sur toutes ces queftions, nous aurons de violens affauts à soutenir, & des préventions de toute espece à dissiper : ce sont toujours les Manichéens qui servent de guides à nos adversaires ; la plupart de leurs objections se trouvent dans Celse & dans Julien, mais ils les ont trouvées rassemblées dans les écrits des Déistes Anglois.

ARTICLE PREMIER.

Des Dogmes de la Religion Juive.

§. I.

Il est nécessaire de rappeller d'abord l'exposé que nous avons fait dans notre premiere partie, c. 1, article 1 de la croyance des Patriarches ; elle est tirée des livres de Moïse, & sur-tout de la Genese. Lorsque nous avons traité en détail chacun des dogmes de la religion naturelle, nous les avons appuyés par des textes formels tirés de la même source. Il est donc déja prouvé que Moïse a professé, comme partie de la religion primitive, toutes les vérités que la droite raison nous enseigne, & que nous avons défendues contre les objections des athées. Or, il n'a point proposé aux

Juifs d'autre croyance que celle de leurs peres, les loix positives qu'il a prescrites, le culte extérieur qu'il a établi, étoient destinés à conserver parmi eux cet ancien dépôt & à le rendre inviolable.

1.º Un seul Dieu éternel, infini, invisible & incorporel, tout-puissant, créateur de toutes choses, pere du genre humain, dont la providence gouverne tout, est attentive aux actions des hommes, les punit & les récompense selon leurs mérites : telle est l'idée sublime que Moïse a donnée aux Hébreux de la Divinité, ou plutôt qu'il leur a inculquée comme étant la foi de leurs peres, comme une tradition descendue de Dieu même, à la naissance du monde. Ce dogme essentiel de l'unité & de la spiritualité de Dieu, qui sappe l'idolâtrie par la racine, est intimement lié à celui de la création prise en rigueur ; Moïse a distinctement professé la *création*, nous l'avons fait voir ci-dessus, c. 3, art. 1, §. 1. Il a fait de ce dogme capital, méconnu par-tout, la base de la Religion Juive, il l'a rendu sacré par le premier commandement du décalogue ; il a prescrit la sanctification du sabbat, comme une profession solemnelle du dogme de la création. Par-là nous concevons pourquoi l'obfervation du fabbat étoit ordonnée avec tant de rigueur, pourquoi la violation publique de cette loi étoit punie de mort; c'eft qu'elle tenoit effentiellement au point fondamental de la religion Juive, au culte exclufif du Créateur.

Parce que les Philofophes n'ont point admis la création, ils n'ont jamais conçu l'unité, la fimplicité, la fpiritualité parfaite de l'Etre divin; aucun d'eux ne les a diftinctement enfeignées, tous ont obfcurci & défiguré ces idées primitives (a). C'eft affez pour nous convaincre que Moïfe ne tenoit point de lui-même une doctrine fi fupérieure aux conceptions philofophiques, que Dieu feul a pu fe faire connoître aux hommes tel qu'il eft. L'unité de Dieu a été crue chez les anciens peuples, tant qu'ils ont retenu le dogme de la création; dès qu'il a été oublié, le Polythéifme a pris fa place, & l'idolâtrie a triomphé.

Il feroit donc inutile de raffembler une foule de paffages tirés des livres de

---

(*a*) V. Recherches philof. fur les Egypt. & les Chinois, tome 2, fect. 8, pag. 156.

Moïse & des Prophetes, où l'unité & les autres attributs de Dieu sont publiés dans les termes les plus énergiques. Dès que les Juifs ont adoré un Dieu créateur, ils l'ont conçu comme un être simple, un pur esprit, un principe éternel, essentiellement distingué de la matiere. Sur ce point les payens mêmes leur ont rendu justice. Si les Incrédules ne veulent pas s'en fier aux Livres Saints, nous les renvoyons à ce passage de Tacite : ” Les Juifs conçoivent Dieu par la pen- ” sée comme un être unique, souverain, ” éternel, immuable, immortel : *Judæi* ” *mente solâ unumque numen intelli-* ” *gunt .... summum illud & æternum,* ” *neque mutabile, neque interiturum* ”.

Numénius dans Eusebe, Strabon, Diodore, Dion Cassius rendent aux Juifs le même témoignage ; nous verrons si jamais ce peuple a varié dans sa croyance (*a*).

§. II.

2.° Moïse & les autres Ecrivains Juifs enseignent clairement le dogme

---

(*a*) Tacite, hist. l. 5, c. 5. Eusebe, Prép. Evang. l. 9, c. 7. Dion. l. 37, pag. 37.

de la providence universelle ; il n'est pas vrai qu'ils la restraignent aux seuls Israélites ; toute la Religion Juive tend à inculquer cette vérité capitale, que Dieu veille sur toutes les Nations, les éleve ou les abaisse, les éclaire ou les laisse dans l'aveuglement, comme il lui plaît ; que la stérilité & l'abondance, la guerre & la paix, les malheurs & la prospérité viennent immédiatement de sa main.

Après avoir parlé de la confusion des langues, Moïse dit que Dieu a dispersé sur la terre les différentes peuplades (*a*). Dieu assure Abraham que s'il se trouve seulement dix Justes dans la Pentapole, il fera grace aux coupables en faveur des innocens (*b*). Parce que vous avez agi avec simplicité de cœur, dit le Seigneur à Abimelech, je vous ai préservé de pécher contre moi (*c*) ; Abimelech n'étoit pas Hébreu. Joseph dit à Pharaon que Dieu a voulu par des songes l'avertir de prendre des précautions contre la famine, & l'empêcher de périr aussi bien

_____

(*a*) Gen. c. 11, v. 8.
(*b*) Gen. c. 18, v. 32.
(*c*) Gen. c. 20, v. 6.

que ses sujets; il reconnoît ensuite que Dieu a voulu l'élever en autorité pour sauver les peuples (*a*); il pensoit donc que Dieu avoit voulu faire du bien aux Egyptiens en lui confiant le gouvernement de ce royaume. Balaam, après avoir prédit la chûte des monarchies, les victoires des Occidentaux, la ruine des Hébreux, dit que c'est Dieu qui fera toutes ces choses (*b*).

Moïse défend aux Israélites de toucher aux terres des Iduméens, des Moabites & des Ammonites, parce que c'est Dieu qui les leur a données, comme il veut donner le pays des Chananéens à son peuple (*c*). Le livre de Job est d'un bout à l'autre une apologie de la Providence qui nous apprend que Dieu distribue les biens & les maux comme il lui plaît; Job & ses amis étoient Iduméens, & non de la race de Jacob. Dans le livre de Ruth nous voyons que Dieu récompense la piété & la charité de cette étrangere. David, dans ses Pseaumes, dit que

---

(*a*) Gen. c. 50, v̄. 20.
(*b*) Num. c 24, v̄. 23.
(*c*) Deut. c. 2.

Dieu, du haut du ciel, regarde tous les habitans de la terre, qu'il a formé le cœur de chacun d'eux, & qu'il connoît toutes leurs œuvres (*a*).

Les Prophetes nous montrent Dieu occupé à punir & à récompenser les peuples selon leurs mérites; c'est lui qui fait marcher les armées, qui décide des victoires & des défaites, qui fait servir à ses desseins l'ambition & la férocité des conquérans. Daniel sur-tout prêche cette vérité au Roi de Babilone, lui expose la succession des monarchies comme un plan réglé & arrangé par la Providence; il parle d'un Ange protecteur de la monarchie des Perses. L'Auteur du Livre de l'Ecclésiastique dit que Dieu a préposé un chef à chaque nation (*b*), celui de la Sagesse dit que Dieu a soin de tous les hommes (*c*).

Loin de persuader aux Hébreux que Dieu ne pense qu'à leur bonheur & à leur salut particulier, Moïse leur déclare plus d'une fois que si Dieu leur donne sa loi & les protége, ce n'est ni en con-

---

(*a*) Pf. 32, ℣. 13, & Pf. 65.
(*b*) Eccli. c. 17, ℣. 14.
(*c*) Sap. c. 12, ℣. 13.

sidération de leur nombre ou de leur courage, puisqu'il y a des peuples plus nombreux & plus vaillans qu'eux, ni à cause de leurs mérites, puisqu'ils n'ont pas cessé de désobéir & de se révolter; mais qu'il le fait pour accomplir la parole qu'il avoit donnée à leurs peres & pour faire éclater la gloire de son nom par toute la terre (a). David, après avoir parlé des prodiges que Dieu a opérés en faveur de son peuple, ajoute : « Ce n'est
» pas pour nous, Seigneur, ce n'est pas
» pour nous ; mais rendez gloire à votre
» nom par des traits de miséricorde &
» de fidélité à vos promesses, afin que
» les nations ne disent point : *où est leur*
» *Dieu (b)?* Ce n'est pas pour vous,
» leur dit le Seigneur par Ezéchiel,
» que je ferai toutes ces merveilles,
» mais pour mon saint nom que vous
» avez souillé chez toutes les nations
» parmi lesquelles vous avez habité ; je
» glorifierai mon nom, afin que toutes
» les nations sachent que je suis le Seigneur (c) ». Cette leçon est encore

(a) Deut. c. 7, ⅴ. 7 ; c. 8, ⅴ. 17 ; c. 9, ⅴ. 6 & *seq.*
(b) Ps. 113, ⅴ. 9.
(c) Ezech. c. 36, ⅴ. 22.

répétée dans le Cantique de Tobie (*a*); il n'y avoit pas là dequoi flatter la vanité des Juifs.

§. III.

3.° Ces mêmes Livres enseignent expressément que Dieu agrée le culte de tous les hommes, de quelque nation qu'il soient, pourvu que ce culte s'adresse à lui seul. Ainsi Dieu n'a point rejetté les hommages de Job, de Melchisedech, de Jéthro, de Laban, de Bathuel, de Naaman, de la Reine de Saba, de Nabuchodonosor pénitent, des Ninivites, de Lydie, du Centurion Corneille; aucuns de ces personnages n'étoient de la race d'Abraham. David, dans ses Pseaumes, invite toutes les nations à venir adorer le Seigneur dans son sanctuaire, parce qu'il est le Roi de toute la terre, le Souverain de tous les peuples, & qu'il les juge tous avec équité (*b*). Salomon, dans la Dédicace du Temple, dit à Dieu: « Si un étranger qui n'est
„ point de votre peuple, vient d'un

_____

(*a*) Tobie, c. 13, ⅴ. 4.
(*b*) Pf. 45, 65, 85, 95, &c.

DE LA VRAIE RELIGION. 167
« pays éloigné honorer votre saint nom
« dans ce Temple & vous adresser ses
« prieres, vous l'écouterez du haut du
« ciel, & vous accomplirez ses vœux (*a*). »
Sous son regne il y avoit dans la Judée
cent cinquante-trois mille étrangers, &
sous Ezéchias il est dit qu'ils firent la
pâque avec les Juifs, & prirent part à la
joie de la solemnité (*b*).

Dieu déclare par Isaïe qu'il prend au
nombre de ses serviteurs les enfans de
l'étranger qui lui rendent leur culte &
observent sa loi, qu'il agrée leurs offrandes & leurs victimes. Ezéchiel & Jérémie répetent la même chose (*c*).

Pendant la captivité de Babylone les
Juifs envoient des offrandes à Jérusalem, & recommandent de prier pour
la conservation de Nabuchodonosor &
de son fils (*d*). Esdras publie que
Dieu a suscité Cyrus, Roi de Perse,
pour rebâtir son Temple & rétablir
son culte. Dans le premier Livre des
Machabées, Jonathas, Grand-Prêtre

(*a*) 3. Reg. c. 8, ⅴ. 4.
(*b*) 2. Paral. c. 2, ⅴ. 17; c. 30, ⅴ. 25.
(*c*) Isaïe, c. 56, ⅴ. 6. Jérémie, c. 12, ⅴ. 16, Ezéch. c. 47, ⅴ. 22.
(*d*) Baruc., c. 1, ⅴ. 11.

des Juifs, écrit aux Spartiates : « Nous
„ faifons mention de vous dans nos
„ facrifices & dans nos cérémonies,
„ comme il eft jufte & comme il con-
„ vient de faire mémoire de *nos fre-*
„ *res* (*a*) ». Dans le fecond Livre il eft
dit que fous le pontificat d'Onias, les
Rois & les Princes refpectoient le Temple, y envoyoient des offrandes, que
Séleucus, Roi de Syrie, fourniffoit de
fon tréfor aux dépenfes des facrifices (*b*).
Jofeph nous apprend que quelques Empereurs Romains firent de même (*c*).

L'Auteur de l'Eccléfiaftique, qui a écrit
plus de deux cents ans avant Jefus-
Chrift, prie Dieu de faire éclater fa
puiffance aux yeux des nations, & de fe
faire connoître aux peuples qui ne lui
rendent point leur culte; il le conjure
d'accomplir les prédictions des anciens
Prophetes, afin, dit-il, que toutes les
nations fachent que vous êtes un Dieu
auquel tous les fiecles font préfens (*d*).
Il eft dit dans l'Evangile que des Gentils

(*a*) 1. Machab. c. 12, ỹ. 11.
(*b*) 2. Machab. c 3, ỹ. 2.
(*c*) Ambaff. de Philon, c. 16.
(*d*) Eccli. c. 36, ỹ. 2, & 16.

étoient

étoient venus adorer Dieu à Jérusalem, à la fête de Pâques (*a*).

L'opinion constante des Juifs a donc été que Dieu agrée le culte & l'adoration de tout homme & de toute nation, lorsqu'ils s'adressent à lui seul. Jesus-Christ & ses Apôtres nous ont transmis la même croyance. Selon S. Pierre, il n'y a point en Dieu acception de personnes; chez toute nation quelconque, celui qui craint Dieu & fait le bien, lui est agréable (*b*). Nous disons avec S. Paul : gloire, honneur & paix à tout homme qui fait le bien, soit Juif, soit Gentil (*c*). Dieu veut que tous soient sauvés & parviennent à la connoissance de la vérité (*d*), quoiqu'il ne donne pas à tous des moyens égaux pour parvenir à ce bonheur.

Nous verrons ci-après que ces mêmes Livres de l'ancien Testament enseignent ou supposent l'immortalité de l'ame & la vie à venir; mais il faut répondre d'abord aux objections par lesquelles les

---

(*a*) Joan. c. 12, ℣. 20.
(*b*) Act. c. 10, ℣. 34.
(*c*) Rom. c. 2, ℣. 10.
(*d*) 1. Tim. c. 2, ℣. 4.

Incrédules ont attaqué les vérités que nous venons d'établir.

§. IV.

Premiere Objection. Moïse prêche évidemment aux Juifs un Dieu corporel; il prétend avoir vu Dieu & lui avoir parlé ; or on ne peut voir que les corps. Il attribue à Dieu une voix, un souffle, des yeux, des mains, des pieds, les actions & les passions humaines. Il suppose que Dieu voit & entend, s'est promené dans le Paradis terrestre, qu'il est descendu pour voir les ouvriers de Babel, qu'il a conversé avec Adam & avec les Patriarches. Il est impossible que les Juifs aient pu entendre tout cela d'un Dieu pur esprit. C'est une objection des Marcionites & des Manichéens (*a*); les Déistes Anglois l'ont répétée (*b*), nos Philosophes plagiaires l'ont copiée à l'aveugle, elle est rassée dix fois dans la Bible expliquée & ailleurs.

(*a*) Tertull. adv. Maricon. l. 2, c. 16. S. Aug. contrà Adimantum, c. 19.

(*b*) Tindal, c. 8, pag. 76, &c. Emile, tome 3, pag. 315. Lettre à M. de Beaumont, p. 35.

Réponse. Quoique nous admettions un Dieu pur esprit, nous disons cependant, après les Livres saints, que Dieu voit tout, qu'il entend nos prieres, qu'il a parlé aux hommes, &c.; nous défions tout Philosophe qui admet une Providence, d'exprimer les opérations de Dieu autrement que nous, à moins qu'il ne forge un langage nouveau qui ne sera entendu de personne.

Dieu, quoique pur esprit & présent par-tout, peut rendre sa présence sensible dans un lieu particulier & par tel corps qu'il lui plaira, par une lumiere, par un son de voix, par une nuée, par une figure humaine. Celui qui aura vu ou entendu cette figure, qui lui aura parlé, ne pourra-t-il pas affirmer sans mensonge & sans aucun danger d'erreur, qu'il a vu Dieu, qu'il l'a entendu, qu'il lui a parlé face à face, &c.?

Moïse instruisoit des hommes & non des Anges, il falloit leur parler le langage humain; aucune langue ne peut exprimer les attributs & les actions de Dieu autrement que ceux de l'homme. Quand on supposeroit les Hébreux cent fois plus stupides, ils ne pouvoient imaginer que Dieu, esprit immense, infini,

H ij

présent par-tout, eût un corps & des membres comme un homme; la défense de le repréſenter par aucune figure étoit un préſervatif contre l'erreur: Dieu lui-même déclare à Moïſe qu'un homme vivant ne peut pas le voir (*a*). Le langage métaphorique a néceſſairement lieu chez tous les peuples, parmi les Philoſophes, comme dans la bouche des ignorans. Par la même raiſon nous ſommes forcés d'attribuer abuſivement à Dieu les affections & les paſſions humaines, l'amitié, la compaſſion, la haine, la colere, &c., quoiqu'il n'y ait en Dieu rien de ſemblable. Nous l'avons fait voir en parlant des attributs de Dieu; Tertullien donnoit déja cette réponſe aux Marcionites (*b*), S. Auguſtin la répétoit aux Manichéens.

§. V.

Deuxieme Objection. Moïſe ne propoſe à l'adoration des Juifs qu'un Dieu local & particulier, le Dieu d'Abraham & de ſes deſcendans, n'eſt point le Dieu

---

(*a*) Exode, c. 33, v. 20.
(*b*) Adv. Maricon. l. 2, c. 16.

des autres nations. *Jehovah est le Dieu d'Israël*, comme Chamos est celui des Ammonites, Béelphégor ou Moloch, celui des Moabites, Dagon, celui des Philistins, Apis celui des Egyptiens.

Lorsque Moïse paroît devant Pharaon, il ne lui parle qu'au nom du *Dieu des Hébreux*, & non du maître souverain de toute la nature; aussi Pharaon lui répond: *je ne le connois pas*. Dans le premier chap. du Livre des Juges, ℣. 19, il est dit qu'*Adonaï* se rendit maître des montagnes, mais qu'il ne put vaincre les habitans des vallées, parce qu'ils avoient des chariots armés de faux. Chap. 11, ℣. 24, Jephté dit aux Ammonites: *Les terres que possede Chamos votre Dieu, ne vous appartiennent-elles pas? Celles que le Seigneur notre Dieu a conquises nous appartiennent de même.* Voilà Chamos mis en parallele avec le Dieu d'Israël. On lit dans Jérémie, c. 49, ℣. 1, *pourquoi Melchom s'est-il emparé du pays de Gad, & pourquoi son peuple s'est-il placé dans les villes de cette tribu d'Israël?* Melchom avoit donc prévalu du moins pour ce moment sur le Dieu d'Israël. On a beau dire que celui-ci est le Dieu de toute la nature, les Juifs grossiers ne le concevoient que comme un Dieu local & souvent ils en adorerent plusieurs.

Moïse, d'ailleurs, n'attribue point à Dieu une providence générale sur l'univers; selon lui, Dieu n'est occupé que de son peuple, & oublie tous les autres: c'est un Dieu injuste, partial, fait pour eux seuls, qui leur donne toute son attention au préjudice des autres créatures, un Dieu insociable, jaloux de tous les autres Dieux & envieux des hommages qu'on leur rend. Ces idées noires que les Juifs ont eues de la divinité, les ont rendus eux-mêmes insociables, injustes, cruels envers les autres peuples (*a*).

Reponse. Ce reproche est ancien; de Julien & des Manichéens, il a passé aux Déistes Anglois; ceux-ci en ont fait présent aux Philosophes François; mais ils commenceront, s'il leur plaît, par y répondre eux-mêmes. Ils soutiennent que Zoroastre & les Perses ont eu sur la na-

_____

(*a*) S. Cyrille contre Julien, l. 3, pag. 99; l. 4, pag. 148. S. Aug. contrà Adimantum, c. 10; contrà Faustum, l. 25, c. 1. Morgan, moral Philos. tome 1, pag. 253, 257; tome 2, p. 62, 64. Esprit du Judaïsme, c. 3, p. 50; c. 12, pag. 173. Quest. sur l'Encyclop. *Ignorance*, pag. 180. Bible expliquée, p. 251, &c.

ture divine des idées beaucoup plus justes, plus vraies, plus senfées que les Hébreux, que ceux-ci ont emprunté des Perses la croyance de la vie future (*a*). Si c'est Dieu qui distribue les talens & les connoissances, il a donc eu plus de prédilection pour les Perses que pour les Hébreux & pour tous les Idolâtres grossiers ; cela s'accorde-t-il avec la maxime pompeuse de nos adversaires, que Dieu, pere de tous les hommes, doit leur accorder *également* ses bienfaits, donner à tous le même degré de graces & de lumiere? Les Philosophes se croient plus sages, plus éclairés, mieux instruits que les Croyans ; qui leur a donné cette haute sagesse dont ils sont si fiers & si jaloux ?

Jehovah, celui qui est, l'Etre par excellence, peut-il avoir un égal ou des rivaux ? Ce nom par lequel Moïse & les Hébreux désignent le Dieu qu'ils adorent, fait assez comprendre que les autres Dieux sont des êtres imaginaires. Vingt fois Moïse répete qu'il est *le seul Dieu*, qu'il n'y en a point d'autre que

---

(*a*) Morgan, tom. 2, pag. 144. Esprit du Judaïsme, c. 10, pag. 152.

lui (*a*). Il dit à Pharaon : « *Jehovah*, Dieu
„ d'Israël, m'envoie vous dire, laissez
„ aller mon peuple..... Voici par où
„ vous connoîtrez qu'il est véritable-
„ ment *celui qui est*, je vais changer les
„ eaux du Nil en sang, &c. (*b*) ». Si ce
Roi répondit d'abord, *je ne le connois
pas*, il apprit a le connoître par les plaies
dont il fut frappé ; bien-tôt il s'écria :
*Jehovah est juste, mon peuple & moi
sommes des impies* (*c*).

§. VI.

Le passage du premier chapitre des
Juges, est cité à faux ; il y a : « *Jehovah*
„ fut avec Juda, & il posséda la monta-
„ gne, mais non pour chasser les habi-
„ tans de la vallée, parce qu'ils avoient
„ des chariots armés de faux ». Il est
absurde d'attribuer à Dieu ce qui est dit
de Juda, *qu'il posséda la montagne* ; si
Dieu ne fut point avec lui pour chasser
les habitans de la plaine, cela prouve-
t-il que Dieu n'avoit pas la force de les
chasser ?

(*a*) Deut. c. 2. ℣. 39, &c.
(*b*) Exode, c. 5, ℣. 1 ; c. 7, ℣. 16, &c.
(*c*) Exode, c. 9, ℣. 27.

Jephté, chap. 11, fait aux Ammonites un argument perſonnel : « Ne poſſé-derez-vous pas le terrein dont votre Dieu Chamos vous mettra en poſſeſſion ? Nous continuerons donc auſſi de poſſéder tout ce dont *Jehovah* notre Dieu nous a donné la poſſeſſion ». Les exploits de Chamos, mis par Jephté au futur contingent & comparés à la poſſeſſion réelle & actuelle des Iſraélites, nous paroiſſent une dériſion aſſez forte de ce faux Dieu. *Jehovah*, continue Jephté, *jugera en ce jour entre Iſraël & les Ammonites* ; Chamos n'avoit rien à y voir.

Dieu prédit par Jérémie, dans l'endroit cité, que Melchom ſera conduit en captivité avec ſes Prêtres & ſes guerriers : *c'eſt moi, dit le Seigneur, Dieu des armées, qui répandrai la terreur ſur ce peuple, & qui le diſperſerai*. Voilà comme le Dieu Melchom avoit prévalu.

Lorſque les Juifs ont voulu mêler le culte des Dieux *qui ne ſont point, qui ne ſont rien* (*a*), au culte de celui qui eſt, il les a punis, & ils ont été forcés de revenir à l'adoration excluſive du ſeul

---

(*a*) Pſeaume 95, ɣ. 5.

Dieu créateur de l'univers. Mais l'équité de nos adversaires est admirable ; ils prétendent que le culte rendu par les Payens à Jupiter, se rapportoit au Dieu suprême, au vrai Dieu, & ils soutiennent que le culte rendu par les Juifs *à leur Dieu local*, ne pouvoit se rapporter au vrai Dieu (*a*).

En quel sens le Dieu de l'univers est-il spécialement *le Dieu d'Israël ?* Parce qu'il protége particuliérement les Israélites, parce qu'il est le seul qu'ils adorent, pendant que les autres peuples offrent leur encens à Chamos, à Moloch, à Dagon ; ceux-ci n'ont rien de commun avec lui. Jamais, dit un Déiste, les Payens n'ont été assez insensés pour croire que leur Dieu tutélaire & local, étoit le créateur du ciel & de la terre (*b*). Jacob partant pour la Mésopotamie, dit : « Si le Seigneur me fait prospérer » dans mon voyage & à mon retour, *il » sera mon Dieu* (*c*). Cela ne veut pas dire qu'il ne l'étoit point auparavant ; mais Jacob savoit que les Chaldéens

―――――――――――

(*a*) Morgan, tome 2, pag. 119, 195.
(*b*) Morgan, tome 2, pag. 201.
(*c*) Gen. c. 28, v. 21.

adoroient d'autres Dieux; il fait vœu de ne pas les imiter. Quand nous disons *notre Dieu*, le Dieu des Chrétiens, nous ne prétendons pas insinuer qu'il n'est pas aussi le Dieu des Négres & des Lapons; quoiqu'ils ne lui rendent point de culte, il n'en est pas moins leur Seigneur & leur maître.

Nous convenons que Moïse parle moins fréquemment de la Providence divine envers les autres peuples qu'envers les Hébreux; cela n'est pas étonnant: il vouloit inspirer à ceux-ci la reconnoissance, la confiance, la soumission à l'égard de Dieu; il falloit donc leur citer les bienfaits qui les regardoient en particulier; ce qui se passoit au bout du monde ne pouvoit les intéresser.

Nous avouons encore que dans la suite des siecles les Juifs ont poussé très-loin la prévention nationale, qu'ils ont cru être le seul peuple protégé par la Providence, qu'ils ont été jaloux des bienfaits que Dieu accordoit aux autres. Ce fatal préjugé fut une des causes de leur incrédulité aux leçons de Jesus-Christ; il est aujourd'hui plus enraciné que jamais dans leur esprit. Mais ce n'est ni Moïse, ni les Patriarches, ni les Prophetes qui leur ont inspiré cette vanité ; ils leur ont donné des leçons toutes contraires, & il n'est pas vrai que les Auteurs Chrétiens aient autorisé ce préjugé des Juifs (*a*). ; S. Paul l'a réfuté par des raisonnemens sans réplique (*b*).

C'est un travers singulier d'appeller le Seigneur un Dieu insociable, jaloux du culte des autres Dieux. Ne semble-t-il pas que Dieu doive être insensible au culte ou aux insultes des hommes, voir du même œil ceux qui l'adorent & ceux qui l'outragent, fraterniser avec les Dieux imaginaires des Payens, trouver bon l'usage de les honorer par des abominations ? Mais à force de prêcher la tolérance aux hommes, les Incrédules en sont venus jusqu'à la prescrire à Dieu ; encore ont-ils emprunté cette absurdité de Julien & des Manichéens (*c*).

§. VII.

Troisieme Objection. « Les Juifs se font imaginé que Dieu ne s'étoit révélé » qu'à une portion du genre humain,

---

(*a*) Quest. sur l'Encyclop. *Histoire*, pag. 37.
(*b*) Rom. c. 3, v. 29.
(*c*) S. Cyrille, l. 3, p. 100. S. Aug. contrà Adimantum, c. 11 ; contrà Faustum, l. 22, c. 4.

» choisie selon son caprice, que le reste
» des mortels n'étoit digne ni de ses soins
» ni de son amour; c'est faire un outrage
» à la bonté & à la justice du Créateur,
» qui voit des mêmes yeux tous les ou-
» vrages de ses mains : cependant c'est
» sur ces notions que le Judaïsme & le
» Christianisme sont également fondés.
» Les Sectateurs de ces deux religions
» n'ont jamais pu concevoir que la bonté
» de Dieu pût s'étendre également sur
« tout le genre humain ; ils ont cru fol-
» lement qu'il détestoit tous ceux qu'il
» n'a pas illuminés comme eux (*a*) ».

Réponse. Faussetés & absurdités. Selon les Livres saints, Dieu s'est révélé au premier pere du genre humain, & il vouloit que cette révélation fût communiquée à tous ses descendans; si elle ne l'a pas été, c'est leur faute & non celle de Dieu. Il n'a cessé de se révéler à eux par la voix de la nature entiere, par les bienfaits de sa providence, par la raison, par la conscience qu'il a donnée à tous. « Interrogez les animaux, disoit le

---

(*a*) Esprit du Judaïsme, c 12, p. 173. Tableau philos. du Genre humain, p. 17. Celse dans Orig. l. 4, n. 23.

» S. homme Job, les plantes & les pro-
» ductions de la terre, ils répondront
» tout d'une voix, c'est la main du Sei-
» gneur qui nous a faits (a). » Dieu,
» dit S. Paul, n'a jamais cessé de se ren-
» dre témoignage à lui-même par les
» bienfaits dont il nous comble (b) ». Il
est donc faux que Dieu n'ait donné qu'à
un petit nombre d'hommes les moyens
de le connoître. S'ils n'ont pas voulu en
user, s'ils ont méconnu leur Créateur &
leur pere, à qui s'en prendront-ils sinon
à eux-mêmes?

Au milieu de cet aveuglement général, il a plu à Dieu d'accorder aux Hébreux une révélation surnaturelle & miraculeuse ; les autres peuples avoient-ils
droit d'en exiger une semblable? L'abus
qu'ils avoient fait des secours qui leur
avoient été donnés n'est certainement
pas un titre pour en attendre de plus
abondans. Lorsque Dieu daigne accorder
un bienfait à tel homme en particulier,
il ne contracte pas une dette envers tous
les autres. La supposition contraire sur
laquelle nos adversaires se fondent tou-

(a) Job, c. 12, ℣. 7.
(b) Act. c. 14, ℣. 16.

jours, est d'une absurdité palpable. Lorsque les Egyptiens, les Iduméens, les Chananéens ont vu les miracles que Dieu opéroit en faveur des Hébreux, qui les a empêchés de rendre hommage à sa puissance & à sa justice ?

Vouloir que Dieu *voie des mêmes yeux* les hommes religieux & les impies, les cœurs reconnoissans & les ingrats, les bons & les méchans, c'est encore un blasphême absurde.

Enfin il est faux que la bonté de Dieu s'étende *également* sur tout le genre humain. Dieu fait du bien à tous, mais non pas avec égalité. Les uns naissent mieux constitués que les autres pour le physique & pour le moral; l'un vient au monde au milieu d'un peuple éclairé & policé, l'autre chez une nation barbare & stupide; le premier reçoit une excellente éducation; le second n'est gueres mieux instruit que les animaux. Puisque la Providence divine dispose de tout, cette inégalité est son ouvrage. Au milieu même d'une nation favorisée du bienfait de la révélation, tous les individus ne reçoivent pas le même degré de grace & de lumiere. Voilà ce que S. Paul nomme prédestination. Ainsi, dit-il, parmi les nations toutes aveugles & infidéles, toutes indignes des miséricordes de Dieu, il éclaire l'une des lumieres de la foi, pendant qu'il laisse l'autre dans les ténebres de l'infidélité; conduite de laquelle dont nous n'avons aucun droit de lui demander raison, & que nous ne pouvons taxer d'injustice sans blasphémer (a).

Il est faux que, selon les Juifs & les Chrétiens, Dieu déteste tous ceux qu'il n'a pas illuminés comme eux; nous avons prouvé qu'il ne rejette le culte & les hommages de personne lorsqu'ils sont adressés à lui seul.

§. VIII.

Quatrieme Objection. « Les Chrétiens » comme les Juifs ont admis un Dieu » qui tente & qui séduit, qui se plait à » dresser des piéges pour avoir occasion » de punir, qui a besoin d'épreuves pour » savoir à quoi s'en tenir sur les dispositions » des Mortels.... Il laisse à l'homme » la funeste liberté de mal faire, & » sous prétexte de lui fournir l'occasion

---

(a) Rom. c. 9, ў. 11 & *suiv.*

» de mériter, lui procure la faculté
» d'encourir sa disgrace & de se perdre
» pour jamais ; ainsi ce Dieu bisarre est
» sans cesse occupé à se jouer de lui-
» même. Il induit l'homme en tenta-
» tion, il l'aveugle, il endurcit son
» cœur, & puis il le punit d'avoir été
» tenté, aveuglé, endurci. Voilà les
» notions sublimes qui servent de base
» à toute la Théologie Chrétienne ;
» c'est sur ce point que roulent l'ancien
» & le nouveau Testament (a) ».

Réponse. Il est fâcheux que nous soyons obligés d'apprendre aux Incrédules le catéchisme de notre religion; le présenter sous des termes captieux, pour prévenir les ignorans, pour les tenter, pour les séduire, pour les endurcir dans l'impiété; voilà ce que font nos adversaires, & ce qu'ils osent attribuer à Dieu. Ainsi en agissoient déja les Marcionites, Julien & les Manichéens (*b*). Nous sommes obligés de

―――――――――――――

(*a*) Esprit du Judaïsme, c. 12, p. 174, 175.
(*b*) Tertull. adv. Maricon. l. 2, c. 17. S. Cyrille contre Julien, l. 5, p. 155, 160, 171. S. Aug. contrà adverf. legis & prophet. l. 2, c. 8, n. 29; c. 10, n. 34.

répéter ce que nous avons prouvé ailleurs.

1.º Dans tout l'ancien Testament, il n'y a pas un seul passage où *tenter* signifie porter au mal, tendre des piéges, induire à pécher; ce terme signifie constamment *éprouver*, mettre à l'épreuve. *Tenter Dieu*, ce n'est certainement pas exciter Dieu au mal, c'est mettre sa bonté & sa puissance à l'épreuve; témérité qu'il défend sévérement. Lorsque Dieu *tenta Abraham*, ou mit son obéissance à l'épreuve, en lui ordonnant d'immoler son fils, il connoissoit d'avance les dispositions d'Abraham, & il avoit bien résolu qu'Isaac ne seroit pas immolé. Ces sortes d'épreuves ne sont pas nécessaires à Dieu, mais elles le sont à l'homme; 1.º afin qu'il soit jugé par le témoignage de sa propre conscience; 2.º afin qu'il donne des exemples héroïques de vertu, exemples très-nécessaires au monde; 3.º afin qu'il soit amplement récompensé de son courage ou humilié par ses chûtes. « Parce que vous étiez
» agréable à Dieu, dit l'Ange à Tobie,
» il a fallu que *la tentation* vous éprou-
» vât.... Dieu permit que cette ten-
» tation survînt à Tobie, afin de don-

« ner à la postérité *un exemple* de sa
» patience, aussi bien que de celle du
» saint homme Job (*a*) ». Nous n'imitons pas nos adversaires; nous ne prêtons aux Ecrivains sacrés que ce qu'ils disent en effet. Il seroit inutile de citer vingt passages où il est écrit que Dieu n'est jamais l'auteur du péché, qu'il ne porte personne au mal, qu'il ne fait injustice à personne, &c.; mais quand il exige un acte de vertu héroïque, qu'il donne des secours & promet une récompense à proportion, où est l'injustice? Voilà la seule épreuve à laquelle il nous expose.

Dans le Nouveau Testament, *tenter* signifie quelquefois porter au mal, mais il signifie aussi *éprouver*, comme dans l'ancien. Lorsque nous disons à Dieu : *Ne nous induisez point en tentation*, cela ne veut pas dire, ne nous tendez pas des piéges pour nous faire pécher, puisque nous ajoutons : *délivrez-nous du mal*. « Lorsque quelqu'un est tenté, dit
» S. Jacques, qu'il ne dise point que
» c'est Dieu qui le tente; Dieu ne porte
» point au mal; il ne tente personne :

(*a*) Toble, c. 2. ⅴ. 12; c. 12, ⅴ. 13.

» mais tout homme est tenté par sa
» propre concupiscence qui le séduit &
» le porte au péché (a) ».

Cependant un Philosophe soutient que par cette proposition singuliere du *Pater*, Jesus semble regarder la Divinité comme l'auteur du mal (b). Il faut pardonner à ce docteur de ne pas entendre son *Pater*.

§. IX.

2.° En parlant des miracles de Moïse, & de l'endurcissement de Pharaon, nous avons fait voir qu'*endurcir* signifie seulement laisser tomber dans l'endurcissement ; il en est de même du terme *aveugler*. Le passage le plus fort qu'il y ait sur ce sujet est dans Isaïe. « Va, dit le Sei-
» gneur au Prophete, dis à mon peuple :
» écoutez & n'entendez pas, voyez &
» ne comprenez pas. Aveugle le cœur
» de ce peuple, bouche ses oreilles,
» ferme ses yeux, de peur qu'il ne voie,
» qu'il n'entende, qu'il ne se conver-

_____

(a) Jac. c. 1, ỳ. 13.
(b) De l'Homme, tome 2, sect. 10 ; c. 4;
pag. 744.

» tifie & que je ne le guérisse. Jusques
» à quand, Seigneur ? Jusqu'à ce que
» ses villes soient sans habitans, ses
» maisons sans propriétaires, & que le
» pays soit désert (a) ». Le Prophete
n'avoit sûrement pas le pouvoir de rendre les Juifs sourds, aveugles & stupides. Si Dieu vouloit les rendre tels, pourquoi leur envoyer un Prophete ? Il n'y avoit qu'à les laisser tels qu'ils étoient. C'est donc ici le reproche d'un pere irrité qui dit à son fils, dans un mouvement d'indignation : va, n'écoute pas mes conseils, suis la fougue de tes passions, continue d'être insensé & de courir à ta perte. Croirons-nous qu'il a intention de rendre son fils incorrigible ? Tous les passages du Nouveau Testament, dans lesquels il est dit que Dieu aveugle & endurcit les Juifs, font allusion aux paroles d'Isaïe ; on ne doit pas leur donner un autre sens.

Si une personne qui nous prête obligeamment sa lumiere, vient à l'emporter tout-à-coup, nous lui dirons brusquement, *vous m'aveuglez* ; cela veut-il dire qu'elle nous crève les yeux ?

―――――――――――

(a) Is. c. 6, ℣. 9.

Lorsque Dieu ne donne point aux pécheurs une lumiere furnaturelle & furabondante, de laquelle ils fe rendent indignes, l'écriture dit que Dieu les aveugle. Cet hébraïfme n'eft pas plus extraordinaire que vingt expreflions de notre langue, qui donnent pour *caufe* ce qui n'eft qu'*occafion*. Ainfi nous difons fans blafphême, que Dieu aveugle les Incrédules, parce qu'il ne fait pas un miracle pour les éclairer malgré eux ; mais il n'eft que trop évident par la maniere dont ils raifonnent, que ce font eux qui s'aveuglent de propos délibéré.

3.º Dieu, difent-ils, laiffe à l'homme la faculté de mal faire, *fous prétexte* de lui fournir l'occafion de mériter. Mais fi l'homme n'avoit pas la liberté de faire le bien ou le mal à fon choix, il n'y auroit plus ni crime ni vertu, Dieu feroit l'auteur du mal comme du bien ; l'hypothefe du libre arbitre eft la feule dans laquelle on puiffe concevoir que Dieu n'eft pas l'auteur du péché. En s'élevant contre elle, nos adverfaires fe chargent du blafphême qu'ils veulent imputer aux Livres Saints.

Nous convenons que le dogme du libre arbitre eft la bafe fur laquelle porrent non-seulement la Théologie Chrétienne, l'ancien & le nouveau Testament, mais encore toute religion, toute morale, toute institution sociale; nous l'avons démontré en traitant cette question.

§. X.

Cinquieme Objection. « Moïse a peint
» Dieu comme un tyran qui ne s'astreint
» point aux regles de l'équité, qui ne
» doit rien aux hommes, qui choisit &
» rejette selon son caprice, qui punit
» sur les enfans les délits ou plutôt les
» malheurs de leurs peres. Il n'en fallut
» pas davantage pour faire des Hébreux
» un troupeau d'esclaves, qui, fiers de
» la faveur de leur Sultan céleste furent
» prêts à tout entreprendre sans examen
» pour contenter ses passions & ses in-
» justes decrets (*a*) ». Ainsi déclamoient
encore les Marcionites, Julien & les
Manichéens.

Réponse. Ici du moins l'imposture se

―――――――――

(*a*) Esprit du Judaïsme, c. 12, p. 171, 172 ;
Tertull. adv. Maricon. l. 2, c. 15 ; S. Cyrille,
contre Julien, l. 3, p. 100 ; S. Aug. *contrà
Faustum*, l. 22, c. 4.

réfute elle-même. 1.° Si les Juifs ont envisagé Dieu comme un tyran capricieux, sur quel fondement ont-ils pu être fiers de sa faveur & compter sur sa protection? ils ont dû s'attendre à être victimes de ses passions & de ses injustes decrets. 2.° L'Auteur appelle les délits des hommes, *des malheurs*, parce que refusant à l'homme la liberté, il ne peut avouer qu'aucun crime soit punissable. Préférerons-nous cette doctrine lumineuse à celle des Livres saints?

Dieu ne nous doit rien à titre de justice rigoureuse, pas même l'existence; mais en vertu de sa bonté & de ses promesses, nous pouvons compter sur les soins & les bienfaits de sa providence; il nous l'ordonne, & il ne les a jamais refusés à aucune créature. Par un travers singulier les Incrédules ne veulent recevoir de Dieu aucune grace, aucune libéralité; ils exigent tout à titre de dette & de justice, afin d'être dispensés de la reconnoissance: tel est leur zele pour la gloire de Dieu.

Il est faux que Dieu choisisse & rejette les hommes ou les nations selon son caprice; la sagesse préside à tous ses decrets, mais il n'est pas obligé de nous en rendre compte. Nous n'avons pas besoin de savoir pourquoi il fait plus de bien à tel homme ou à tel peuple qu'à tel autre; la témérité des Incrédules sur ce point est folle & absurde.

Vainement ils jouent sur le terme de *rejetter*. Dieu ne rejette absolument personne, puisque sa providence fait du bien à tous; mais il a trouvé bon d'accorder une révélation surnaturelle à certains peuples & non à d'autres; c'est dans ce sens seulement qu'il a rejetté ces derniers. Lorsqu'un Prophete fait dire à Dieu: *j'ai aimé Jacob, & j'ai haï Esaü*, il explique en quel sens, c'est que Dieu après avoir permis que l'Idumée fût ravagée par les Assyriens aussi bien que la Judée, n'a pas donné aux Iduméens, descendans d'Esaü, la consolation de se rétablir dans leur terre natale, comme il l'a donné aux descendans de Jacob (*a*).

Loin de punir les péchés des peres sur les enfans, Dieu se plaint par Ezéchiel de ce que les Juifs lui attribuoient cette injustice: *nos Peres, disoient-ils, ont mangé le raisin verd, & c'est nous qui en*

(*a*) Malach. c. 1, ⅴ. 2 & *suiv.*

avons les dents agacées. Le Prophete emploie un chapitre entier à réfuter ce proverbe insensé. « La vie de l'enfant, répond le Seigneur, m'est aussi chere que la vie du pere ; toutes les créatures m'appartiennent ; celui qui péchera est celui qui mourra. .... Si le fils n'imite point la conduite d'un pere prévaricateur & qu'il observe mes loix, il ne mourra point à cause de l'iniquité de son pere ; il vivra..... Je jugerai chacun selon ses œuvres (*a*) ».

Cependant Dieu dit dans l'Exode : « Je suis le Dieu fort & jaloux, qui recherche les iniquités des peres sur les enfans jusqu'à la troisieme & la quatrieme génération *de ceux qui me haïssent* (*b*) ». Y a-t-il contradiction entre ce passage & le précédent ? Aucune. Dieu donne ici à entendre que lorsque plusieurs générations de méchans se succedent, il ne se borne point à punir la premiere, mais qu'il fait durer le châtiment pendant trois & quatre générations, si elles continuent à le haïr ou à lui être infideles. Si on donne un autre sens à

_____

(*a*) Ezech. c. 18.
(*b*) Exode, c. 20, ℣. 5.

ces paroles, elles se trouveront en contradiction avec les suivantes: *Je fais miséricorde à l'infini à ceux qui m'aiment & qui gardent mes commandemens*; cette promesse générale seroit fausse, si Dieu punissoit un seul innocent pour la faute de son pere. Le Philosophe qui a voulu opposer Ezéchiel à Moïse n'est pas plus sensé que Julien son maître (*a*).

§. XI.

Mais, dira-t-on, il est certain par l'Histoire que Dieu a puni des enfans pour les fautes de leurs peres; à Babylone les enfans porterent pendant 70 ans la peine de l'idolatrie de leurs aïeux: Ezéchiel avoit donc tort.

Réponse. La captivité de Babylone étoit un châtiment national & non une punition personnelle; refusera-t-on à Dieu le droit de punir une nation entiere du déréglement de ses mœurs, parce qu'il s'y trouve des enfans & des

___

(*a*) Traité sur la Tolérance, c. 13, p. 130 & 133: Bible expliquée, pag. 147: Dans S. Cyrille, l. 3, pag. 100.

justes qui n'ont point eu de part à la corruption publique? La prospérité promise à la nation Juive lorsqu'elle seroit fidele à sa loi, n'étoit point promise de même à chaque particulier; Dieu n'étoit point obligé de faire des miracles pour exempter les enfans & les justes de la punition méritée par le corps de la nation.

Ezéchiel ne parloit pas à des enfans, mais à des hommes faits; il leur soutient que Dieu les punit non de l'idolatrie de leurs peres, mais de leurs propres iniquités. Il réfute ainsi la prévention des Juifs modernes, qui disent que dans toutes les calamités qui leur arrivent, il entre toujours au moins une once de la prévarication du veau d'or. Si on lui avoit objecté le sort des enfans, il auroit, sans doute, répondu: Corrigez-vous, élevez vos enfans dans la crainte de Dieu, alors il aura pitié d'eux & de vous, & vous rendra ses bienfaits. Le texte de l'Exode regarde évidemment le corps de la nation, puisqu'il s'agit des générations entieres; celui d'Ezéchiel concerne les particuliers auxquels il parloit: *Celui qui péchera est celui qui mourra*: il n'y a donc point de contradiction. C'est ce que Tertullien répondoit aux Marcionites (*a*).

« Moïse, dit un autre Philosophe, parloit à des hommes durs, peu susceptibles de sentimens tendres & incapables d'en inspirer; il n'osa même, dans ses fameuses tables, leur faire un précepte d'aimer Dieu. Il l'avoit peint si terrible, si cruel, si ombrageux, qu'un peuple imbu de sa doctrine ne pouvoit que le craindre, & ne devoit le révérer que comme à Rome on honoroit la Fiévre, divinité malfaisante qu'il étoit dangereux de mettre de mauvaise humeur (*b*) ».

Réponse. Le Deutéronome porte néanmoins : « Vous aimerez le Seigneur votre Dieu, de tout votre cœur, de toute votre ame & de toutes vos forces (*c*) ». Dans les Tables mêmes de la Loi, Dieu dit qu'il fait miséricorde à ceux qui *l'aiment* & qui gardent ses loix (*d*), qu'il punit ceux qui le haïssent ou qui violent ses commandemens. Selon l'idée de nos

---

(*a*) Adv. Marcion. l. 2, c. 15.
(*b*) Les Mœurs, troisieme Partie, art. 4.
(*c*) Deut. c. 6, ℣. 4.
(*d*) Exode, c. 20, ℣. 5.

adversaires, voila un Dieu *terrible*, puisqu'il menace; *ombrageux*, il ne veut pas que l'on adore d'autres Dieux; *malfaisant*, puisqu'il veut forcer l'homme à l'obéissance : il ressemble à la fiévre; car à Rome la fiévre n'attaquoit que les méchans, elle épargnoit les gens de bien. Si la fiévre saisissoit tous les Philosophes qui déraisonnent, il en resteroit peu en bonne santé.

Mais un Dieu *jaloux* (a).... Jaloux en effet de l'obéissance de l'homme; il ne souffre point que le culte qui lui est dû, soit rendu à de fausses divinités; non qu'il ait besoin de ce culte, ou qu'il perde quelque chose quand on le lui refuse, mais parce que le polythéisme est absurde & pernicieux à l'homme.

« Pour réfuter tous vos reproches, » disoit Tertullien aux Marcionites, je » vous répete que Dieu n'a pu converser » avec les hommes, à moins qu'il ne dai- » gnât parler comme eux, s'attribuer » leurs sentimens & leurs affections. Il » falloit ce langage humain pour mettre » à portée de notre foiblesse les gran- » deurs de la majesté suprême. Si cela

___

(a) Bible expliquée, p. 146.

» paroît indigne de Dieu, cela eſt né-
» ceſſaire à l'homme ; or, rien n'eſt plus
» digne de Dieu que l'inſtruction & le
» ſalut de ſes créatures (*a*) ».

§. XII.

Sixieme Objection. Moïſe n'a repré-
ſenté Dieu aux Juifs que comme un
monarque ſenſible aux préſens, avide
d'offrandes & de ſacrifices, pointilleux
ſur l'étiquette de ſon culte. Toute la Religion Judaïque ne conſiſtoit qu'en cérémonies, les vertus intérieures n'y en-
troient pour rien. Le Dieu des Juifs eſt
un Dieu vorace & avare qui indique les
victimes qui lui ſont les plus agréables,
& qui préfere toujours les plus graſſes.
Il ſemble ne s'être révélé que pour être
le pourvoyeur & l'intendant des Prêtres
qui ne furent eux-mêmes que de vérita-
bles bouchers, dont les mains furent
toujours baignées dans le ſang des hommes & des animaux (*b*) ; il eſt le Dieu
des armées, de la guerre & du carnage.

(*a*) Adv. Marcion. l. 2, c. 27.
(*b*) Eſprit du Judaïſme, c. 3, p. 49 ; c. 12,
pag. 172.

Réponse. On ne peut pas copier plus exactement les clameurs des Marcionites & des Manichéens (*a*); mais outre le commandement d'aimer Dieu, la reconnoissance de ses bienfaits, la confiance à ses promesses, la soumission à ses ordres sont continuellement recommandés aux Juifs; il nous paroît que ce ne sont point là des cérémonies. La loi prescrit tous les devoirs de justice, d'humanité, de compassion, de charité envers le prochain; ne sont-ce pas là des vertus?

Loin de borner la religion au culte extérieur, les livres des Juifs ne cessent de leur répéter que Dieu veut l'hommage du cœur & non celui des levres, l'obéissance plutôt que les victimes, que le culte hypocrite des méchans lui est odieux. On n'a qu'à lire le Pseaume 49, les reproches que Samuel fait à Saül, le premier chapitre d'Isaïe & le septieme de Jérémie; les autres Prophetes sont pleins des mêmes leçons.

Mais le culte Judaïque étoit charnel,

(*a*) Tertull. adv. Marcion. l. 2, c. 18: S. Aug. contrà Faustum, l. 22, c. 4: contrà adverf. legis, l. 2, c. 12, n. 37.

DE LA VRAIE RELIGION. 161

groſſier, dégoûtant. Soit. Il n'y en avoit point de plus pur ni de plus ſpirituel dans aucun lieu du monde; il étoit analogue à la foibleſſe du genre humain encore très-peu civiliſé (a). Un Empereur de la Chine ne croit point déshonorer ſa dignité en immolant des bœufs & des pourceaux dans les temples du ciel & de la terre, ou ſur le tombeau de ſes ancêtres; nos Philoſophes n'ont point blâmé ce culte. Lorſque les Empereurs Romains eurent réuni à leur autorité celle de Souverain pontife, ils ne dédaignerent aucune fonction du ſacerdoce païen. Selon la cenſure de nos adverſaires, les Empereurs Romains étoient des bouchers, ceux de la Chine ſont des cuiſtres, le Dieu des Chinois eſt un Dieu vorace, le Jupiter du Capitole n'étoit que l'intendant de la cuiſine des Prêtres. Que dirons-nous de la folie de Julien qui dépeuploit de bœufs ſon empire à force d'offrir des ſacrifices? Mais aux yeux des Incrédules tout étoit beau, louable, grand, eſtimable chez les Païens, tout étoit dégoûtant & mépriſable chez les Juifs. Agrippa, gendre d'Auguſte, n'en

_____

(a) Galat. c. 4.

L v

jugea point ainſi (a); Julien, de ſon côté, trouvoit le culte cérémoniel des Juifs plus parfait que celui des Chrétiens (b).

Si nos critiques étoient vraiment phi-loſophes, ils ſentiroient que les rites ex-térieurs ſont en eux-mêmes indifférens, qu'ils ſont reſpectables ou mépriſables, ſelon l'uſage que l'on en fait & ſelon les idées que l'on y attache. Ce qui inſ-pire la vénération à tel peuple, paroît ri-dicule à tel autre; ce qui eſt un ſigne de reſpect dans une contrée, ſeroit une in-ſulte dans un pays différent. Des préſens & des ſacrifices offerts à des dieux ima-ginaires, étoient, ſans doute, une abſur-dité & une profanation; ces mêmes rites employés pour adorer le vrai Dieu ſont ce qu'il y a de plus reſpectable parmi les hommes. Lorſqu'un Dictateur Romain ou un Conſul alloit, à la tête du Sénat, planter un clou dans le Temple de Ju-piter pour marquer le commencement d'une année, cet uſage n'avoit rien de répréhenſible; lorſque dans la ſuite on lui eut attribué la vertu de détourner les malheurs dont la République étoit me-

---

(a) Ambaſſade de Philon, c. 16.
(b) Dans S. Cyrille, l. 6, pag. 200, 2 5.

nacée, c'étoit une folie & une puérilité peu digne de la gravité Romaine.

Tout ce qui peut marquer le respect, la confiance, la soumission, la reconnoissance envers la Divinité, peut servir à son culte & faire partie de la religion, lorsque Dieu veut bien l'agréer. Tourner ces pratiques en ridicule, parce que les fausses religions les ont profanées, c'est manquer de jugement. Nous examinerons avec soin dans la suite ce culte cérémoniel des Juifs, qui paroît si absurde aux beaux esprits incrédules; nous verrons qu'il n'y avoit aucune pratique qui ne fût fondée en raison & qui ne fût utile relativement aux circonstances.

Dans les Livres saints les astres sont *l'armée des Cieux*; le *Dieu des armées* est le Dieu du ciel ou des astres; ce nom étoit un préservatif contre l'idolatrie du peuple, & des Philosophes qui ont cru les astres animés *(a)*.

Jusqu'à présent il ne nous paroît pas démontré par les Incrédules que Moïse ait donné aux Juifs une fausse idée de la

---

(a) Mém. de l'Acad. des Inscript. tome 42, Pag. 181, tome 56, pag. 45.

Divinité ; que l'on compare ses leçons à celles de tous les autres Législateurs & des Philosophes les plus vantés, on sentira qu'il a été mieux instruit qu'eux, & qu'il a eu un meilleur maître.

§. XIII.

Nos adversaires n'ont pas rendu plus fidélement sa doctrine sur la nature de l'homme & sur sa destinée. Selon eux, « les Juifs puiserent chez les Perses les
» premieres notions des récompenses &
» des châtimens d'une autre vie, par
» conséquent du dogme de l'immorta-
» lité de l'ame & de la résurrection des
» morts........ Il n'est point fait mention
» d'un article si important dans aucun des
» livres de Moïse ; sa loi ne parle nulle
» part d'un dogme fait pour servir de
» base à toute religion révélée. Ce Lé-
» gislateur ne propose aux Juifs que des
» récompenses & des châtimens tempo-
» rels, sans indiquer rien qui puisse
» même faire soupçonner l'existence
» d'une autre vie ; au contraire, dans
» quelques livres de la Bible ce dogme
» est formellement combattu. L'Auteur
» de l'Ecclésiaste parle du sort futur des
» hommes en véritable Pyrrhonien.....

„ Ce dogme ne commence à paroître
„ que dans le second livre d'Esdras,
„ écrit quatre cents ans avant l'Ere Chré-
„ tienne..... Daniel, captif à Baby-
„ lone, est le premier des écrivains Hé-
„ breux qui parle de la résurrection
„ des morts & du dogme d'une autre
„ vie.... David n'eût point été si scan-
„ dalisé de la prospérité des méchans,
„ s'il eût eu connoissance du sort que
„ la Providence leur réservoit dans l'a-
„ venir. Cette doctrine eût fait tomber
„ le plus grand nombre des argumens
„ présentés dans le livre de Job, qui,
„ dans son infortune, se plaint amère-
„ ment de la conduite de Dieu, sans
„ faire aucune mention de la vie future,
„ si propre à justifier la Divinité des in-
„ justices passageres qu'elle permet en
„ ce monde.

„ Du tems de Jesus même le dogme
„ de la résurrection ne paroît point avoir
„ été encore généralement adopté par
„ les Juifs ; ce réformateur de la loi
„ Mosaïque ne fait aucuns reproches aux
„ Saducéens qui nioient cette résurrec-
„ tion (a) „.

(a) Esprit du Judaïsme, c. 10, pag. 144.

Ces savantes observations n'avoient pas échappé aux Manichéens (a); avant de les réfuter, faisons quelques remarques. 1.° La plupart des calomniateurs de Moïse & des Juifs sont des matérialistes qui soutiennent que le dogme d'une autre vie ne sert à rien dans la morale; ils ont loué Confucius de n'avoir point fondé la morale sur ce dogme, & ils s'élevent contre Moïse, parce qu'il leur paroît avoir suivi le même plan long-tems avant Confucius. 2.° Ils soutiennent que les livres de Moïse ont été forgés ou refondus par Esdras après la captivité; comment Esdras qui a professé dans ses propres écrits le dogme de la vie future & de la résurrection, n'a-t-il pas eu l'attention d'en glisser un seul mot dans les livres de Moïse qu'il fabriquoit à son gré? 3.° Ceux qui disent que les Juifs l'ont emprunté des Perses pendant la

---

Christian. dévoilé, c. 8, pag. 108. Dict. Philos. & Quest. sur l'Encyclop. Ame, &c. Philosophie de l'Histoire, c. 25. Examen important, c. 3. Traité sur la Tolérance, c. 13. Lettre à M. de Beaumont, p. 82. Bible expliquée, pag. 92, 163, &c. Morgan, tome 1, pag. 447; tome 2, pag. 215, 217.

(a) S. Aug. contra Faustum, l. 33, c. 1.

captivité, font-ils bien sûrs qu'avant cette époque les Perses croyoient la vie future ? Ils n'en ont point de preuve ; Zoroastre n'a paru qu'en ce tems-là, & il est fort incertain s'il n'a rien emprunté lui-même des Juifs. Un Déiste Anglois prétend qu'il étoit serviteur du prophete Esdras (*a*).

Mais les inconséquences de nos adversaires ne prouvent rien : venons au fait essentiel. En traitant la question de l'immortalité de l'ame, nous avons fait voir que ç'a été la croyance des Patriarches. La promesse que Dieu fait à Adam d'une rédemption future, la destinée d'Abel, la maniere dont l'Ecriture parle de la mort des premiers Justes, leur desir de *dormir avec leurs peres*, les honneurs funebres rendus aux morts, le respect pour les tombeaux, le double sens du mot שאול observé par les Savans, les paroles formelles de Job ; telles sont les preuves que nous avons alléguées. Il est question de savoir si cette croyance étoit perdue sous Moïse ; nous soutenons qu'elle a subsisté constamment chez les Juifs, & nous allons le démontrer : cette

────────────

(*a*) Morgan, Moral philos. tom. 2, p. 212.

discussion sera un peu longue, mais l'objet en vaut la peine.

Premiere Preuve. Jacob prêt à mourir en Egypte dit à ses enfans : « Je vais re- » joindre mon peuple, ou ma famille ; » enséveliffez-moi dans le tombeau d'A- » braham & de Sara, où repofent Isaac, » Rebecca, & Lia mon époufe (*a*) ». Cinquante ans après, Joseph, au lit de la mort, dit à ses freres : « Dieu vous » visitera, emportez mes os avec vous, » lorfque vous fortirez de l'Egypte (*b*) ». Ces ordres font exécutés, Jacob est tranf- porté dans la Palestine, Joseph est em- baumé en Egypte, enfermé dans un coffre, & emporté 150 ans après. On fait que par le soin d'embaumer les corps & de les conferver, les Egyptiens atteftoient leur foi à l'immortalité & à la résurrection future (*c*). Les defcen- dans de Jacob & de Joseph, Moïfe lui- même élevé en Egypte, ont-ils imité les Egyptiens, fans avoir les mêmes idées ? Le defir des deux Patriarches, l'exacti-

---

(*a*) Gen. c. 40, ℣. 29.
(*b*) Gen. c. 50, ℣. 24.
(*c*) Recherches philof. fur les Egypt. fect. 7, tome 2, p. 173.

tude de Moïse à exécuter les dernieres volontés de Joseph, font-ils des preuves de matérialisme? Ici les faits décident & parlent plus éloquemment que les livres.

§. XIV.

Seconde Preuve. Moïse défend aux Hébreux d'interroger les morts, pour apprendre d'eux la vérité, comme font les peuples Chananéens (*a*). Malgré cette défense, Saül fait évoquer par une Pythonisse l'ame de Samuel, pour savoir l'avenir. Samuel dit: *demain vous & vos fils serez avec moi* (*b*). L'Historien qui a écrit ces paroles étoit donc persuadé de l'immortalité de l'ame, aussi bien que Saül. L'Auteur de l'Ecclésiastique croyoit que Samuel étoit véritablement apparu à Saül, & lui avoit annoncé sa mort prochaine (*c*). Il est encore parlé de cet usage superstitieux, dans Isaïe (*d*). Un pareil abus peut-il s'introduire chez un peuple persuadé que l'homme meurt

---

(*a*) Deut. c. 18, ℣. 11.
(*b*) 1. Reg. c. 28, ℣. 11.
(*c*) Eccli. c. 46, ℣. 23.
(*d*) Isaïe, c. 8, ℣. 19: c. 65, ℣. 4.

tout entier, & que l'ame ne survit point au corps ?

Si les évocations des morts, dont parlent Homere & Virgile, suffisent pour nous apprendre la croyance des Grecs & des Romains, sont-elles moins fortes pour nous montrer les idées des Juifs ? Aussi un Philosophe qui soutient opiniâtrément dans tous ses livres, que les Juifs n'avoient aucune notion de l'immortalité de l'ame, est cependant forcé de convenir que ceux qui consultoient ainsi les Magiciens ou les Sorciers, *vouloient voir des ames ou des ombres* (a).

Il dit ailleurs que les Magiciens dont parle Moïse, n'étant que des trompeurs grossiers, n'avoient peut-être aucune idée distincte du sortilége qu'ils croyoient opérer (b). Soit. Du moins ceux qui s'adressoient à eux, croyoient qu'un mort pouvoit parler & connoître l'avenir : ainsi le pensoit Saül, quand il fit évoquer Samuel. Cette superstition étoit commune ; lui-même avoit travaillé à l'extirper (c). La premiere chose que fai-

―――――――――――――

(a) Bible expliquée, p. 329.
(b) Traité sur la Tolérance, c. 13, note, pag. 132.
(c) 1. Reg. c. 28, v. 9.

soient les Rois idolâtres, étoit de la rétablir ; au lieu que les Rois pieux s'appliquoient à la détruire (a). Moïse en défendant aux Hébreux d'interroger les morts, ne donne point pour raison que les morts ne sont plus, & qu'il n'en reste rien ; mais que Dieu déteste cet abus, & qu'il suscitera à son peuple des Prophetes pour l'instruire.

Troisieme Preuve. En offrant à Dieu la dîme & les prémices des fruits de la terre, un Israélite étoit obligé de faire la protestation suivante : « J'ai ôté de » ma maison tout ce qui est consacré au » Seigneur ; je l'ai donné au Lévite, à » l'étranger, au pupile & à la veuve... » Je n'en ai rien mangé dans le deuil ; » je n'en ai rien employé à un usage » impur, & je n'en ai rien donné au » mort (b) ». Pour rendre le sens de cette Loi, Spencer fait voir, par le témoignage des anciens, qu'après la récolte, les Egyptiens pleuroient la mort d'Osiris, & les Syriens la mort d'Adonis. Ces deux Divinités étoient le symbole de la fécondité de la terre ; on

_____

(a) 4. Reg. c. 21, ℣. 8 : c. 23, ℣. 24.
(b) Deut. c. 26, ℣. 13.

offroit les prémices dans les temples, & on les mangeoit à l'honneur des Dieux; on en plaçoit sur le tombeau des morts, pour servir de nourriture aux manes (a). Par-là on conçoit pourquoi il étoit défendu de manger les prémices *dans le deuil*, de les employer à un usage immonde, & de *les donner au mort*. Soit que l'on entende par là les donner à Osiris ou au mort Adonis, soit les offrir pour nourrir les manes, cela est égal. Tout Israélite qui tomboit dans cette superstition, étoit persuadé qu'un mort n'étoit pas anéanti, qu'il y avoit des manes, des ombres, des ames subsistantes après la mort, qu'on pouvoit les honorer, leur faire des présens ou les nourrir.

Un usage ordinaire chez les Payens, à la mort de leurs proches ou de leurs amis, étoit de se couper ou de s'arracher les cheveux & la barbe, de les jetter dans le cercueil ou dans le bûcher du mort, comme un tribut que l'on payoit aux manes ou aux Dieux infernaux; de se déchirer le corps, & de répandre du

––––––––––––––––––––––––––––

(a) De legib. Hebr. ritual. l. 2, c. 24.

sang, pour appaiser les manes (*a*). Moïse défend aux Hébreux toutes ces pratiques insensées (*b*) ; il n'ajoute point pour justifier cette Loi que les morts sont anéantis, qu'il n'y a ni manes ni enfer, mais que les Hébreux sont consacrés au Seigneur : *quia sanctus es tu Domino Deo tuo*. La fureur qu'avoient les Juifs idolâtres de faire des cérémonies sur les tombeaux, d'y dormir pour avoir des rêves, comme Isaïe le leur reproche, n'atteste que trop bien qu'ils pensoient sur les morts & sur l'autre vie comme toutes les autres nations. Nous ne devons plus être étonnés de la Loi de Moïse, qui déclaroit impur quiconque avoit touché un mort.

§. XV.

Quatrieme Preuve. Lorsque Dieu avertit Moïse de sa mort prochaine, il lui dit : « monte sur la montagne de Nébo ; » tu y seras réuni à tes proches, comme » ton frere Aaron est mort sur la mon-

───────────────

(*a*) Spencer, de legib. hebr. ritual. l. 2, c. 12, sect. 2 & 3.
(*b*) Levit. c, 19, ℣. 27. Deut. c. 14, ℣. 1.

« tagne de Hor, & a été réuni à son « peuple (a) ». Il n'est point ici question d'être enterré avec ses parens; aucun des proches de Moïse n'avoit sa sépulture sur la montagne de Nébo : il est dit, dans le Chapitre suivant, que la sépulture de Moïse n'a été connue de personne. *Etre réuni à son peuple*, ou à sa famille, signifie donc autre chose ; cette façon de parler n'a jamais eu lieu chez un peuple persuadé de la mortalité de l'ame.

Cinquieme Preuve. Les Juifs ont eu l'idée de résurrection ; selon leurs livres, les Prophetes ont rendu la vie à des morts. Elie ressuscite par ses prieres, le fils de la veuve de Sarepta : « Seigneur, « dit-il à Dieu, faites, je vous prie, « que l'ame de cet enfant revienne dans « son corps. Dieu exauça cette priere, « ajoute l'Historien ; l'ame de cet enfant « revint en lui, & il ressuscita (*b*) ». Elizée rend la vie de même au fils d'une Sunamite (*c*). Quelque tems après la mort de ce Prophete, un cadavre jetté

―――――――――――

(*a*) Deut. c. 32, v. 49.
(*b*) 3. Reg. c. 17, v. 20.
(*c*) 4. Reg. c. 4, v. 33.

par hasard dans son tombeau, ressuscite pour avoir touché ses os (*a*). Des Matérialistes, des hommes persuadés que l'homme meurt tout entier, n'ont jamais admis une résurrection.

On dira peut-être que dans les paroles d'Elie, *l'ame* ne signifie que le soufle, la respiration, la vie; ainsi le pensent les Incrédules. Dans les Livres Saints, disent-ils, *ame* est toujours employé pour *vie* (*b*). Il est si peu vrai que l'hébreu נפש désigne seulement le soufle ou la vie, que Moïse s'en sert en parlant d'un cadavre : *être souillé par une ame*, c'est être impur, pour avoir touché un corps mort (*c*). Une pareille expression a-t-elle pu s'introduire chez un peuple persuadé que l'ame n'est rien autre chose que le soufle ?

Dans le Pseaume 15.ᵉ, David dit à Dieu : « Ma chair repose dans l'espérance que vous ne laisserez pas mon ame dans le *Schéol*, & que vous n'abandonnerez pas votre Serviteur, dans le tombeau ». Selon nos adver-

―――――――――――

(*a*) 4. Reg. c. 13, ℣. 21.
(*b*) Quest. sur l'Encyclop. *Vie*.
(*c*) Levit. c. 19, ℣. 28. Num. c. 6, ℣. 6 & 11.

faires, שאול est la fosse ou le tombeau; David au comble du malheur, espere que Dieu l'en tirera, & que sa délivrance sera semblable à la résurrection d'un mort. Admettons-le. Mais en quel sens Dieu peut-il laisser dans le tombeau, la vie ou la respiration d'un homme? Il nous paroît que dans ce verset, comme dans beaucoup d'autres, שאול est *le séjour des morts*, & qu'il faut traduire : « Ma chair repose dans l'espérance que » vous n'abandonnerez pas mon ame » dans le séjour des morts, & que vous » ne laisserez pas pourrir votre ser- » viteur dans le tombeau ». Cette distinction entre le corps & l'ame, entre le séjour de l'un, & la demeure de l'autre, prouve que David avoit l'idée d'une résurrection opérée par la réunion de l'ame au corps.

Il est évident, par un grand nombre d'autres passages, que שאול chez les Hébreux, est exactement synonyme à l'Ἅδης des Grecs, & qu'il est très-bien rendu par *infernus*, l'enfer.

§. XVI.

Sixieme Preuve. Dans le 57.ᵉ Chap. d'Isaïe,

d'Isaïe, il est dit : « Les hommes justes
» & miséricordieux meurent sans que
» personne y fasse attention ; ils sont
» enlevés pour être mis à couvert du
» mal ; ils entreront dans la paix, ils
» se reposeront dans le lieu de leur
» sommeil, parce qu'ils ont marché
» droit ». Si les justes périssent entiérement à la mort, en quel sens
jouissent-ils de la paix ? L'anéantissement
est-il la récompense de leurs vertus ? Ce
langage seroit absurde, dans la supposition de la mortalité de l'ame.

Chapitre 58, ce même Prophete met
une différence sensible entre la récompense destinée aux vertus morales, &
le prix réservé au culte cérémoniel :
« Voici, dit le Seigneur, le jeûne qui
» peut me plaire ; brisez les liens in-
» justes, mettez en liberté les esclaves
» & les débiteurs, nourrissez le pauvre,
» consolez les affligés, donnez un asyle
» & des vêtemens à ceux qui n'en ont
» point. Alors vos bonnes œuvres bril-
» leront comme l'aurore, vous serez
» guéris de vos maux, votre justice
» marchera devant vous, & la gloire
» du Seigneur vous environnera.....
» Vous verrez naître la lumiere dans les

« ténebres, & les ombres seront pour
« vous le plus beau jour ». Il paroît
que le Prophete entend ici les ténebres
du tombeau, & les ombres de la mort,
puisqu'il ajoute : *Le Seigneur conservera
ou engraissera vos os.*

Parlant ensuite des loix cérémonielles :
« Si vous gardez, dit-il, le sabbat du
« Seigneur, si vous faites sa volonté &
« non la vôtre, je vous établirai sur la
« terre, & je vous donnerai l'héritage
« de Jacob votre pere ; c'est moi qui
« l'ai promis ». *La gloire du Seigneur*
réservée à ceux qui pratiquent la justice
& la charité, n'est point la même chose
que *l'héritage de Jacob* sur la terre, promis aux observateurs du sabbat & des
loix cérémonielles.

Dans le Chapitre 14, ⅴ. 9, le Prophete suppose que les morts parlent au
Roi de Babylone, & lui reprochent son
orgueil lorsqu'il va les rejoindre ; comment ose-t-on affirmer que les Juifs
n'ont aucune notion des enfers, ou du
séjour des ames après la mort ? Le savant
Michaëlis dans ses notes sur Lowth (*a*),

(*a*) De Sacrâ poesi hebræor. pag. 129, 100, 263, 693.

a prouvé par le livre de Job & par d'autres passages, que les anciens Hébreux ont eu, comme les autres peuples, la croyance d'un lieu dans lequel sont rassemblées les ames après la mort.

Septieme Preuve. De même qu'il est dit dans le livre de la Genese, que Hénoc marcha avec Dieu, & qu'il disparut parce que Dieu l'enleva, il est rapporté dans le 4.e livre des Rois, qu'Elie monta au Ciel dans un tourbillon sur un char de feu, à la vue de son disciple Elisée (*a*). Les Juifs ont toujours été persuadés qu'Elie & Hénoc n'étoient pas morts, qu'ils doivent revenir un jour sur la terre ; ont-ils pu croire que ces deux hommes seuls étoient destinés à jouir de l'immortalité ?

§. XVII.

Huitieme Preuve. Il est absolument faux que l'Ecclésiaste ait parlé de la destinée de l'homme en Épicurien ou en Pyrrhonien, comme il plaît aux Incrédules de l'assurer (*b*). Après avoir fait

---

(*a*) 4. Reg. c. 2, ⱱ. 11.
(*b*) Quest. sur l'Encyclop. *Salomon.* Esprit du Judaïsme, c. 10, pag. 144, &c.

l'énumération des biens & des plaisirs de ce monde, il conclut que *tout est vanité pure & affliction d'esprit*. Ce n'est point la morale des Epicuriens anciens & modernes.

Parce qu'un Écrivain raisonne avec lui-même, & propose des doutes, il n'est pas pour cela Pirrhonien, sur-tout lorsqu'il en donne la solution; c'est ce que fait l'Ecclésiaste. Il rapporte les différentes idées qui lui sont venues, ses doutes & ses incertitudes sur le cours bisarre des événemens, sur la conduite inconcevable de la Providence, sur le sort des bons & des méchans; il conclut que *Dieu jugera le juste & l'impie, & qu'alors tout rentrera dans l'ordre*. Si ses réflexions semblent souvent se contredire, si quelquefois il paroît préférer le vice à la vertu, & la folie à la sagesse, il enseigne bientôt après qu'*il vaut mieux entrer dans une maison où regne le deuil, que dans la salle d'un festin*; dans la premiere, l'homme apprend à penser à *la destinée qui l'attend, & quoique plein de santé il envisage sa fin derniere* (*c*). Plus loin il conseille à un jeune homme

―――――――――――――――――

(*a*) Eccle. c. 3, ⅴ. 17 : c. 7, ⅴ. 3.

de se livrer à la joie & aux plaisirs de son âge ; mais à l'instant même il l'avertit que Dieu entrera en jugement avec lui, & lui en demandera compte : il lui représente que *la jeunesse & la volupté sont une pure illusion.* Il l'exhorte, dans le Chapitre suivant, à se souvenir de son Créateur dans sa jeunesse, avant qu'il soit courbé sous le poids des années. Parlant de la mort, il dit : *l'homme ira dans la maison de son éternité, la poussiere rentrera dans la terre d'où elle a été tirée, & l'esprit retournera à Dieu qui l'a donné.* Est-il ici question du souffle ? La conclusion du livre est sur-tout remarquable. *Craignez Dieu, & gardez ses commandemens, c'est la perfection de l'homme ; Dieu jugera toutes nos actions bonnes ou mauvaises* (*a*). Encore une fois, ce n'est là le langage ni de Pyrrhon ni d'Épicure.

Nous ne citons en preuve que des livres écrits avant la captivité ; l'Ecclésiaste est l'ouvrage de Salomon ; nos quatre premieres preuves sont tirées du Pentateuque. C'est donc une témérité révoltante de la part de nos adversaires, d'affirmer que les Hébreux n'ont eu au-

---

(*a*) Eccle. c. 11, ℣. 9 : c. 12, ℣. 1, 7, 13.

cune notion de l'immortalité de l'ame, & de la vie future, avant la captivité, qu'ils ont puisé cette doctrine chez les Perses ou chez les Chaldéens, qu'elle ne commence à paroître que dans le second livre d'Esdras, que Daniel est le premier qui en ait parlé. Selon le plus célebre de nos Philosophes, « il » faut être étrangement absurde ou d'une » mauvaise foi bien intrépide, il faut » se jouer indignement de la crédu- » lité humaine, pour s'efforcer de tordre » quelques passages du Pentateuque, » & d'en corrompre le sens au point » d'y trouver l'immortalité de l'ame & » un enfer qui n'y furent jamais (*a*) ». Nous laissons au lecteur à décider de quel côté est la mauvaise foi la plus intrépide, & qui sont ceux qui se jouent de la crédulité humaine. Le déclamateur n'a pas cité un seul des passages du Pentateuque dont nous avons fait mention; il ne parle que du mot *Scheol*, & d'un texte du Deutéronome qui ne prouve rien.

Un autre Philosophe mieux instruit, convient qu'il seroit comme impossible

―――――――――――――――――――

(*a*) Bible expliquée, pag. 516.

de trouver des peuples chez lesquels l'opinion commune ne donnât pas une espece d'immortalité à nos ames (*a*) ; un troisieme avoue que sur ce préjugé sont fondés tous les systêmes religieux & politiques (*b*). Les Juifs avoient demeuré plus de deux cents ans en Egypte, ils ont habité pendant neuf cents ans au milieu des Chananéens, ils n'ont séjourné que pendant 70 ans parmi les Chaldéens & les Perses; les Egyptiens & les Phéniciens connoissoient l'immortalité de l'ame, aussi bien que les derniers ; il seroit donc plus probable que les Juifs ont puisé cette doctrine en Egypte ou dans la Palestine que dans la Chaldée. La vérité est qu'ils n'ont eu besoin de l'emprunter de personne, ils la tenoient de leurs peres depuis la création ; c'est la foi universelle du genre humain, on l'a trouvée même chez les sauvages & chez les insulaires de la mer du Sud.

§. XVIII.

Les objections de nos adversaires ne

(*a*) Lettre de Trasib. pag. 285.
(*b*) Syst. de la Nat. tome 1, c. 13, p. 260, 275.

font pas redoutables. David, difent-ils, n'auroit pas été fi fcandalifé de la profpérité des méchans, s'il avoit eu connoiffance du fort que la Providence leur réfervoit dans l'avenir. Voyons fi ce fcandale eft réel.

David, après avoir tracé le tableau de la félicité des impies, après avoir expofé les doutes qu'elle lui infpiroit, dit: « Je voulois concevoir ce myftere, j'y » ai eu de la peine, jufqu'à ce que j'aie » pénétré dans le fanctuaire de la Pro- » vidence, & que j'aie fait attention à » *la fin derniere* des méchans (*a*) ». Le fcandale de David étoit donc diffipé par la fin derniere que Dieu réfervoit aux méchans.

Cette doctrine, difent encore nos critiques, auroit prévenu les plaintes que Job affligé faifoit contre la Providence. Auffi avons-nous vu qu'il avoit recours à cette doctrine, pour répondre aux reproches de fes amis. « Les léviers » de ma biere, dit-il, porteront mon ef- » pérance; elle repofera avec moi dans la » pouffiere du tombeau (*b*) ». Job étoit

---

(*a*) Pfeaume 72, ⱽ. 16 & 17.
(*b*) Job, c. 16, ⱽ. 17, hebr.

donc persuadé que le sort des justes n'est jamais désespéré, qu'en cette vie ou en l'autre, Dieu leur fait justice.

Jesus, dit un de nos savans, ne fait aucun reproche aux Saducéens qui nioient la résurrection (a). Aucun reproche !... « Vous êtes dans l'erreur, » leur dit-il, & vous n'entendez pas » les écritures. N'avez-vous pas lu ces » paroles de Dieu même : *Je suis le* » *Dieu d'Abraham, d'Isaac & de Jacob ?* » Or, il n'est pas le Dieu des morts, » mais des vivans (b) ».

Ce raisonnement ne prouve rien, réplique un autre ; à le prendre à la lettre, il s'ensuivroit qu'Abraham, Isaac & Jacob ne sont point morts ; il ne s'ensuit donc pas qu'ils doivent ressusciter. Le texte de Moïse signifie seulement : *Je suis le Dieu qu'ont adoré Abraham, Isaac & Jacob* ; comment cela peut-il prouver l'immortalité de l'ame (c) ?

Réponse. Il s'ensuit sans doute des paroles de Jesus-Christ, que ces Pa-

---

(a) Esprit du Judaïsme, c. 10, pag. 144.
(b) Matt c. 22, v. 29.
(c) Quest. sur l'Encyclop. *Equivoque*, p. 293.

triarches ne sont pas morts tous entiers, que leur ame vit encore; ils peuvent donc ressusciter quand Dieu le voudra. Voilà ce que les Saducéens n'avouoient pas; ils nioient la résurrection future, parce qu'ils n'admettoient pas l'immortalité de l'ame; Jesus-Christ les attaque par le principe, & remonte à la source de l'erreur.

Est-il vrai que, selon le sens de nos adversaires, les paroles de Moïse ne prouvent rien? Abraham, Isaac & Jacob ont adoré & servi Dieu pendant toute leur vie, en ont-ils reçu la récompense? Dieu a-t-il accompli en ce monde la promesse qu'il avoit faite à Abraham: *Je serai moi-même ta grande récompense*? Nous n'avons qu'à en rapprocher la réflexion de Jacob: « Les jours de mon » pélérinage sont de cent trente ans, » jours rapides & malheureux, qui n'é- » galent point ceux du pélérinage de » mes peres (a) ». Le culte constant qu'ils ont rendu à Dieu, & dont ils n'ont point reçu le prix en cette vie, est donc une preuve que Dieu leur en réservoit une autre; Jesus-Christ a raison d'en-

---

(a) Gen. c. 15, v. 1 : c. 48, v. 9.

rendre ces paroles comme s'il y avoit : je suis le Dieu dans le sein duquel reposent Abraham, Isaac & Jacob, en récompense du culte qu'ils m'ont rendu ; c'est ainsi que Saint Paul explique ces mêmes paroles (a). Telle étoit l'ancienne tradition juive, dont les Saducéens s'écartoient très-mal à propos.

Ce que nos adversaires disent de Job, de David, des Saducéens, nous paroît confirmer nos preuves, loin de les affoiblir.

§. XIX.

Après avoir solidement prouvé a point qu'ils contestent, nous pourrions nous dispenser de répondre à toutes leurs questions ; un fait bien établi ne se détruit point par des demandes curieuses. Comme S. Augustin a satisfait sur cet article, aux importunités des Manichéens, il ne nous sera pas difficile de répondre après ce saint Docteur (b).

Premiere Question. Si Moïse a connu l'immortalité de l'ame, & la vie à

(a) Ad Hebr. c. 11, ⅴ. 16.
(b) S. Aug. contrà Adimant. c. 18, contrà Faustum, l. 4, c. 1.

venir, pourquoi ne l'a-t-il pas enseignée d'une maniere plus claire & plus expresse (*a*) ?

S'il en avoit parlé plus clairement, nos adversaires en tireroient une objection contre l'antiquité de ses livres; ils diroient qu'au siecle de Moïse, on n'avoit pas encore assez médité sur la nature de l'ame, pour pouvoir faire une profession de foi aussi distincte de son immortalité.

Il n'étoit pas nécessaire que Moïse en parlât plus clairement. Il a principalement inculqué aux Hébreux les dogmes qui étoient méconnus par les peuples dont ils étoient environnés, & qu'ils auroient pu aisément oublier eux-mêmes, l'unité de Dieu, la création, la Providence universelle, l'autorité du souverain Législateur; mais l'immortalité de l'ame n'étoit point dans le même cas, aucune nation ne l'a révoquée en doute; l'idolatrie, loin d'affoiblir ce dogme, l'avoit rendu plus populaire. Les Chananéens en abusoient, Moïse a défendu cet abus; quelle né-

---

(*a*) Bible expliquée, pag. 517.

cessité y avoit-il de professer plus distinctement une vérité de laquelle personne n'étoit tenté de douter? Moïse n'a défendu nulle part de manger de la chair humaine, parce que les Hébreux ni leurs voisins n'étoient pas Antropophages, quoique nos Philosophes aient trouvé bon de les accuser de ce crime.

On sait l'abus énorme que les Indiens & d'autres peuples ont fait du dogme de l'immortalité de l'ame, & de la résurrection future des corps; de-là est née la coutume barbare d'engager les femmes à se tuer, pour accompagner leurs maris, & d'immoler des esclaves pour aller servir leurs maîtres dans l'autre monde. Savons-nous s'il n'y auroit pas eu du danger à parler souvent aux Hébreux d'une vérité de laquelle un peuple grossier pouvoit tirer de si pernicieuses conséquences? Moïse ne vouloit pas que les Hébreux eussent l'esprit occupé de terreurs paniques, de mânes, d'esprits, de revenans, de songes envoyés par les morts, & de toutes les folies dont les Payens étoient tourmentés; voilà pourquoi il n'a parlé des morts que rarement, & avec beaucoup de réserve.

Seconde Question. Pourquoi donc les Écrivains postérieurs à la captivité, ont-ils parlé plus clairement que Moïse de la vie à venir, sans en redouter aucun inconvénient ?

Parce qu'alors il n'étoit plus à craindre que les Juifs en abusassent ; ils étoient guéris pour jamais de la tentation d'imiter les Chananéens qui n'existoient plus, & ils ne sont retombés dès-lors dans aucune des anciennes superstitions.

Le culte rendu aux morts a été de tout tems une des principales branches de l'idolâtrie, chez les Orientaux surtout il a donné lieu à un infinité d'abus. Les fables imaginées sur les morts & sur les enfers, ont contribué beaucoup à faire révoquer en doute l'immortalité, par les Philosophes ; Moïse qui le prévoyoit, a sagement retranché tout ce qui pouvoit produire des erreurs. Content de laisser subsister un dogme dont aucun peuple ne s'est jamais départi, il l'a conservé tel que Dieu l'avoit donné à nos premiers peres.

Un critique très-prévenu contre les Juifs, observe néanmoins que Moïse a gardé le silence sur la vie future, pour prévenir les funestes effets que ce dogme mal entendu a causés dans la Grece, en Egypte & ailleurs, que les Prophetes ont été moins réservés & parlent assez clairement de la vie à venir ; loin de blâmer Moïse, il applaudit à sa prudence (a). Il est donc décidé que les Incrédules ne s'accorderont sur aucune question de raisonnement ou d'Histoire.

§. XX.

Troisieme Question. Si Moïse avoit connoissance des peines & des récompenses futures, pourquoi n'en a-t-il pas fait la base de sa Législation, pourquoi s'est-il borné à proposer aux Juifs des peines & des récompenses temporelles ?

Nous soutenons que Moïse n'a pas dû recourir à la vie future, pour donner la sanction à ses loix; si nous parvenons à le démontrer, il y a lieu d'espérer que l'on ne nous poussera pas plus loin.

En premier lieu : Il est fort singulier que l'on reproche à Moïse une conduite qui a été suivie par tous les anciens Lé-

---

(*a*) L'Antiquité dévoilée par ses usages, t. 2, pag. 45, 83, 388.

gislateurs, sans exception; quelque persuadés qu'ils fussent de l'immortalité de l'ame, aucun d'eux n'en a fait usage, pour donner plus de force aux loix. Il n'en est pas fait mention expresse dans le prologue des loix de Zaleucus, quoiqu'il y soit parlé de la Providence divine. Cicéron n'y a pas pensé dans ses livres des Loix, Platon l'a oublié dans les siens. Les fragmens qui nous restent des anciennes Loix, ne menacent point les infracteurs des peines de l'autre vie. Zaleucus, Platon & Cicéron parloient néanmoins à des peuples persuadés de l'immortalité de l'ame. Les Philosophes n'y ont point eu recours pour renforcer la morale, ni pour porter les hommes à la vertu. Confucius, quoique convaincu de la même vérité, puisqu'il recommande sans cesse le culte des ancêtres, n'en a point fait la base de ses leçons. Tous ces sages sont-ils répréhensibles ou non? Selon les Matérialistes, ils ont très-bien fait; Selon les Déistes, ils ont péché essentiellement; qui accordera nos adversaires?

En second lieu: L'objet direct de la mission de Moïse, n'étoit point d'enseigner les Loix morales que Dieu a gravées dans le cœur de tous les hommes; elles étoient connues des Hébreux par la raison & par la tradition de leurs peres; mais de leur donner des Loix nationnales, cérémonielles, civiles & politiques. Or, la sanction de ces sortes de Loix, ne peut & ne doit point porter directement sur les peines & les récompenses de l'autre vie: donc Moïse n'a point dû donner cette base à ses Loix.

Dieu lui-même avoit enseigné les Loix morales naturelles à Adam dès la création; il les avoit renouvellées à Noé après le déluge; elles ne s'étoient point perdues dans la race des Patriarches; on les voit très-clairement dans le livre de Job, aussi bien que dans la Genése. Mais il étoit à craindre qu'au milieu des Nations perverses dont les Hébreux alloient être environnés, ces Loix ne fussent bientôt altérées & méconnues. Il étoit donc de la sagesse divine de les rendre plus inviolables en les faisant mettre par écrit, en les insérant dans le décalogue & dans le code national des Hébreux; c'est ce qu'a fait Moïse. Par cette précaution, les Loix morales naturelles sont devenues partie des

Loix civiles & nationales des Juifs. Sous cet aspect, elles ont dû recevoir la même sanction que les autres Loix; sans déroger toutefois à la sanction primitive qu'elles ont reçue de Dieu depuis le commencement du monde; sanction qui ne se rapporte point à cette vie, mais à l'autre.

§. XXI.

J'ai dit que la sanction des Loix civiles & nationales ne doit point porter directement sur notre sort dans l'autre vie, parce que cela est impossible, mais sur notre destinée dans celle-ci; on le verra dans un moment.

Comment savons-nous que Dieu n'a point donné pour sanction aux Loix morales naturelles les peines & les récompenses de cette vie? parce que dans aucun tems, ni chez aucun peuple, la vertu n'a été constamment heureuse sur la terre, ni le vice infailliblement puni. Chez les Juifs au contraire, & en vertu de la Loi de Moïse, Dieu s'obligeoit par une Providence particuliere & extraordinaire, de rendre la nation heureuse & florissante tant qu'elle observeroit les Loix, & menaçoit de la punir lorsqu'elle s'en écarteroit. Tel est le sens de la Loi de l'Exode, dont nous avons parlé §. 6.

Mais que l'on y fasse bien attention. Cette sanction générale, applicable à la nation en corps, ne pouvoit avoir lieu à l'égard des particuliers. Dans le tems que la majeure part de la nation étoit la plus soumise aux Loix, & jouissoit du bonheur temporel, il ne laissoit pas d'y avoir dans son sein des particuliers vicieux, qui cachoient leurs crimes, & jouissoient tranquillement de la prospérité générale. Au contraire, lorsque le peuple en gros devenoit prévaricateur & provoquoit les fléaux du Ciel, il y avoit toujours un bon nombre d'Israélites craignans Dieu, exempts de la contagion générale, & qui se trouvoient néanmoins enveloppés dans des calamités dont Dieu enveloppoit son peuple. Tobie en est un illustre exemple. Il est donc clair que si ces particuliers n'avoient eu rien à craindre ni à espérer dans l'autre vie, les Loix morales auroient été sans force à leur égard.

Qu'a donc fait la Loi de Moïse ? elle a ajouté une nouvelle sanction aux Loix morales, confondues dans les Loix nationales des Hébreux, en assurant une prospérité temporelle à ce peuple lorsqu'il seroit fidele, en le menaçant des plus affreuses calamités, lorsqu'il secoueroit le joug. Mais encore une fois, ces promesses & ces menaces regardoient la nation en corps ; elles ne sont point applicables à chaque particulier ; il est impossible de leur donner cette extension. C'est ce que Tertullien soutenoit déja contre Marcion (*a*).

S'ensuit-il de-là que les Loix morales chez les Hébreux n'ont point eu d'autre sanction que les peines & les récompenses temporelles ? Il s'ensuit tout le contraire ; autrement elles n'en auroient eu aucune à l'égard des particuliers (*b*). Un Juif hypocrite auroit pu être méchant impunément, tant qu'il n'auroit violé aucune Loi pénale ; un Israélite vertueux seroit demeuré sans

---

(*a*) Adv. Marc. l. 2, c. 15.
(*b*) S. Aug. convient que l'ancien Testament renferme la promesse du royaume des Cieux, si l'on entend sous le nom d'*ancien Testament* toutes les écritures canoniques, écrites avant la venue de Jesus-Christ : *De gestis Pelagii*, c. 5, n. 15.

récompense, lorsque la nation auroit été malheureuse. Pour peu que Moïse ait eu de bon sens, il lui a été impossible de ne le pas voir. Quand on suppose que les Loix morales chez les Hébreux, n'avoient aucune relation à la vie future, c'est comme si l'on disoit qu'un homicide chez nous n'a rien à redouter dans l'autre vie, puisque nos Loix civiles ne le menacent que de la peine de mort.

Moïse n'est donc point répréhensible de n'avoir pas parlé plus expressément des peines & des récompenses de l'autre vie. Cela n'étoit pas nécessaire; les Hébreux n'en doutoient pas plus que les autres peuples. Cela n'étoit pas convenable; il établissoit un code général qui devoit décider du sort de la nation, & non de celui de chaque particulier. Cela eût été dangereux; un peuple aussi grossier que les Juifs, eût appliqué aux Loix cérémonielles, ce qui n'auroit dû s'entendre que des Loix morales; il auroit cru mériter les récompenses de l'autre vie en pratiquant des ablutions, ou encourir la damnation éternelle, en mangeant des viandes impures : voilà l'erreur à laquelle Moïse n'a pas voulu donner lieu. Enfin cela eût été pernicieux ; comme les Loix cérémonielles & civiles doivent être relatives aux divers climats, aux caracteres différens, aux besoins variés des peuples, il ne convient point à la sagesse Divine d'attacher le salut éternel dans tel pays, à une pratique qui conduiroit à la damnation éternelle dans un autre contrée de la terre. Zoroastre est tombé dans cette faute essentielle, nous l'avons remarqué en parlant de la religion des Perses ; Moïse plus sensé & mieux instruit l'a sagement évitée.

§. XXII.

De ces réflexions, il s'ensuit, 1.° que l'on a justement censuré cette proposition dans les theses d'un Théologien : « L'économie Mosaïque n'étoit fondée » que sur les peines & les récompenses » temporelles ». C'est une erreur. L'économie Mosaïque renfermoit les Loix morales naturelles, aussi bien que les Loix cérémonielles & civiles, temoin le décalogue ; or, l'auteur de la these reconnoît que la Loi naturelle a reçu de Dieu, depuis le commencement du monde, la sanction des peines & des récompenses éternelles (a). Il faudroit donc prouver que la nouvelle sanction Mosaïque a détruit & annullé la premiere; c'est ce qu'on ne démontrera jamais.

Pour défendre sa these, l'auteur a été forcé de soutenir que la Loi Mosaïque n'étoit qu'une constitution civile & politique, & non une religion, que la religion de Moïse & des Juifs étoit la religion naturelle des Patriarches. Vain subterfuge. Dans les Loix de Moïse, il ne faut pas séparer celles de la morale naturelle d'avec les autres, puisque ce Législateur les a étroitement unies; les unes & les autres composent *l'économie Mosaïque* ou *la religion des Juifs*, aussi bien que leur droit civil & politique. Il est absurde de ne pas nommer *religion* le culte & les pratiques par lesquels Dieu veut être honoré. Outre que la Vulgate a nommé *religio* plusieurs rites établis par Moïse, le précepte imposé aux Juifs d'aimer Dieu comme leur bienfaiteur spécial, ordonnoit certainement un acte de religion.

(a) Apol. de Prades, 2 Part. pag. 174.

En quoi consiste donc l'imperfection de la Loi Mosaïque, en comparaison de la Loi Chrétienne ; en quel sens peut-on dire avec S. Paul, que celle-ci a été *fondée sur de meilleures promesses ?* Nous répondons qu'elle l'emporte sur la premiere, 1.° parce qu'elle nous promet expressément & principalement les biens éternels, & que nous sommes assurés d'en jouir immédiatement après notre mort; espérance que ne pouvoient avoir les justes de l'ancienne Loi. 2°. Parce qu'elle nous en donne un gage assuré dans les mérites de son auteur, dans la résurrection & l'ascension de ce divin Sauveur. 3.° Parce que les vertus intérieures qu'elle nous prescrit plus clairement que l'ancienne, nous disposent plus efficacement à la vie éternelle. 4.° Parce que ses Sacremens nous donnent des graces intérieures pour remplir nos devoirs ; effet que ne pouvoit produire les rites de l'ancienne Loi.

S. Paul, parlant des justes qui ont succédé à Moïse, aussi bien que de ceux qui l'ont précédé, dit qu'ils envisageoient la récompense, qu'ils ont été éprouvés par la foi, mais qu'ils n'ont point

point reçu l'effet des promesses (*a*). Il y avoit donc pour eux des promesses d'une récompense éternelle, mais ils ne pouvoient en jouir qu'après l'ascension du Sauveur.

Il s'ensuit, 2.° que Warburthon & ses adversaires, ou ne se sont pas entendus, ou se sont également trompés. Si Warburthon a enseigné, comme on l'en accuse (*b*), que le Judaïsme n'étoit pas fondé sur la croyance d'une autre vie, il a été dans l'erreur, & il a suivi l'opinion des Sociniens. Si les adversaires ont soutenu contre lui, que la Loi Mosaïque proposoit formellement aux Juifs les peines & les récompenses éternelles, ils ont eu tort ; S. Paul enseigne le contraire. Autre chose est de dire qu'elle les supposoit, autre chose d'affirmer qu'elle les proposoit expressément. Elle les supposoit, puisque Dieu avoit donné cette sanction à la Loi naturelle dès la création, & que Moïse n'y a point dérogé, ni rien dit qui pût en affoiblir l'idée.

(*a*) Hebr. c. 11, ⅴ. 16, 39, 40.
(*b*) Dict. Philos. *Religion*. Quest. sur l'Encyclop. *Ame.*

Tome VI, L

Il y a donc ici différens écueils à éviter. 1.° Il ne faut pas séparer la Loi de Moïse de la Loi naturelle; ce Législateur a proposé clairement tous les préceptes de la morale naturelle dans le décalogue & ailleurs ; les Juifs en étoient donc mieux instruits qu'aucun autre peuple; ils étoient plus fortement engagés à les remplir par les peines & les récompenses temporelles proposées au corps de la nation, & il n'est pas vrai que les autres devoirs qui leur étoient imposés fussent capables de les détourner des devoirs naturels : c'est comme si l'on soutenoit que nous en sommes détournés nous-mêmes par nos Loix civiles. 2.° Il est faux que les peines & les récompenses temporelles aient été propres à étouffer dans les Juifs l'idée de celles de la vie à venir : ce défaut n'a eu lieu qu'à l'égard de quelques particuliers vicieux & charnels; il ne prouve pas plus que l'Epicuréisme de quelques Chrétiens pervers : les Saints Personnages de l'ancienne Loi n'y ont jamais été sujets; S. Paul au contraire nous fait admirer l'héroïsme de leur foi. 3.° La Loi Mosaïque étoit très-imparfaite en comparaison de l'Evangile ;

mais au siecle de Moïse, le genre humain n'étoit pas encore susceptible des idées spirituelles & des espérances sublimes que Dieu a daigné nous donner par son fils. Pour sentir le prix de la Loi Juive, il faut la comparer avec toutes les autres Législations anciennes; les vérités qu'elle enseigne, avec les erreurs dans lesquelles étoient plongés les autres peuples ; la police qu'elle établit , avec la barbarie qui régnoit par-tout ailleurs. Il y a de l'ingratitude de la part des Philosophes éclairés par l'Evangile, quoiqu'ils ne veulent pas l'avouer, à faire sonner bien haut l'imperfection de la Loi des Juifs ; que l'on parcoure tous les siecles & toutes les Nations, que l'on nous montre ailleurs un édifice construit avec autant de prévoyance & de sagesse. Les Loix de Moïse étoient-elles les plus convenables au génie de la nation & à ses besoins, eu égard au tems , aux circonstances, au climat, au degré de civilisation qui subsistoit alors chez tous les peuples ? Voilà la question de laquelle il ne faut pas sortir.

§. XXIII.

L'immortalité de l'ame, les peines & les récompenses de l'autre vie n'étoient pas enseignées dans les livres de Moïse aussi clairement aussi formellement que l'unité de Dieu, la création, la Providence divine; nous en convenons & nous tirons de-là une conséquence importante: c'est que, sous la Loi Mosaïque aussi bien que sous la Loi de nature, Dieu vouloit conserver la foi des dogmes non-seulement par l'écriture, mais par la tradition. Si l'écriture avoit été le seul moyen de perpétuer parmi les Juifs la doctrine révélée, Dieu leur auroit donné par Moïse un symbole plus ample & plus complet, il auroit fait écrire exactement tous les articles de la croyance des Patriarches. Mais Dieu n'a point changé de plan depuis le commencement du monde, il n'en changera jamais, parce que celui qu'il a suivi est le plus convenable à la nature de l'homme & au bien de la société. Pour donner au genre humain une religion, il n'a pas attendu que l'Ecriture fût inventée; c'est un moyen de conserver la tradition, mais ce n'est pas le seul, & il ne peut y suppléer parfaitement.

C'est principalement par les rites extérieurs que Dieu dans tous les tems a instruit les hommes; ces rites ne signifieroient rien, si les leçons de vive voix n'en exposoient le sens. Voilà pourquoi Dieu avoit ordonné aux Hébreux d'apprendre soigneusement à leurs enfans l'objet & le dessein des fêtes & des cérémonies qu'il instituoit, de la Pâque, de l'oblation des premiers-nés, de l'offrande des prémices, &c. (*a*). Tout cela étoit écrit; mais il ne falloit pas attendre qu'un Israélite sût lire, pour lui apprendre sa religion. Puisque la croyance doit être une des premieres leçons de l'éducation, il est ridicule de prétendre que la doctrine écrite est la seule regle de ce que l'on doit croire. Il s'ensuivroit que pendant plus de deux mille ans Dieu n'avoit pas assez pourvu à la foi du genre humain, & que depuis l'invention de l'écriture les instructions de vive voix sont devenues inutiles.

(*a*) Exode, c. 13, ℣. 8 & 15. Deut. c. 26, ℣. 3, &c.

L'unité de Dieu étoit attestée par le culte uniquement adressé à lui, & par la condamnation formelle de tout hommage offert à un autre ; sa Providence, par les sacrifices d'action de grace & de propitiation ; le péché de l'homme, par les victimes d'expiation & par des purifications continuelles; l'immortalité de l'ame, par les pompes funebres & par le respect pour les tombeaux, langage énergique dont Moïse avoit banni toute superstition. S'il avoit cru que ses livres fussent suffisans pour conserver parmi les Hébreux le souvenir des bienfaits du Seigneur & les sentimens de religion, pourquoi instituer tant de fêtes, d'usages, de cérémonies commémoratives? Il avoit tout écrit, mais il vouloit des leçons publiques, populaires, énergiques qui servissent d'interpretes & de supplément à ses livres.

Lorsqu'à la veille de sa mort, il invite les Hébreux à se rappeller continuellement la mémoire des faits sur lesquels leur religion étoit fondée, il ne leur dit point : *lisez mes livres*, mais *interrogez vos peres & ils vous diront la vérité ; consultez vos ancêtres & ils vous apprendront ce que le Seigneur a fait pour vous dans tous les tems* (*a*). C'est ainsi qu'il fait son testament, tel est l'héritage qu'il leur laisse. Si c'étoit là le moyen de conserver la croyance des faits, y en avoit-il un autre pour maintenir la foi des dogmes ? Des témoins auxquels on doit s'en rapporter, lorsqu'ils disent ce qu'ils ont vu, ne sont-ils plus croyables lorsqu'ils attestent ce qu'ils ont entendu & la doctrine qu'on leur a enseignée dès l'enfance ? Lorsque les Israélites sont devenus infideles & idolâtres, ce n'a pas été la faute de conserver leurs livres, mais faute de pratiquer exactement leurs rites ; la foi n'a jamais survécu à cette négligence.

Malgré l'attention que Moïse avoit eu de tout écrire, malgré les détails infinis dans lesquels il étoit entré, il comprenoit encore qu'il s'éleveroit des doutes sur l'application de ses Loix, sur la maniere de pratiquer les cérémonies, sur le sens de ses livres ; alors il renvoie aux Prêtres, pour terminer la contestation. « Vous vous transporterez, dit-il, dans le lieu que le Seigneur aura » choisi pour y faire exercer son culte ;

(*a*) Deut. c. 32, ✝. 7.

» vous interrogerez les Prêtres de la race
» de Lévi, & le Juge qui sera établi pour
» lors, & ils donneront une décision.
» Vous ferez tout ce que vous diront
» ceux qui président au culte du Sei-
» gneur, lorsqu'ils vous enseigneront
» sa Loi, vous ne vous écarterez en
» rien de leurs conseils. Un orgueilleux
» qui refusera d'obéir à l'ordre du Prê-
» tre & au decret du Juge, sera mis à
» mort ; vous ôterez ce scandale du mi-
» lieu de vous (*a*) ». Il est donc question
de savoir si l'enseignement des Prêtres
n'avoit pour objet que le sens des loix,
la pratique des rites, & non l'explication des dogmes. Puisque les rites sont
nécessairement relatifs aux dogmes, &
leur servent souvent d'interpretes, il est
impossible d'avoir l'autorité de régler les
rites, sans avoir celle de prononcer sur
la doctrine.

§. XXIV.

Nous n'avons pas besoin de nous in-
former si cette décision étoit infaillible
ou non ; il nous suffit de savoir que tout

(*a*) Deut. c. 17, ỳ. 8. & *suiv.*

Ifraélite étoit obligé de s'y foumettre, fous peine de mort, & qu'il n'avoit aucun droit d'en appeller au texte même de Moïfe & de la loi. Si les Juges eux-mêmes & les Prêtres devenoient prévaricateurs, Dieu fuppléoit à leur défaut, par des Prophetes qu'il avoit promis d'envoyer à fon peuple (*a*).

Lorfque les tribus, placées à l'Orient du Jourdain, retournerent chez elles après la conquête de la Paleftine, elles craignirent que ce fleuve ne mît une barriere entr'elles & leurs freres, & ne les fît bientôt regarder comme étrangeres. Leurs droits, leur fort, leur état étoient clairement fixés par les loix de Moïfe, n'importe; les chefs bâtirent un autel fur les bords du Jourdain pour fervir de témoin de la fociété civile & religieufe qu'ils prétendoient entretenir avec le peuple de Dieu. Les autres tribus, d'abord alarmées, fe calmerent lorfqu'elles furent le deffein de ce monument. Nous l'avons dreffé, difent ceux de Ruben & de Gad, pour attefter aux générations futures, que nous avons les mêmes droits & le même culte que vous, & que le

_____

(*a*) Deut. c. 18, ℣. 15.

L v

Seigneur est notre Dieu aussi bien que le vôtre (*a*). Ces hommes sensés comprirent qu'un monument exposé à tous les yeux, seroit un témoin encore plus éloquent que les livres de Moïse.

Depuis que l'écriture est devenue un art commun & le principal dépôt de nos connoissances, l'amour-propre a persuadé à plusieurs Savans que toute autre voie d'instruction étoit caduque, que la vérité ne se trouvoit plus que dans les livres, que tout ce qui n'est pas écrit ne mérite aucune foi : comme si l'écriture étoit autre chose que le témoignage d'un Ecrivain. Faux préjugé qui anéantiroit bientôt les livres mêmes, s'il étoit adopté dans la société & dans les Tribunaux, & qui est encore plus pernicieux dans la religion. C'est à la tradition orale, au témoignage des hommes, au langage muet des monumens, encore plus qu'à l'écriture, que sont attachés nos droits, nos intérêts les plus chers, nos devoirs & nos regles de conduite. Dieu n'a pas institué dans la religion une différente maniere de nous instruire & de nous conduire à la certitude. Y eût-il cent fois

___
(*a*) Josué, c. 22.

plus de livres, le laps des siecles, le changement des langues, la bisarrerie & l'opiniâtreté des hommes, ôteroient à l'écriture toute sa force & son autorité, si la tradition vivante ne marchoit à ses côtés pour lui servir de garant & d'interprête. L'écriture explique les usages, & les usages fixent le sens de l'écriture, de ce concert, résulte une certitude entiere. Si on les sépare, on affoiblit l'un & l'autre, on se retranche toute certitude & toute vérité. Nous aurons occasion de traiter ailleurs cette question avec plus de soin, & d'ajouter de nouvelles réflexions.

ARTICLE SECOND.

Des Loix cérémonielles établies par Moïse, ou du culte extérieur qu'il a prescrit.

§. I.

Nous avons prouvé ailleurs que le culte extérieur est indispensable, que sans lui aucune religion ne peut subsister, qu'il a servi plus que tout autre secours à tirer les peuples de leur état de stupidité ; c'est la premiere base sur laquelle ont été fondées toutes les inſtitutions ſociales (*a*). Ce principe confirmé par l'expérience de tous les ſiecles, étoit encore plus ſenſible dans les premiers âges du monde. Lorſque le langage encore très-imparfait, ſuffiſoit à peine pour exprimer les choſes de premier beſoin, les hommes étoient moins diſcoureurs qu'ils ne ſont aujourd'hui ; on parloit peu, on agiſſoit beaucoup, il falloit néceſſairement ſuppléer à l'indigence du langage, par des geſtes & par des rites ſignificatifs. Le religion, ſur-tout, deſtinée à inſtruire, à policer, à rendre ſociables les habitans de la terre, parloit moins à leurs oreilles qu'à leurs yeux : au lieu de diſcours elle employoit les cérémonies. Tous les peuples les ont multipliées ; c'étoit un langage de premiere néceſſité, & à portée des hommes les plus groſſiers. Les Égyptiens, qui paſſent pour une des premieres nations policées, ont été féconds à imaginer des ſignes éloquens ; chez eux tout étoit myſtere, hiéroglyphe, emblême, allégorie ; c'eſt dans ce langage ſingulier qu'ils ont exprimé toutes leurs connoiſſances & leurs

---

(*a*) Ci-deſſus, premiere Partie, c. 8, art. 1.

découvertes. Les peuples voisins & les Orientaux en général, n'ont pas eu moins de goût que les Egyptiens pour cette méthode, qui, aux yeux de certains critiques, paroît plus propre à tromper qu'à instruire.

Quelques Modernes qui jugeoient du génie des anciens par celui de notre siecle, ont cru que cette affectation étoit un artifice des Prêtres Eyptiens, que pour se donner plus de considération ils s'étoient appliqués exprès à couvrir de ténebres les dogmes religieux & les sources des connoissances humaines, qu'ils avoient cherché à éblouir le peuple, pour dominer plus despotiquement sur ses opinions. Ces grands critiques n'ont pas vu que cet artifice prétendu étoit plutôt l'ouvrage de la nécessité que celui de la réflexion, puisque tous les peuples anciens y ont eu recours. Il n'y a pas plus de fourberie dans ce procédé que dans celui d'un muet ou d'un bégue, qui tâche de suppléer au défaut de sa langue par les gestes & les contorsions. Ces mêmes censeurs exagerent l'imperfection de la langue des Hébreux qu'ils n'entendent point, & ils font un crime à Moïse d'y avoir suppléé par des leçons sensibles & palpables ; falloit-il donc qu'il rendît sa nation muette ou stupide ?

Les Hébreux qui avoient demeuré deux cents ans en Egypte, étoient accoutumés à l'appareil extérieur que les Egyptiens donnoient à toutes leurs institutions religieuses, civiles & politiques ; ils n'avoient pris que trop de goût pour les usages de leurs anciens maîtres, ils n'étoient pas moins portés à embrasser ceux des nations dont ils alloient être environnés. Moïse & les Prophetes le leur ont reproché cent fois. Ils avoient été idolâtres en Egypte, ils le furent dans le désert ; aucune superstition de leurs voisins qu'ils n'aient eu la fureur d'imiter. Quelle religion falloit-il donner à un peuple aussi esclave des sens & né avec un penchant aussi violent à la superstition ?

« Une religion chargée de beaucoup
» de pratiques, attache plus à elle qu'une
» autre qui l'est moins ; on tient beau-
» coup aux choses dont on est continuel-
» lement occupé : témoin l'obstination
» tenace des Juifs ». C'est la reflexion de Montesquieu (a). Il étoit nécessaire,

───────────────

(a) Esprit des Loix, l. 25, c. 2.

sans doute, d'attacher fortement les Juifs à leur religion; il falloit donc leur prescrire beaucoup de rites extérieurs.

§. II.

Parmi les pratiques dont les fausses religions abusoient, il y en avoit plusieurs d'innocentes qui avoient été employées par les Patriarches au culte du vrai Dieu, & dont les peuples aveugles avoient seulement perverti l'objet. Les fêtes, les assemblées publiques, les oblations, les sacrifices, les repas communs, les purifications, les onctions faites avec des huiles odoriférantes, les libations de liqueurs, le jeûne ou l'abstinence de certains alimens, les symboles de la présence Divine fixés à certains lieux, étoient des usages aussi anciens que le monde & universellement connus. Falloit-il ôter aux Juifs toutes ces leçons sensibles & analogues à leur génie, parce que l'on pouvoit en abuser, & que la plupart des peuples en altéroient le sens? Il falloit donc aussi leur interdire l'usage de la parole, parce que les fourbes s'en sont servis de tout tems pour tromper leurs semblables, pour les plonger dans l'erreur, pour leur fuggérer des crimes.

Retrancher tout ce qui peut être un fujet de fcandale, eft la réforme toujours goûtée par les ignorans ; il ne faut ni pénétration ni fagacité pour l'employer. Un fage Légiflateur agit avec plus de prudence ; il conferve ce qu'il y a d'utile, il n'écarte que les abus. Sans choquer de front les penchans de l'humanité, il tâche de les tourner au bien & de remplacer les erreurs épidémiques par des leçons fenfées & falutaires.

Lorfque nous entendons les Philofophes déclamer avec amertume contre la groffiéreté des anciens cultes, nous voudrions favoir quel eût été le leur, s'ils fuffent nés chez les Egyptiens, chez les Chaldéens, chez les Grecs, ou parmi les Chinois. Placés au fiecle de Moïfe, environnés d'erreurs & de ténebres, de mœurs abfurdes & barbares, de fuperftitions & d'atrocités, ils auroient, fans doute, percé au travers de cette nuit profonde, leur génie tranfcendant eût enfanté un chef-d'œuvre de politique & de légiflation. Ils auroient fait des Hébreux le peuple le plus fpirituel & le plus doux de l'univers. Des hommes fi peu crédules aux miracles doivent nous dispenser de croire celui-là sur leur parole.

Moïse qui connoissoit son peuple & ceux dont il étoit environné, qui possédoit l'Histoire des premiers tems, & les traditions de ses ancêtres, qui agissoit par des lumieres surnaturelles, a donné aux Hébreux les loix & la religion qu'ils étoient en état de supporter & de suivre; il s'est proportionné au génie de sa nation, & aux circonstances dans lesquelles il se trouvoit. Parmi les rites anciens & universels, il a retenu tous ceux qui étoient innocens, il les a tournés vers leur véritable objet; il a sévérement défendu toutes les pratiques vicieuses & absurdes; il a pris toutes les précautions possibles pour préserver les Juifs des erreurs & des abominations de leurs voisins: pouvoit-il faire mieux? Cette multitude de loix cérémonielles qu'il leur impose, n'a rien de ridicule ni d'arbitraire, toutes ont un rapport plus ou moins marqué aux idées & aux pratiques des anciens Orientaux; nous le verrons en détail. Regarderons-nous comme *superstitieux* des usages qui tendent à déraciner des superstitions généralement accréditées ? C'est le seul remede que l'on pût y apporter.

Dans cette question, qui pourroit nous mener fort loin, nous avons des écueils à éviter. Spencer, dans un savant ouvrage sur les loix cérémonielles des Hébreux, a soutenu, après le Chevalier Marsham, que la plupart étoient imitées des Egyptiens ; il a été réfuté par Witsius & par le P. Alexandre. (*a*). Nous ne suivrons point cette contestation, & nous tâcherons de garder un juste milieu (*b*).

Les Incrédules, selon leur louable coutume, ont fait contre Moïse deux reproches contradictoires. Les uns ont dit qu'il avoit tout emprunté des autres nations ; les autres le blâment d'avoir donné aux Hébreux des usages & des mœurs qui mettoient nécessairement de l'anti-

---

(*a*) V. Witsii Ægyptiaca. Alex. Dissert. 3 sur le quatrieme âge du monde. Mém. de l'Acad. des Inscript. tome 2, *in-*12, pag. 334, & tome 4, pag. 133.

(*b*) Dans la Philosophie de l'Histoire, dans les Questions sur l'Encyclopédie & ailleurs, un Philosophe affirme que les Juifs avoient emprunté des Egyptiens la circoncision, le bouc émissaire, la vache rousse & le serpent d'airain : il n'en donne aucune preuve.

pathie entr'eux & les autres peuples. L'une de ces accusations n'est pas mieux fondée que l'autre, & leur opposition suffit pour justifier Moïse; il n'a point affecté de copier les autres peuples, ni de les contredire sans motif. Il a consacré au culte du vrai Dieu la plupart des rites pratiqués par-tout l'univers, & qui sont plus anciens que l'idolatrie; il a proscrit les cérémonies absurdes, erronées, cruelles, superstitieuses; il a donné aux Hébreux des sauve-gardes pour les en préserver: c'est tout ce qu'on peut exiger du législateur le plus sage.

§. III.

Avant de le prouver en détail, il est bon de voir quelle idée générale les Livres saints nous donnent de cette multitude de loix cérémonielles imposées aux Juif, quelle valeur il avoit plu à Dieu d'y attacher. Avant l'adoration du veau d'or, Dieu ne leur avoit donné que les loix morales, renfermées dans le décalogue & quelques loix civiles; il ne leur avoit point prescrit d'autres cérémonies que la circoncision, le sabbat, la pâque, deux ou trois autres fêtes, l'oblation des prémices & quelques autres rites fort simples. La multitude des sacrifices différens, des purifications, des abstinences, des défenses minutieuses, ne leur fut imposée qu'après cette fatale idolatrie, comme un joug analogue à leur grossiéreté, comme un frein contre leur penchant incorrigible. Preuve assez claire que s'ils eussent été plus dociles, Dieu auroit moins chargé leur rituel, & leur eût laissé, à peu de choses près, le même cérémonial qui avoit été en usage parmi leurs peres.

Ce n'est point ici une vaine conjecture, Dieu s'en est formellement expliqué par Ezéchiel & par d'autres Prophetes. « Malgré les crimes dont les enfans
» d'Israël s'étoient rendus coupables en
» Egypte, je les ai tirés de la servitude,
» dit le Seigneur, pour que mon nom ne
» fût pas déshonoré parmi les nations;
» je les ai conduits dans le désert. Je leur
» ai imposé des préceptes & des loix qui
» donnent la vie à celui qui les observe.
» Je leur ai encore prescrit le sabbat pour
» servir de signe, entr'eux & moi, &
» les faire souvenir que je suis le Seigneur qui sanctifie mes serviteurs....
» Mais ils n'ont pas voulu les garder;

« ils m'ont irrité & outragé. … Ils ont
» encore adoré des idoles. Alors je leur
» ai imposé *des préceptes qui ne sont pas*
» *bons*, & des loix qui ne peuvent don-
» ner la vie ; je les ai déclarés souillés
» eux-mêmes & indignes de m'offrir
» leurs dons & leurs prémices (*a*) ».
Jérémie s'exprime à-peu-près de même.

Il est clair que le Prophete met une distinction sensible entre les premieres loix morales dont l'accomplissement auroit donné la vie, & les loix cérémonielles qui ne peuvent pas la donner, dont l'observation n'est point par elle-même un acte de vertu. Ces loix, souvent minutieuses, sont un effet de la condescendance du Seigneur pour la grossiéreté d'un peuple qui avoit besoin de ce joug pour être réprimé.

Un Philosophe a été très-scandalisé de ces préceptes *qui ne sont pas bons* ; il a cru qu'Ezéchiel parloit de toute la loi en général, & qu'il étoit en contradiction avec Moïse ; il ne l'a pas entendu, ou il a feint de ne pas l'entendre. Un autre, c'est Tindal, soutient que Dieu ne donna

_____

(*a*) Ezech. c. 22, ℣. 5 & *suiv*. Jérém. c. 7, ℣. 22.

des loix positives aux Juifs qu'après qu'ils y eurent consenti à Horeb, & non comme souverain maître de l'univers (*a*). Mais le Décalogue qui contient la loi morale, fut publié à Horeb, & Dieu avoit déja donné des loix aux Hébreux en Egypte.

Nous citerons d'autres passages lorsque nous traiterons la question de la durée de la loi cérémonielle.

Voilà pourquoi S. Paul nous représente les cérémonies de la loi ancienne, comme un culte imparfait, incapable de purifier l'ame (*b*), comme de simples élémens propres à instruire un peuple enfant, comme un joug destiné à punir les Juifs de leurs prévarications, & à leur en épargner de nouvelles: *Lex propter transgressiones posita est* (*c*). Il avoit puisé cette doctrine dans les Prophetes.

§. IV.

Telle est l'idée qu'ont eu du culte cérémoniel les Peres de l'Eglise, S. Justin,

---

(*a*) Traité sur la Tolérance, c. 13, pag. 133. Tindal, c. 9, pag. 100.
(*b*) Heb. c. 7, ℣. 18.
(*c*) Galat. c. 3, ℣. 19: c. 4, ℣. 3.

Origéne, Tertullien, S. Chryfoftôme, Théodoret, S. Cyrille & S. Epiphane; les deux plus favans Rabbins qui aient paru chez les Juifs, Maimonide & Abrabanel, ont été forcés de rendre le même hommage à la vérité (*a*). D'où il eft aifé de conclure que ce culte n'étoit établi que pour un tems, qu'il devoit abfolument ceffer à l'avénement du Meffie, lorfque les hommes, devenus moins groffiers, feroient fufceptibles d'un culte plus parfait : nous le prouverons en fon lieu.

Auffi Dieu n'avoit attaché pour récompenfe à ce culte extérieur que la félicité temporelle, & les Payens ne fe propofoient pas autre chofe dans le culte qu'ils rendoient à leurs Dieux; ils ne les envifageoient que comme diftributeurs des biens de ce monde : *Dii opum datores, Dii datores bonorum.* Nouveau trait de condefcendance de la part de Dieu, de prendre un peuple charnel par le motif auquel il étoit le plus fenfible. Sans cet appas, les Hébreux auroient couru en foule aux autels des Dieux qui paffoient

---

(*a*) V. Spencer, part. 3, l. 3, feconde Differt, c. 1o.

pour donner à leurs adorateurs la santé, l'abondance, la félicité temporelle. Les Prophetes nous atteftent que c'étoit là le plus puiffant des refforts qui pouffoient les Juifs à l'idolatrie (*a*).

Mais étoit-il indigne de Dieu d'établir un tel culte & de le fonder fur un pareil motif ? Selon le cours ordinaire de la Providence, il n'y avoit que trois partis à prendre avec les Hébreux ; il falloit ou les plonger dans l'athéifme, fi cependant cet excès de ftupidité eft poffible, ou les abandonner aux erreurs & aux abominations de l'idolatrie, & laiffer ainfi anéantir la notion du vrai Dieu fur la terre, ou leur donner une religion qui les ramenât fans ceffe au culte d'un feul Dieu, par les pratiques & les motifs pour lefquels ce peuple avoit le plus de penchant : voilà ce qu'a fait Moïfe. Il nous paroît que tous les Philofophes de l'univers raffemblés, n'auroient imaginé ni un plan plus fage, ni un expédient plus raifonnable. Telles font les réflexions que S. Auguftin oppofoit déja aux vaines clameurs des Mani-

---

(*a*) Jérémie, c. 44, ⅴ. 17 : Ofée, c. 2, ⅴ. 5.
chéens,

chéens (*a*), & qu'un Déiste Anglois n'a pu s'empêcher d'approuver (*b*).

Les Incrédules répondent que Dieu devoit plutôt changer l'esprit & le cœur de tous les Juifs. Pourquoi ? Selon eux, cela eût été mieux ; donc Dieu devoit le faire ; nous avons observé plus d'une fois que ce raisonnement est absurde. Il auroit été mieux qu'il n'y eût jamais eu d'idolâtres ni d'insensés sur la terre, il vaudroit mieux que l'on n'y eût jamais vu aucun crime ni aucune erreur, que Dieu eût créé des Anges pour habiter ce monde plutôt que des hommes. Il seroit mieux..... Où arrêterons-nous ? Il seroit mieux que les Incrédules fussent raisonnables & finissent d'accuser la Providence ; ce mieux dépend d'eux ; mais il n'est guere possible de l'espérer.

§. V.

De la Circoncision & du Sabbat.

Nous avons parlé de l'origine de la Circoncision dans l'Histoire d'Abraham.

(*a*) S. Aug. contrà Faustum, l. 21, c. 2.
(*b*) Morgan, tome 1, pag. 247, 248.

Tome VI.

Quand même elle auroit été pratiquée par les Egyptiens en certain tems, elle n'étoit pas moins le caractere distinctif du Judaïsme. On ne prouvera jamais qu'elle ait été en usage chez aucun peuple lorsqu'elle fut commandée à Abraham, ni même du tems de Moïse. Dans les derniers siecles les Grecs & les Romains ne l'ont reprochée qu'aux Juifs; Tacite reconnoît qu'ils l'observoient pour se distinguer des autres hommes : *Circumcidere genitalia instituere, ut diversitate noscantur.*

C'étoit le sceau de la promesse que Dieu avoit faite à Abraham de multiplier & de bénir sa race, une espece de profession de foi qui consacroit tous ses descendans au culte du vrai Dieu : *Vous circoncirez votre chair pour marque de l'alliance qui est entre vous & moi* (a). C'étoit la condamnation du culte obscene que les Egyptiens & d'autres peuples rendoient au Phallus ; trois considérations qu'il ne faut pas séparer. Ce rite étoit substitué aux lustrations & aux purifications que les Païens faisoient à leurs enfans nouveaux nés pour les vouer à

(a) Gen. c. 17, v̇. 12.

leurs Dieux, & servoit à en préserver les Juifs.

Le sabbat rappelloit la mémoire de la création (a). Par leur exactitude à célébrer ce jour, les Hébreux attestoient qu'ils adoroient un Dieu créateur. « Je » leur ai donné les jours du repos, dit » le Seigneur par Ezéchiel, pour servir » de signe entr'eux & moi, & pour leur » apprendre que je suis le Seigneur qui » les ai consacrés à mon culte (b) ». Les Juifs abjuroient ainsi le dogme absurde de l'éternité du monde, qui en faisoit prendre toutes les parties pour autant de Dieux différens. Le sabbat étoit encore ordonné pour faire souvenir les Juifs de leur délivrance miraculeuse de la servitude d'Egypte (c). Enfin pour procurer du repos aux esclaves, aux mercenaires, aux étrangers & aux animaux (d). C'étoit donc une leçon de religion, de reconnoissance envers Dieu, d'humanité envers les hommes. Si les Païens avoient mieux compris les raisons de cette insti-

---

(a) Exode, c. 20, ℣. 11.
(b) Ezéch. c. 20, ℣. 12.
(c) Deut. c. 5, ℣. 15.
(d) Exode, c. 23, ℣. 12. Deut. c. 5, ℣. 14.

tution, ils ne l'auroient pas tournée en ridicule; il seroit à souhaiter que nos Philosophes, qui pouvoient être mieux instruits, eussent été aussi plus circonspects.

Nous ne devons pas être étonnés de la rigueur avec laquelle le sabbat étoit commandé ni de la peine de mort attachée à la violation publique de cette loi (*a*). Elle tenoit au dogme fondamental de la religion Juive; la violer, étoit une espece d'apostasie; aussi est-elle presque toujours jointe à la défense de tout culte idolâtre; & lorsque les Juifs ont été infideles à l'une, ils n'ont jamais manqué d'enfreindre l'autre (*b*). L'importance du dogme de la création est sensible à quiconque sait raisonner.

C'est donc très-mal-à propos que les Païens, les Manichéens, & après eux les Incrédules, ont censuré ces deux pratiques; l'événement n'a que trop justifié Moïse d'avoir multiplié les précautions pour éloigner les Juifs de l'idolatrie.

Par-là on conçoit aisément la raison

_____

(*a*) Bible expliquée, pag. 175.
(*b*) Ezech. c. 20, v. 16 & 24 : c. 22, v. 8 & s : 1. Machab. c. 1, v. 44.

du respect qu'avoient les Juifs pour le nombre septénaire, que l'on a souvent taxé de superstition. Le septieme jour de la semaine devoit être consacré au repos; la septieme semaine de l'année ecclésiastique étoit marquée par la fête de la Pentecôte, ou de la publication de la Loi. Le septieme mois étoit plus remarquable qu'aucun autre par le nombre des fêtes, parce qu'alors les travaux de la campagne étoient finis. La septieme année ou l'année sabbatique, étoit destinée au repos de la terre, on ne la cultivoit point. Enfin après sept fois sept ans, ou la cinquantieme année, les Juifs devoient célébrer le Jubilé ou la rémission générale. Il est clair que ce calcul se rapportoit au même objet que la sanctification du septieme jour, qu'il n'y avoit dans tout cela aucune allusion superstitieuse, à moins que l'on ne soutienne que la maniere de compter par dixaines, dont nous nous servons, est aussi une superstition.

§. VI.

Du Tabernacle, du Temple, des Autels, des Instrumens du Culte Divin.

Dès que les peuples ont été réunis en corps de société, ils ont senti l'utilité des assemblées religieuses, la nécessité d'avoir un lieu destiné au culte public. Un instinct naturel les a portés à y réunir les symboles de la présence divine pour frapper les sens & l'imagination, pour inspirer le respect & la piété aux assistans. Point de nation, à moins qu'elle n'ait été sauvage & stupide, qui n'ait eu des Temples fixes ou portatifs, des Autels & des instrumens destinés au culte de la Divinité.

Déja un Philosophe cherche querelle au genre-humain sur ce point. « Les
» hommes, dit-il, ont banni la Divi-
» nité d'entr'eux; ils l'ont reléguée dans
» un sanctuaire; les murs d'un Temple
» bornent sa vue; elle n'existe point
» au-delà. Insensés que vous êtes, dé-
» truisez ces enceintes qui rétrécissent
» vos idées, élargissez Dieu: voyez le
» par-tout où il est, ou dites qu'il n'est

» point ». Mais comme il est d'usage qu'un Philosophe se réfute lui-même, il ajoute quelques lignes plus bas, que les jeunes gens veulent être pris par les sens, qu'il faut donc multiplier autour d'eux les signes indicatifs de la présence divine (*a*).

Voilà précisément pourquoi les peuples ont voulu avoir des Temples, c'étoit pour y multiplier les signes indicatifs de la présence divine qui n'est que trop oubliée par-tout ailleurs ; non-seulement les jeunes gens, mais tous les hommes veulent être pris par les sens. Il y a encore une autre raison. Le culte particulier est beaucoup plus exposé que le culte public à se corrompre, par les caprices, les erreurs, les passions des divers individus ; c'est ainsi qu'il a été perverti chez toutes les nations. Il falloit donc ôter aux particuliers la liberté d'y rien changer, en les assujettissant à un rituel fixe & constant, en les obligeant à le pratiquer en public, sous les yeux de surveillans instruits, pour l'exemple & l'édification de leurs freres.

Si les Payens ont été assez stupides

___

(*a*) Pensées Philos. n. 26.

pour se persuader que la Divinité n'existoit point au-delà des murs d'un temple, les Hébreux ne donnoient point dans cette erreur ; ils professoient hautement l'immensité de Dieu. » Peut-on croire, » Seigneur, disoit Salomon, que vous » daigniez habiter sur la terre : si toute » l'étendue des cieux ne peut vous con- » tenir, combien moins serez-vous ren- » fermé dans le temple que je vous ai » bâti? (*a*) »

Détruire les temples & les signes indicatifs de la présence divine, seroit le vrai moyen d'anéantir la religion & d'abrutir les hommes. M. Hume, après avoir médité sur l'impression que font sur nous les signes représentatifs, convient de leur utilité, sur-tout dans le culte divin (*b*). Cherchez, dit-il ailleurs, un peuple qui n'ait point de religion ; si vous le trouvez, soyez sûr qu'il ne differe pas beaucoup des bêtes brutes (*c*). » Rien n'est plus consolant » pour les hommes, dit Montesquieu, » qu'un lieu où ils trouvent la Divinité

(*a*) 3. Reg. c. 8. V. 27. Isaïe, c 6., V. 1.
(*b*) Cinquieme essai sur l'entend. humain, n. 2.
(*c*) Hist. nat. de la Religion, n. 15.

DE LA VRAIE RELIGION. 273

» plus préfente, & où, tous enfemble,
» ils font parler leur foibleffe & leur
» mifere..... les peuples qui n'ont point
» de temples, ont peu d'attachement
» pour leur religion (*a*) ». La raifon
en eft fort fimple; c'eft qu'alors ils n'ont
point d'exercices publics de religion.

§. VII.

L'on nous objectera peut-être que
l'ufage des temples a été blâmé, non-
feulement par les anciens Philofophes,
par Zénon, Héraclite, Lucien & Séne-
que, mais par les Apôtres & les Docteurs du Chriftianifme. S. Paul repré-
fente aux Athéniens que Dieu n'habite
point dans les temples bâtis par la main
des hommes (*b*). Origene, Arnobe,
Lactance, fe moquent des Payens qui
mettoient leurs Dieux à couvert pour
les défendre des injures de l'air; ils décident que le feul fanctuaire digne de
la Divinité, eft le cœur d'un homme de
bien.

Réponfe. S. Paul & nos Apologiftes

_____

(*a*) Efprit des Loix, l. 25, c. 3.
(*b*) Act. c. 17, ⅴ. 23.

M v

n'ont pas tort de blâmer les idées grossieres que les Payens avoient de la Divinité; ils croyoient, non-seulement que leurs Dieux avoient dans les temples une présence locale, mais qu'ils étoient renfermés dans les statues en vertu de leur consécration. Nous avons prouvé ce fait ailleurs (a). Puisque S. Paul alloit lui-même rendre ses hommages à Dieu dans le temple de Jérusalem, il n'a point voulu blâmer l'usage des temples en général. Quoique le cœur d'un homme de bien soit le sanctuaire le plus digne de la Divinité, il n'est pas moins nécessaire aux gens de bien de se rassembler pour lui rendre leurs hommages en commun, & s'édifier les uns les autres. Jesus-Christ a promis de demeurer avec son pere dans le cœur de celui qui garde ses commandemens; mais il a promis aussi de se trouver au milieu de deux ou trois personnes lorsqu'elles sont assemblées en son nom (b). Ces deux faveurs de la Divinité ne sont donc pas incompatibles? Dès les temps apostoliques, les

---

(a) 1. Part. c. 3, art. 5, §. 15.
(b) Joan. c. 14, ⅴ. 23. Matt. c. 18, ⅴ. 20.

fideles se sont rassemblés pour célébrer les saints mysteres dans un lieu consacré à cet usage, & qui a servi de modele à la construction des anciennes Basiliques (*a*).

Quand même, sous le Judaïsme, le peuple auroit été exposé à tomber dans la même erreur que les Payens, Moïse ne seroit pas encore blâmable d'avoir fait faire un tabernacle ou une tente pour assembler le peuple ; d'y avoir placé les signes indicatifs de la présence divine ; d'avoir defendu aux Juifs de faire leurs offrandes, & d'immoler des victimes ailleurs que dans le lieu qu'il plairoit à Dieu de choisir (*b*). Malgré les leçons les plus claires, les erreurs du peuple sont inévitables. Il étoit essentiel d'ôter aux Juifs la liberté que se donnoient les Payens d'arranger le culte de la Divinité selon leur caprice, d'imaginer que Dieu devoit trouver bon tout ce qu'il leur plaisoit de faire de plus absurde pour l'honorer.

Une idée folle du Paganisme, étoit de penser que le culte rendu à Dieu sur

---

(*a*) Apoc. c. 1, 4, 6.
(*b*) Levit. c. 17, ỳ. 4.

les hauteurs lui étoit plus agréable, parce que l'on y étoit plus près du ciel. Delà leur coutume de sacrifier sur les montagnes, & de dresser des autels fort élevés. Moïse défend ces superstitions. Dieu veut qu'on lui éleve seulement un autel de terre ou de gazon à la maniere des anciens Patriarches, & promet d'exaucer les vœux de son peuple partout où son nom sera invoqué (*a*). Il permet cependant d'élever un autel de pierres brutes & non taillées ; il ne veut pas que l'on y monte par des degrés : *ne reveletur turpitudo tua*. Par là il condamne les indécences que les Égyptiens commettoient souvent dans leurs temples, & la maniere obscène dont les femmes se présentoient devant le bœuf Apis.

C'étoit une coutume ordinaire de planter des arbres autour des autels & de sacrifier dans les bois ; leur ombre très-commode, dans un climat fort chaud, servoit souvent de voile à des désordres honteux ; Dieu défend cet usage aux Hébreux ; il ne veut pas que l'on plante des arbres autour de son

_____

(*a*) Exode, c. 20, ✝. 24.

autel : il faut que son culte soit pratiqué au grand jour, pour prévenir tout danger d'indécence.

Par ces différentes précautions, Moïse condamnoit plusieurs erreurs des Payens, savoir ; que Dieu entendoit mieux les prieres sur les hauteurs ; que certains Dieux présidoient, les uns aux champs, les autres aux forêts, les autres aux montagnes ; que les autels élevés dans les champs y procuroient la fertilité, &c. Nous retrouvons toutes ces vaines imaginations dans les anciens Auteurs.

Quant aux autels portatifs qui devoient servir dans le tabernacle, Moïse leur fit donner la même forme qu'on leur donnoit par-tout ailleurs ; il fit faire des cornes ou des ornemens relevés aux quatre coins ; cela ne tiroit à aucune conséquence : les autels des Grecs & des Romains sont ainsi représentés dans les anciens monumens.

Dieu voulut que tous les instrumens qui devoient servir à son culte fussent revêtus d'or, & artistement travaillés ; qu'ils fussent consacrés par une onction, pour inspirer plus de respect ; qu'il en fût de même des habits sacerdotaux, &c.

§. VIII.

Les Philosophes ont souvent exercé leur talent satyrique contre la pompe & la magnificence du culte divin, contre les dépenses qu'il entraîne, contre les richesses accumulées dans les temples, &c. Ils ont souvent répété le mot d'un Poëte : *Dicite Pontifices in templo quid facit aurum ?* Il semble, disent-ils, que la Divinité soit aussi sensible à l'éclat de l'or que les avares mortels ; ce préjugé n'est propre qu'à donner au peuple de fausses idées, à augmenter le prix qu'il met aux richesses, à lui persuader que l'on peut acheter le ciel à prix d'argent. L'on ne finit point sur ce lieu commun.

A ces belles maximes, il n'y a qu'un mot à répondre. Changez, Messieurs, si vous pouvez, la nature humaine ; trouvez dans l'univers une nation policée qui ait suivi vos idées. Je soutiens qu'elles sont absurdes. Il est nécessaire de donner aux hommes une haute idée de la majesté divine, & de rendre son culte respectable ; il est impossible d'y parvenir sans le secours d'une pompe extérieure. *Les hommes veulent être pris par le sens*, voilà le principe d'où il faut partir; réussira-t-on à les captiver, si l'on ne met sous leurs yeux les objets auxquels ils attachent beaucoup de prix? A moins qu'ils ne trouvent, dans la religion, la même magnificence qu'ils apperçoivent dans les cerémonies civiles; à moins qu'ils ne voient rendre à Dieu des hommages aussi pompeux que ceux que l'on rend aux Puissances de la terre, quelle idée se formeront-ils de la grandeur du Maître qu'ils adorent (*a*)? Par-tout où l'on verra des temples négligés, dépouillés, tristes & peu fréquentés, l'on jugera, ou que le peuple est excessivement pauvre, ou qu'il est très-peu religieux; & l'on jugera bien.

Selon l'Auteur de l'Esprit des Loix, lorsque le culte extérieur a une grande magnificence, cela nous flatte beaucoup, & nous donne beaucoup d'attachement pour la religion; les richesses des temples & du clergé nous affectent beaucoup : ainsi, la misere même des peuples est un motif qui les attache à cette reli-

---

(*a*) S. Thomas, l. 2.ˣ, quest. 102, art. 4.

gion qui a servi de prétexte à ceux qui ont causé leur misere (*a*).

Cette réflexion maligne porte à faux. Il n'a pas été nécessaire que la religion servît de prétexte pour obtenir du peuple de grands dons pour la pompe du culte extérieur; le peuple s'y porte de lui-même quand il le peut. Moins entêté que les Philosophes, il sent que la religion a besoin d'extérieur, ou plutôt qu'il a besoin lui-même de l'extérieur de la religion pour en exciter les sentimens dans son cœur. Il est faux que cette pompe cause la misere du peuple: lorsque l'on a pillé les Eglises & le Clergé, le peuple n'est pas devenu plus riche; ce n'est pas lui qui a profité de cette rapine. Cent millions de plus dans un royaume ne rendront pas le peuple plus heureux, tant qu'il sera écrasé par l'énorme disproportion des fortunes, par le faste des grands, par un luxe porté à son comble, &c.

Quand la magnificence du culte pourroit donner dans l'excès, il ne s'ensuivroit rien: quel est l'usage louable duquel on n'ait jamais abusé? Mais un

_____

(*a*) Esprit des Loix, l. 25, c. 2.

excès ne doit point être corrigé par l'excès contraire. Dans le fond, les Incrédules n'en veulent ni aux abus, ni aux excès, mais au culte même; dans l'impuissance de le détruire, ils voudroient au moins l'avilir. Vaine tentative : il durera autant que le genre humain. Egyptiens, Phéniciens, Hébreux, Chaldéens, Perses, Chinois, Indiens, Grecs, Romains, Américains, Négres, Lapons, tous les peuples en ont la même idée; le caprice de quelques Philosophes ne prévaudra pas au sens commun. Les Protestans eux-mêmes, revenus de leurs anciens préjugés, sentent les inconvéniens de la nudité à laquelle ils ont réduit le culte divin (*a*).

Un Déiste Anglois prétend que la dépense excessive du culte chez les Juifs les en dégoûta souvent, & les porta au culte des Dieux étrangers (*b*); mais il se réfute lui-même; il observe que les Hébreux avoient contracté, en Egypte, le goût, les mœurs, le tour d'esprit des

---

(*a*) Espion Chinois, tome 5, Lettre 43. Gazette Littéraire de Deux-Ponts, 1775, n. 22, art. I.

(*b*) Morgan, tome 1, pag. 29.

Egyptiens (*a*) : or, ce peuple mettoit de la somptuosité dans le culte.

§. IX.

En effet, pour construire le tabernacle, Moïse ne mit personne à contribution ; dès qu'il eut annoncé qu'il recevroit les offrandes volontaires, tous les Hébreux, hommes & femmes, apporterent ce qu'ils avoient de plus précieux ; il fallut faire publier par un crieur qu'il y avoit suffisamment, que de nouveaux dons seroient superflus (*b*). Dieu, par condescendance, daigna se prêter au goût de son peuple, sans cela, il eût été impossible de le détourner de l'Idolâtrie ; elle étoit séduisante par son appareil.

La plupart des nations renfermoient dans un coffret précieux les symboles de leur culte ; souvent c'étoient des puérilités ou des obscénités, telles que les figures du *Kteis* & du *Phallus*. Moïse fit faire de même une arche ou coffret revêtu de lames d'or ; mais il n'y renferma rien que les deux tables sur les-

---

(*a*) *Ibid.* pag. 247, 248.
(*b*) Exode, c. 35, ɴ. 5 ; c. 36, ɴ. 6.

quelles étoit gravé le Décalogue. Ce coffre fut nommé *l'Arche d'alliance*, parce qu'il contenoit le monument de l'alliance que Dieu avoit faite avec les Hébreux en leur donnant sa loi (*a*).

Cette arche étoit surmontée de deux figures ou statues nommées *Chérubins*, qui la couvroient de leurs aîles. Il seroit difficile de décider si c'étoient deux figures humaines, ou deux hiéroglyphes à la maniere des Egyptiens. Comme כרובים peut signifier simplement une figure, une image, une sculpture, on présume, sans aucune certitude, que c'étoient deux Anges. Avec leurs aîles, ils formoient sur l'arche, une espece de trône qui étoit regardé comme le siége de la Majesté Divine. Dieu qui avoit souvent répété aux Juifs que sa puissance & sa gloire remplissent le ciel & la terre, daignoit néanmoins frapper leur imagination par un signe visible de sa préfence dans le lieu où il vouloit recevoir leurs hommages.

(*a*) Dans une des Isles de la Mer du Sud, les Navigateurs ont trouvé une espece d'Arche d'alliance semblable à celle des Juifs; les Habitans l'appelloient *la maison de Dieu*. Voyage autour du monde, tome 3, pag. 6 & 7.

Par-là, il est clair qu'en défendant de faire aucunes figures d'hommes ni d'animaux *pour les adorer* (a), Dieu n'a voir pas prétendu exclure toute représentation, mais seulement toute image qui pourroit devenir un objet d'idolatrie. Jamais les Juifs n'ont pensé, comme les Payens, que les Chérubins de l'arche fussent des statues animées par la Divinité, en vertu de leur confécration. Pour plus grande sûreté, ces figures étoient cachées derriere le voile du sanctuaire; il n'étoit permis qu'au Grand-Prêtre d'entrer dans ce lieu saint une feule fois l'année, au jour de l'expiation folemnelle : il y alloit de sa vie, s'il y fût entré autrement.

§. X.

Un Philosophe moderne, qui s'est plû à chercher des difficultés où il n'y en a point, prétend que les Hébreux n'ont point adoré le vrai Dieu pendant leur féjour dans le défert. Il s'efforce de le prouver par ce paffage du prophete Amos: « Enfans d'Israel m'avez-vous

_____

(a) Exode, c. 20, v. 4. Levit. c. 26, v. 1.

» offert des dons & des sacrifices dans
» le désert pendant quarante ans ? Vous
» avec porté les tentes de votre Moloch
» & les images de votre Kiun, & les
» étoiles des Dieux que vous vous êtes
» faits (*a*) ». Les Septante, au lieu de
Kiun ont mis *Raphan*. S. Etienne, dans
les Actes des Apôtres, suit les Septante,
& dit : « Vous avez porté la tente de
» Moloch & l'étoile de votre Dieu Rem-
» pham, figures que vous avez faites
» pour les adorer (*b*) ». Sur ces preuves
le critique conclut que « dans le désert,
» pendant quarante années, les Juifs ne
» reconnurent que Moloch, Rempham
» & Kiun, qu'ils ne firent aucun sacri-
» fice, ne présenterent aucune offrande
» au Seigneur Adonaï qu'ils adorerent
» depuis, quoique Moïse ne parle pas
» de cette idolatrie (*c*) ».

Réponse. Lorsqu'un auteur veut étaler de l'érudition, il devroit savoir que l'interrogation ה du texte Hébreu em-

―――――――――――――――

(*a*) Amos, c. 5, ⋎. 25.
(*b*) Act. c. 7, ⋎. 42.
(*c*) Philos. de l'Hist. c. 5, pag. 18. Traité sur la Tolérance, c. 12, pag. 105. Quest. sur l'Encyclop. *Histoire*, pag. 43.

porte souvent négation & doit s'exprimer par *nonne*; il y en a plusieurs exemples (*a*). Μὴ dans les Ecrivains Grecs, a quelquefois la même signification, & il peut l'avoir dans les Septante & dans les Actes. Il faut donc traduire: *Ne m'avez-vous pas offert des sacrifices dans le désert ? & cependant vous avez porté les tentes*, &c. Ce qui précede détermine évidemment le sens. Dieu dit aux Juifs qu'il connoît tous leurs crimes, qu'ainsi il n'acceptera point leurs sacrifices (*b*). Pour le leur montrer par un exemple, il leur rappelle la conduite de leurs peres, qui, dans le désert, ont mêlé son culte avec celui des faux Dieux, culte abominable pour lors, puisqu'il étoit souillé par le crime. Si l'on traduit, comme notre Philosophe, on fait déraisonner le Prophete. Ce n'étoit donc pas la peine de nous donner cette fausse traduction comme *une grande difficulté*, & de la répéter dans deux ou trois brochures.

(*a*) V. Gen. c. 27, ℣. 38. Num. c. 20, ℣. 10. 2. Reg. c. 23, ℣. 17. Ezech. c. 20, ℣. 30. Jérémie, c. 31, ℣. 20.

(*b*) Amos, c. 5, ℣. 12, 21 & *suiv*.

Mal-à-propos il fait trois Dieux de Moloch, Rempham & Kiun. Selon les meilleurs interpretes, il n'eſt ici queſtion que de Saturne, aſtre & divinité; il étoit appellé Moloch par les Ammonites; Kiun par les Chananéens; Ræphan par les Egyptiens.

Il eſt faux que Moïſe ne parle point de cette idolatrie des Hébreux dans le déſert; il leur reproche d'avoir ſacrifié aux démons, à des dieux nouveaux que leurs peres n'avoient point révérés (a). On pourroit relever bien d'autres choſes dans la fauſſe érudition du critique Philoſophe, elle ne peut en impoſer qu'aux ignorans.

§. XI.

Des Prêtres & des Lévites.

Les mêmes motifs qui ont engagé toutes les nations policées à conſacrer certains lieux au culte divin, leur ont fait ſentir la néceſſité de deſtiner un nombre de Miniſtres à en exercer les fonctions. Si ce culte étoit abandonné à

_____

(a) Deut. c. 32, ℣. 16, & ſuiv.

l'ignorance & au caprice des particuliers, il y arriveroit bientôt de l'altération; l'on verroit promptement éclore les mêmes superstitions qui ont couvert si long-tems la face de la terre & qui regnent encore chez la plupart des peuples. En parlant du culte extérieur dans la premiere partie de notre ouvrage, nous avons fait voir qu'il intéresse tout à la fois la croyance, la morale, le repos de la société; il ne paroîtra donc jamais indifférent à un homme sensé. Il ne peut se corrompre sans influer sur les mœurs, une expérience constante ne l'a que trop bien démontré.

Il est donc nécessaire que dans chaque société il y ait une classe d'hommes attachés par état à prévenir ce malheur, qui réunissent l'étude du dogme & de la morale à l'exercice des fonctions sacrées, qui veillent à la conservation de ce dépôt, & en soient comptables au public. De même que chez toutes les nations où les arts, le commerce, les richesses ont enfanté nécessairement une multitude de loix, il a fallu en confier la garde à un corps de Magistrature; ainsi, chez un peuple nombreux, où les devoirs de religion sont fréquens & variés, il a fallu établir

établir un Clergé pour le service des autels.

Sous les Patriarches, lorsque la plupart des familles étoient encore Nomades, cette police n'étoit pas praticable; c'étoit le chef ou l'aîné qui faisoit les fonctions du culte divin; mais elles ne lui appartenoient pas exclusivement : Caïn, Abel, Isaac, Jacob, ont offert des sacrifices du vivant de leurs peres. Le culte ainsi livré à la discrétion des particuliers, ne pouvoit être uniforme, ni se conserver dans sa pureté; c'est une des raisons qui ont contribué à l'altérer insensiblement chez tous les peuples.

Les Egyptiens, dont on vante la sagesse en fait de politique & de législation, avoient confié aux Prêtres les devoirs les plus importans. « Ils étoient
» chargés des magistratures, de la con-
» servation des loix, des archives, du
» dépôt de l'histoire, de l'éducation
» publique, de la composition du calen-
» drier, des observations astronomi-
» ques, de l'arpentage des terres, du
» mesurage du Nil, de tout ce qui con-
» cernoit la médecine, la salubrité de
» l'air, les embaumemens; de sorte
» qu'en y comprenant leurs femmes &

« leurs enfans, ils faifoient peut-être la septieme ou la huitieme partie de la nation ». Le Philofophe de qui nous empruntons cette remarque, ajoute que des Prêtres faifoient ferment de défobéir au Roi, en cas qu'il leur ordonnât de porter une fentence injufte ; que les Egyptiens avoient fait fagement d'oppo-fer cette barriere au defpotifme (a).

§. XII.

Chez les Hébreux, les Prêtres étoient à-peu-près chargés des mêmes fonctions que chez les Egyptiens. Ils étoient dé-pofitaires des loix, des archives, de l'hiftoire de la nation, Moïfe les leur avoit confiées; ils devoient régler l'ordre des fêtes, par conféquent le calendrier; ils gardoient les titres du partage des divers cantons de la terre promife, & les généalogies fur lefquelles ce partage étoit fondé ; tout cela étoit renfermé dans les livres de Moïfe. En cas de doute fur le fens des loix, ils devoient en dé-cider, veiller aux purifications, aux

---

(a) Recherches Philof. fur les Egyp. tome 2, fect. 7, pag. 141, & fect. 9, pag. 291, 293.

abstinences, vérifier l'état des lépreux & des lieux infectés de contagion, autant de soins relatifs à la santé du peuple & à la salubrité de l'air. Il n'est donc pas étonnant que Moïse les eût distribués dans les différentes Tribus, ils étoient nécessaires par-tout. Selon l'histoire, ils se sont opposés plus d'une fois aux entreprises injustes & téméraires des Rois ; ceux-ci devinrent despotiques, lorsqu'ils se furent arrogé le droit de disposer du sacerdoce, & de dépouiller les Prêtres de leur autorité.

Nous avons donc peine à concevoir comment le sacerdoce, si utile chez les Egyptiens, pouvoit être inutile & pernicieux chez les Juifs ; comment on peut approuver la politique des premiers, & blâmer Moïse de l'avoir imitée. Si on veut considérer le degré de pouvoir & d'autorité du Collége des Pontifes chez les Romains, on verra qu'il étoit beaucoup plus absolu, & qu'il avoit plus d'influence dans les affaires qu'il n'en eut jamais chez les Juifs (a).

A ne juger du sacerdoce des Hébreux

(a) Coutumes des Romains, par Nieuport, l. 4, c. 2.

que selon les vues humaines, cet honneur ne devoit pas flatter beaucoup l'ambition; il étoit moins avantageux que chez les Egyptiens. La subsistance des Prêtres & des Lévites étoit très-mal assurée, lorsque le peuple étoit infidele à sa religion; ils étoient obligés de quitter leur demeure pour aller remplir leur ministere dans le tabernacle; pendant ce tems-là, il leur étoit défendu de rien boire qui pût enivrer, & de cohabiter avec leurs épouses: il y avoit peine de mort, s'il leur arrivoit d'entrer dans le Tabernacle sans être purifiés, ou sans leurs habits sacerdotaux, ou d'en sortir avant la fin de leurs fonctions, s'ils eussent osé mettre sur l'autel un feu étranger, ou entrer dans le sanctuaire. Nous passons sous silence plusieurs autres choses très-gênantes auxquelles ils étoient assujettis.

Peu importe de savoir si l'habit du Grand-Prêtre, la robe de lin, l'éphod, le pectoral, la thiare, la lame d'or sur le front, étoit le même que celui des Egyptiens, comme Spencer a voulu le prouver; tel qu'on le peint communément, il nous paroit très-majestueux, propre à inspirer du respect pour les fonctions de celui qui le portoit. Il en est de même de l'onction & des cérémonies ordonnées pour la consécration des Prêtres, du régime sévere qu'ils étoient obligés d'observer, des abstinences qui leur étoient imposées, de la décence qu'ils devoient garder, &c.

Selon les Philosophes, la plupart des fables & des abus qui s'étoient glissés dans la religion païenne étoient nés de la stupidité, de la superstition, ou de la fourberie des Prêtres; n'étant point réunis en un seul corps, chacun étoit le maître de publier les visions qui lui étoient survenues, & de les faire adopter par des particuliers ignorans & crédules. Moïse avoit pris de bonnes mesures pour prévenir ce danger parmi les siens. Le dogme & la morale étoient fixés; le cérémonial prescrit en détail, avec défenses séveres d'y ajouter ou d'en retrancher; dans l'exercice de leur ministere, les Prêtres n'étoient jamais sans témoins. Pour introduire de nouveaux dogmes ou de nouveaux usages, une collusion subite étoit impossible entre tant de particuliers dispersés, dont les familles avoient divers intérêts : le culte concentré dans un seul lieu, assujetti à des regles certaines, toujours pratiqué au grand jour, pouvoit difficilement s'altérer. Si le peuple s'eſt écarté ſouvent de ſa religion, le déſordre n'a jamais commencé par les Prêtres ; mais lorſque l'idolatrie, devenue épidémique, ne leur laiſſoit plus de fonctions ni de ſubſiſtance aſſurée, ils ont eu ſouvent la foibleſſe de ſuivre le torrent, & de prêter leur miniſtere aux prévaricateurs.

§. XIII.

Des Sacrifices, du choix des Victimes, &c.

Un inſtinct naturel & général a inſpiré aux hommes d'offrir à Dieu les dons qu'ils tenoient de ſa providence, & qui étoient deſtinés à leurs beſoins, par conſéquent les alimens dont ils ſe nourriſſoient. Avec un peu de réflexion, ils ont ſenti que la Divinité n'en avoit pas beſoin, puiſqu'ils faiſoient profeſſion de les avoir reçus de ſa main ; mais ils ont compris que la reconnoiſſance étoit une partie eſſentielle de leur culte ; ils ne pouvoient la témoigner à Dieu autrement qu'à leurs ſemblables : un de nos adverfaires a fait cette obfervation (*a*). Dans le fond, Dieu n'a pas plus befoin de nos vertus que de nos facrifices ; cependant, il nous commande la vertu (*b*).

Ils ont donc offert à Dieu non-feulement les plantes & les fruits de la terre, mais encore les animaux qui fervoient à leur fubfiftance : telle eft l'origine fimple & naturelle des facrifices fanglans. Un de nos adverfaires, qui fe croit très-inftruit, obferve doctement que « les peu- » ples doux n'ont jamais égorgé de vic- » times ; ces facrifices barbares & dé- » goûtans, dit-il, n'ont été en ufage que » chez les peuples groffiers & féroces, » qui croient plaire à Dieu en extermi- » nant les créatures (*c*) ». Il eft cependant certain que tous les peuples fans exception, dans tous les lieux & dans tous les temps, ont offert à Dieu la chair des animaux ; ils ne les ont pas tués pour le plaifir d'exterminer des créatures, mais pour fe nourrir ; & c'eft parce qu'ils en faifoient leur nourriture, qu'ils les ont offerts en facrifice. Porphyre, qui

---

(*a*) Lettres à Sophie ; onzieme Lettre, p. 146.
(*b*) S. Aug. *de Civ. Dei*, l. 10, c. 5.
(*c*) Tableau du Genre humain, pag. 15.

connoissoit mieux l'antiquité que les Incrédules modernes, assigne la même origine que nous à l'usage d'immoler des animaux (*a*).

Les Philosophes, qui veulent rafiner sur tout, & s'écarter toujours des idées vulgaires, sont allés chercher bien loin la source de cet usage. L'un d'entr'eux demande comment tant de nations de l'ancien & du nouveau continent ont pu se rencontrer dans une bisarrerie aussi opposée aux notions du sens commun que l'est celle d'égorger des animaux pour nourrir les Dieux. « Quelques-uns, dit-
» il, croient que l'immolation a com-
» mencé par les prisonniers faits à la
» guerre ; mais il est manifeste que les
» premiers peuples ont imaginé dans la
» nature des génies qui venoient goûter
» le sang, la chair, les entrailles ou la
» fumée des victimes que l'on brûloit ;
» & comme tous les premiers peuples
» ont été chasseurs, & ensuite bergers,
» il est naturel qu'ils aient plutôt nourri
» les Dieux avec de la chair qu'avec des
» fruits sauvages, que les *Manitous*

(*a*) Porphyre, de l'abstin. l. 2, n. 9, 25 ; 34, 58.

» pouvoient aller chercher eux-mêmes
» sur les arbres. Ceux qui quitterent la
» vie nomadique ou pastorale pour se
» faire laboureurs, commencerent bien-
» tôt par offrir les prémices de leurs
» champs, & par nourrir aussi les Dieux
» avec des grains : alors l'immolation
» des victimes auroit dû cesser ; mais
» elle ne cessa point, parce que les pre-
» mieres nations civilisées retinrent les
» pratiques religieuses de la vie sau-
» vage (*a*) ». Tindal avoit déja fait la
même observation (*b*).

§. XIV.

Aucune de ces réflexions ne nous
paroît juste. 1.° Nous ne concevons point
comment une notion, qui est venue naturellement à l'esprit de tous les peuples
anciens & modernes, barbares ou policés, peut être *opposée au sens commun*;
nous pensons que le sens commun n'est
autre chose que le penchant de tous les

(*a*) Recherches Philos. sur les Egypt. tome 2.°
sect. 8, pag. 266, 267.
(*b*) Christian. aussi ancien que le monde,
c. 8, pag. 79, 80.

hommes à porter le même jugement sur tel objet particulier ; mais le sens des Philosophes n'est rien moins que le sens commun. Il est très-conforme au bon sens de juger que nous ne pouvons témoigner à Dieu notre reconnoissance autrement qu'aux hommes : or, pour prouver à ceux-ci que nous sommes touchés de leurs bienfaits, nous leur faisons des dons, lors même que nous savons qu'ils n'en ont pas besoin. Un pauvre, un malheureux nourri, soulagé, protégé par un homme puissant, ne croit point faire une absurdité en lui offrant des fleurs, des fruits, ou du gibier : je sais, lui dit-il avec respect, que vous avez de toutes ces choses en abondance ; je vous prie néanmoins d'agréer ce présent de peu de valeur, en témoignage de ma reconnoissance, pour le bien que vous me faites. Tel étoit le langage de David :
« J'ai dit au Seigneur, vous êtes mon
» Dieu ; vous n'avez pas besoin de mes
» biens ; nous ne vous rendons que
» ce que nous avons reçu de votre
» main (a) ». Tel celui de Salomon, en parlant du Temple qu'il avoit bâti au

---

(a) Pf. 15, ⅴ. 2. 1. Paral. c. 29, ⅴ. 14.

Seigneur (*a*). Tel sera celui de tous les hommes, tant qu'ils auront le sens commun.

2.° Tous les Auteurs prophanes conviennent que les victimes sanglantes n'ont point été en usage avant l'oblation des fruits de la terre; ils pensent au contraire que les hommes ont commencé par celle-ci. L'histoire sainte nous apprend que des deux enfans d'Adam, l'aîné offroit à Dieu des fruits, parce qu'il étoit laboureur, & le cadet, les prémices ou le meilleur de ses troupeaux & leur graisse; il est incertain si *le meilleur & la graisse* ne signifient point la crême du laitage. Quand il faudroit l'entendre autrement, il s'ensuivroit toujours que la nature des sacrifices a été relative à la profession & à la subsistance de ceux qui les offroient.

Or, il n'est pas prouvé que tous les premiers peuples, sans exception, aient été chasseurs, & ensuite bergers, avant d'être cultivateurs; cela dépend de la nature du sol sur lequel ils se sont trouvés placés. Les peuples qui naissent ou qui arrivent dans un pays couvert de

---

(*a*) 2. Paral. c. 6, ℣. 18, 19.

forêts, commencent nécessairement par être chasseurs; ceux qui ont habité les plaines de la Mésopotamie, l'Egypte, la plus belle partie des Indes, ont commencé par se nourrir de fruits, parce que le sol leur en offroit un grand nombre sans culture; ils n'ont jamais été réduits à être bergers pour vivre, encore moins à être chasseurs.

3.° Le Philosophe suppose que le premier état des hommes a été la vie sauvage, & le polythéisme leur première religion; qu'ils ont admis d'abord cette multitude d'esprits, de génies, de *Manitous*, dont les sauvages ont l'imagination frappée. Nous avons prouvé le contraire; les premiers hommes ont connu & adoré un seul Dieu, en vertu de la révélation faite à notre premier père & à ses enfans. Tant que les peuples ont persévéré dans cette croyance primitive, il ne leur est point venu à l'esprit que Dieu, pur esprit, eût besoin d'être nourri par le sang, par la fumée, ou par l'odeur des victimes, ou par les fruits de la terre. Cette folle idée n'a été conçue que par des hommes abrutis, qui, en multipliant les Dieux, ont dégradé la Divinité, & lui ont attribué les passions, les vices, les besoins, les miseres de l'humanité.

Tindal, copiste des Manichéens, soutient le contraire. Il est dit dans la Genese que Dieu reçut en bonne odeur le sacrifice de Noé : *odoratus est Dominus odorem suavitatis* (*a*). Dans le Deutéronome, Moïse annonce aux Juifs qu'ils adoreront des Dieux de bois & de pierre, qui ne peuvent ni flairer, ni manger les victimes (*b*) : donc Moïse a supposé que Dieu en étoit capable. Cette croyance ridicule est sans doute venue des Prêtres qui y trouvoient leur compte; plus on offroit de sacrifices, mieux leur table étoit garnie (*c*).

Réponse. Voici les paroles que le Psalmiste fait prononcer à Dieu même : *Tous les animaux & les fruits de la terre sont à moi ; si j'avois faim, je n'aurois pas besoin de te le dire, l'univers entier & tout ce qu'il renferme m'appartient. La chair des taureaux & le sang des béliers seront-ils ma nourriture ? Offre à Dieu*

___

(*a*) Gen. c. 8, ℣. 21
(*b*) Deut. c. 4, ℣. 28.
(*c*) Tindal, c. 8, pag. 79, 80. S. Aug. *contrà Faustum*, l. 19, c. 4. Morgan, tome 1, p. 125.

un sacrifice de louanges ; rend-lui tes vœux & tes hommages ; invoque son secours dans tes peines ; je te délivrerai & tu m'honoreras (a). Les Prophetes ont répété la même chose.

Il n'y avoit point de Prêtres du tems d'Adam, & ses deux fils ont néanmoins offert des sacrifices ; il n'y en a point chez les sauvages, & ils font des offrandes à leurs Dieux. Les hommes n'ont-ils commencé à manger que quand il y a eu des Prêtres ?

Les sauvages mêmes, quelques stupides qu'on les suppose, n'imagineront jamais que les Manitous, assez puissans pour cueillir les fruits sur les arbres, n'aient pas autant de force ou d'adresse qu'un homme pour tuer du gibier ; qu'il est plus nécessaire de les nourrir de la chair des animaux que de fruits sauvages. Si les peuples, devenus agriculteurs, ont continué d'offrir aux Dieux l'un & l'autre, c'est parce qu'ils usoient de ces deux especes d'alimens, & non parce que c'étoit une pratique religieuse de la vie sauvage. Encore une fois, les hommes ont présenté à la Divinité, en tribut de recon-

---

(a) Pseaume 49, ⱽ. 10.

noissance, leur nourriture quelconque, parce que c'étoit le plus précieux de tous les biens, ou plutôt l'unique bien qu'ils possédassent.

4.° Les sacrifices de victimes humaines ne sont point une suite nécessaire de l'immolation des animaux, ce seroit plutôt un effet de la barbarie des peuples antropophages : dès qu'ils mangeoient des hommes, ils ont pu croire qu'ils devoient offrir cette nourriture à Dieu. Les sauvages ont tous été cruels & vindicatifs à l'excès ; ils ont attribué leurs vices aux Dieux qu'ils s'étoient forgés. Comme ils envisageoient leurs ennemis comme les ennemis de leurs Dieux, ils ont supposé que ceux-ci demandoient le sang des ennemis, parce qu'ils en étoient avides eux-mêmes. Il n'y a aucune liaison entre cette croyance insensée & la coutume innocente d'offrir à Dieu les alimens que nous tenons de sa libéralité ; il ne faut pas confondre les notions inspirées par la raison, avec les abus suggérés par la folie : la révélation étoit destinée à préserver les hommes de l'erreur, & non à la leur enseigner.

Un écrivain récent dit que l'on offrit à la Divinité le sang des animaux, quand on n'osa plus verser celui des hommes (a); il devoit commencer par prouver que l'on a immolé des hommes avant d'offrir des animaux.

§. XV.

De quelque maniere que se soient établies les coutumes absurdes & cruelles des peuples idolâtres, Moïse avoit pris toutes les précautions nécessaires pour en préserver son peuple; par la sagesse de ses leçons & de ses loix, les Juifs étoient hors de danger d'y tomber.

En confirmant la croyance primitive d'un seul Dieu créateur, tout-puissant, seul maître de la nature, distributeur de tous les biens, Moïse prêchoit assez hautement que Dieu n'a besoin ni de présens, ni de nourriture; les offrandes étoient donc seulement un témoignage de reconnoissance, & un hommage rendu à son souverain domaine. Excepté l'*holocauste* où la victime étoit entièrement consumée par le feu, & le sacrifice d'expiation, les viandes immolées dans les

---

(a) L'esprit des usages & des coutumes des différens peuples, tome 3, pag. 249.

autres sacrifices servoient à la nourriture de ceux qui les offroient, des Prêtres, des Lévites, des assistans. La dîme & les prémices étoient destinées à la subsistance non-seulement des Lévites, mais encore des pauvres, des veuves, des orphelins, des étrangers. Les Juifs n'ont jamais eu l'habitude d'immoler des hommes, comme ont fait la plupart des peuples anciens ; jamais ils n'ont dit à Dieu ce que disoient les Païens à leurs Divinités : *hanc animam vobis pro meliore damus.*

Cependant nos Philosophes ont trouvé bon de les en accuser, & de soutenir que cette barbarie étoit fondée sur le texte même de la loi. La philosophie de l'histoire, le traité sur la tolérance, les mélanges d'histoire & de littérature, le dictionnaire philosophique, l'examen important de Milord Bolingbroke, les questions sur l'encyclopédie, la bible expliquée, l'esprit du judaïsme, les recherches philosophiques sur les Américains, &c. ont donné la sanction à cette calomnie. Tindal la soutint en Angleterre il y a plus de quarante ans ; c'est de lui que nos savans écrivains l'ont empruntée ; pour en trouver la premiere source, il faut remonter jusqu'à Fauste le Manichéen (a). Il est donc décidé sans appel que les Juifs adoroient un Dieu antropophage (b).

Déja cette imposture a été réfutée plus d'une fois ; mais nos déclamateurs la répéteront tant qu'il y aura des dupes pour les croire ; nous sommes donc forcés de répéter aussi les preuves du contraire.

La loi de Moïse, loin de commander ou d'approuver ces sacrifices abominables, les a sévérement défendus. « Garde-toi, dit le Seigneur à son peu-
» ple, d'imiter les Chananéens & d'a-
» dopter leurs cérémonies, en disant :
» comme ces nations ont adoré leurs
» Dieux, ainsi j'adorerai à mon tour.
» Tu ne feras pas de même à l'égard de
» ton Dieu ; car elles ont fait pour ado-
» rer leurs Dieux des abominations que
» le Seigneur déteste, leur offrant leurs
» fils & leurs filles, & les brûlant dans
» les flammes. Tu ne feras pour le Sei-
» gneur que ce qu'il a ordonné ; tu n'y

―――――――――――――――

(a) Tindal, c. 8, p. 83 & suiv. S. Aug. contrà Faustum, l. 18, c. 2. Morgan, tome 1, pag. 130.
(b) Esprit du Judaïsme, c. 1, pag. 7.

ajouteras ni en retrancheras rien (*a*) ". La défense ne peut être plus formelle.

Il est évident que toutes les autres loix qui défendent aux Juifs d'immoler leurs enfans aux Dieux des nations, & les reproches des Prophetes sur ce sujet, ne condamnent pas seulement les victimes humaines lorsqu'elles sont offertes aux fausses Divinités, mais purement & simplement, parce que c'est une abomination que le Seigneur déteste. Jérémie dit que ce sont des choses que Dieu n'a point ordonnées, dont il n'a point parlé, & qui ne sont jamais montées dans son cœur (*b*). Dieu les réprouve donc, soit qu'on les commette pour l'honorer lui-même, soit pour rendre un culte aux fausses Divinités.

Il défend aux Juifs de se faire des blessures, de s'imprimer sur le corps des marques sanglantes (*c*); un Prophete tourne en dérision cette superstition des Païens (*d*); & l'on suppose que Dieu a ordonné de répandre le sang humain pour l'honorer.

___

(*a*) Deut. c. 12, ℣. 30.
(*b*) Jeremie, c. 19, ℣. 5.
(*c*) Levit. c. 19, ℣. 28.
(*d*) 3. Reg. c. 18, ℣. 28.

Isaïe compare les sacrifices des impies à ce qu'il y a de plus abominable. « Celui qui immole un bœuf, dit-il, c'est comme s'il tuoit un homme. Sacrifierai-je à Dieu, dit le Prophete Michée, mon premier né pour effacer mon crime, & le fruit de mes entrailles pour expier mon péché ? Homme aveugle, je t'apprendrai ce qui est bon & ce que le Seigneur demande de toi ; c'est de pratiquer la justice, la miséricorde, &c. (*a*) ». Tindal a voulu tirer avantage de ce passage même.

Lorsque Dieu eut commandé à Abraham de lui immoler Isaac, il ne permit pas que cet ordre fût exécuté, il arrêta le bras d'Abraham, & lui dit : J'ai voulu seulement mettre votre obéissance à l'épreuve. Moïse regle dans le plus grand détail ce qui concerne les sacrifices, & sur tout les choix des victimes, il ne fait point mention de victimes humaines ; au contraire, Dieu, après avoir déclaré que tous les premiers nés des hommes & des animaux sont à lui, ordonne que ces derniers lui soient immolés, si ce sont

───────────────────

(*a*) Isaïe, c. 66, ỳ. 3. Michée, c. 6, ỳ. 7.

des animaux purs, & que les aînés des familles soient rachetés. Dans toute l'histoire Juive il n'y a pas un seul exemple certain d'un sacrifice de sang humain, pendant qu'ils étoient si communs chez les autres peuples ; pourquoi sont-ils inouis chez les Juifs si la loi les ordonnoit ?

§. XVI.

Malgré l'évidence de ces preuves, nos Oracles du dix-huitieme siecle affirment que ces sacrifices sont clairement établis par la loi de ce détestable peuple, qu'il n'y a aucun point d'histoire mieux constaté. Le Lévitique, disent-ils, défend expressément, chap. 27, ℣. 29, de racheter ceux que l'on aura voués ; il dit ces propres paroles : *Il faut qu'ils meurent* ; donc la loi ordonnoit de les sacrifier.

Réponse. Au contraire, ce livre ordonne expressément de les racheter ; dans le ℣. 29, il n'est point question d'hommes voués au Seigneur.

Ce chap. 27 parle de trois sortes de vœux. 1.° Il est dit, ℣. 2 : Si un homme a voué *une ame* ou une personne au

Seigneur (a), *il paiera un prix*. Ce rachat est fixé selon l'âge de la personne; il est de cinq sicles pour un enfant, depuis l'âge d'un mois jusqu'à cinq ans, de vingt sicles, depuis cinq ans jusqu'à vingt, &c. Ce vœu est nommé נדר don ou oblation.

2.° Il est parlé, ℣. 14 & suiv. des maisons & des terres que l'on donne à Dieu par un vœu; il est encore permis de les racheter, & ce vœu est appellé קדש consécration.

3.° Dans les ℣. 28 & 29, il est question d'un autre engagement nommé חרם anathême, exécration, serment de détruire. Les versions disent : Tout ce qu'un possesseur a voué à l'anathême, soit homme, soit animal, soit piece de terre, sera consacré au Seigneur, ne pourra être racheté, mais sera mis à mort. C'est là dessus que nos adversaires argumentent.

Nous soutenons que ce n'est point là le sens du texte. 1.° Il est absurde de lui faire dire qu'un champ, ou le fruit d'un champ, sera mis à mort. 2.° Il y auroit contradiction entre cette loi; celle du

───────────────

(a) *Animam suam* ne signifie point *sa propre personne*, mais une personne qui est à lui.

☧. 2 où il est dit que toute personne vouée au Seigneur sera rachetée, & celle du Deutéronome, chap. 12, ☧. 30 que nous avons citée. 3.° La préposition מן signifie souvent *hormis, excepté* (*a*), c'est le sens qu'elle doit avoir, ☧. 28. 4.° Le mot חרם est constamment employé dans l'Ecriture pour signifier l'anathême prononcé & exécuté contre les ennemis de l'Etat; il y auroit eu de la folie à un homme de prononcer cet anathême contre une personne, un animal, un champ qui lui appartenoient, pendant qu'il pouvoit en faire au Seigneur un don ou une oblation.

On doit donc traduire littéralement : « Tout anathême qu'un homme aura « juré au Seigneur *hors* de ce qu'il pos- « sede, en hommes, en animaux, en « terres qui lui appartiennent, ne sera « ni vendu, ni racheté ; parce que tout « anathême est sacré devant le Seigneur. « Tout anathême ainsi juré ne sera « point racheté, mais mis à mort ». Par ces différentes loix, Dieu permettoit à un homme de racheter ce qu'il

―――――――――――――――

(*a*) On peut en voir des exemples dans Glassius, Philolog. sacra, pag. 1158, 1166. Et Rép. critiq. de M. Bullet, tome 3, pag. 104.

avoit voué & qui lui appartenoit, mais non de racheter ce qui étoit aux ennemis & ne lui appartenoit pas. En vertu de l'anathême, il fut défendu de rien réferver du fac de Jérico, & de l'expédition contre les Amalécites.

Mais une deftruction vouée par ferment étoit-elle un facrifice ? Nous difons en François, *immoler* un criminel à la sûreté publique, rendre un innocent *victime* de la faute d'autrui, faire à la patrie le *facrifice* de fa vie ; dira-t-on que ce font-là des facrifices de fang humain ? Un célebre calomniateur des Juifs dit, que demander s'ils facrifioient des hommes à la Divinité, c'eft une queftion de nom. En effet, quand on donne aux chofes tel nom que l'on veut, il eft aifé de prouver que le blanc eft noir. En appellant les meurtres, les expéditions militaires, les exécutions de coupables, les vœux, *des facrifices*, notre Philofophe en trouve par-tout (a). Lorfque, dans le fac des Madianites, les Juifs réfervent trente-deux perfonnes pour le fervice du Seigneur, ou du tabernacle & de fes miniftres, c'eft u

___

(a) Queft. fur l'Encyclop. *Jephté*, *Juifs*. *facrifice*

DE LA VRAIE RELIGION. 313
sacrifice. Si Josué fait attacher au gibet cinq Rois des Chananéens, c'en est un autre. Quand Saül veut mettre à mort son fils Jonathas, pour avoir violé une défense, il veut *immoler* un homme au Seigneur. Lorsque Samuël fait mourir Agag pour le punir de ses cruautés, c'est un sacrifice dans les formes; il n'y manque rien de ce qu'il faut pour un offrande de chair humaine : de là on conclut que les Juifs étoient *un peuple détestable*. C'est la calomnie qui est détestable, sur-tout quand elle est dictée par l'irréligion. Tindal & Morgan avoient écrit toutes ces inepties; nos Savans Critiques les répètent sur leur parole.

§. XVII.

Mais le vœu de Jephté forme une vraie difficulté. Selon nos adversaires (*a*), il est évident, par le texte du livre des Juges, que Jephté promit de sacrifier *la premiere personne* qui sortiroit de sa

---

(*a*) Dict. Philos. & Quest. sur l'Encyclop. *Jephté*. Bible expliquée, pag. 251 & *suiv*. L'Esprit du Judaïsme, c. 3, pag. 63. Tableau des Saints, c. 2.

Tome VI.   Q

maison pour venir au-devant de lui; premiere fausseté. Le texte dit, *la premiere chose*, & non la premiere personne. Jephté, ajoutent-ils, voua sa fille en holocauste, & il l'immola; seconde fausseté. Il n'est question, dans le texte, ni d'holocauste, ni d'immolation, ni d'anathême; il est dit: *j'en ferai une oblation au Seigneur* : עולה signifie aussi-bien une simple oblation qu'un holocauste. Il n'est pas dit que Jephté *immola* sa fille, mais qu'il fit ce qu'il avoit voué. Il lui permit, continuent nos Censeurs, d'aller pleurer sur les montagnes le malheur de *mourir* vierge; troisieme fausseté. Selon le texte, il lui permit d'aller pleurer sa virginité, & non sa mort. Pas un mot ne nous force à juger que la fille de Jephté ait été immolée ou mise à mort (*a*).

Encore une fois, il n'est pas ici question d'un חרם, d'un anathême, le texte n'en parle point.

Par la maniere dont les expressions de l'Auteur sacré sont ménagées; par les loix du Lévitique & du Deutéro-

_____

(*a*) Judic. c. 11.

nome que nous avons citées ; par la retenue de l'Historien, qui ne loue ni ne blâme l'action de Jephté ; par l'éloge que fait de lui S. Paul dans l'Epître aux Hébreux, nous sommes fondés à juger que sa fille fut vouée au service du tabernacle comme les trente deux personnes réservées du sac des Madianites ; comme les Gabaonites qui furent destinés par Josué à couper & à porter du bois pour les sacrifices ; comme Samuël, qui fut voué par sa mere au service du Seigneur, quoiqu'il ne fût pas de la tribu de Lévi.

Si des Commentateurs Juifs ou Chrétiens, si des Peres de l'Eglise ont pensé autrement ; si les uns ont loué Jephté pendant que les autres l'ont condamné, leur opinion ne fait pas loi. Nous disons comme le Dictionnaire Philosophique, mais avec plus de sincérité : *Je m'en tiens au texte.* Jephté n'offrit point sa fille en holocauste, & il ne l'immola point, puisque le texte ne le dit point.

Il dit assez clairement le contraire ; Jephté accomplit, à l'égard de sa fille, le vœu qu'il avoit fait ; c'est pourquoi elle n'avoit commerce à aucun homme ;

tel est le sens de l'Hébreu (*a*). Si elle avoit été immolée, ces mots, *c'est pourquoi*, seroient absurdes.

Cependant, l'Auteur des Questions sur l'Encyclopédie traite de fripons qui falsifient l'écriture, ceux qui soutiennent que la fille de Jephté ne fut pas immolée ; ce sont, selon lui, d'impudens falsificateurs (*b*). Nous avons vu sur qui doit retomber ce reproche indécent & brutal.

Il est dit que les filles d'Israël s'assembloient tous les ans, pour pleurer la fille de Jephté pendant quatre jours ; pleure-t-on une fille pour avoir été consacrée ? Oui, on la pleure chez un peuple qui regardoit la virginité perpétuelle comme un opprobre ou comme un malheur ; notre critique le reconnoît lui-même.

Mais Dom Calmet soutient que Jephté immola sa fille ; Josephe dit la même chose ; ajoutons encore, si l'on veut, le Paraphraste Chaldéen. Ces trois

---

(*a*) Réponses Critiques, par M. Bullet, tome 1, pag. 206.
(*b*) Quest. sur l'Encyclop. *Jephté*, *Juifs*, pag. 263.

Auteurs ont-ils été témoins oculaires du fait, & leur autorité est-elle d'un assez grand poids pour nous subjuguer ? Si les sacrifices de victimes humaines eussent été permis ou commandés par la loi, il seroit fort étonnant que l'on ne pût en citer que ce seul exemple dans un espace de 1500 ans. Mais la loi les défendoit; & quand Jephté l'auroit violée, sa faute ne suffiroit pas pour anéantir la loi, ni pour fournir aux Incrédules un juste sujet de calomnier la religion des Juifs.

§. XVIII.

Les victimes désignées par Moïse, pour les sacrifices, étoient les animaux domestiques les plus communs, dont la chair est la plus saine; & dont on fait le plus d'usage, les bœufs, les moutons, les chevreaux, les pigeons. Le pain, le vin, le sel qu'on y joignoit, sont des alimens ordinaires. Si, dès le commencement du monde, on a distingué des animaux purs & impurs, l'on a entendu, par les premiers, ceux dont la chair étoit une nourriture saine & agréable; par les seconds, ceux dont la chair étoit malfaine ou d'un mauvais goût. On a conclu qu'il étoit convenable d'offrir à Dieu les premiers préférablement aux autres, parce que les offrandes étoient toujours relatives à la nourriture des hommes. Jusques-là il n'y avoit point de superstition.

Lorsque l'Idolatrie eut tourné toutes les têtes, les Payens rafinerent sur cette distinction. Ils crurent que leurs Dieux aimoient certains animaux par sympathie de caractere, ou par d'autres raisons frivoles; qu'ils en haïssoient d'autres; qu'ils se logeoient dans le corps des premiers; qu'ils en prenoient quelquefois la figure; qu'ils s'en servoient pour faire connoître leurs volontés. De-là les différentes especes de divination par le moyen des animaux, la consécration de plusieurs, toutes les idées folles des Egyptiens & des autres peuples. On immoloit certains animaux comme une offrande agréable à tel Dieu; on en sacrifioit d'autres comme une victime de haine ou de vengeance; ainsi on tuoit les pourceaux à l'honneur de Cérès, parce qu'ils endommagent les moissons; les boucs, en faveur de Bacchus, parce qu'ils broutent la vigne, &c.

Moïse supprime toutes ces imaginations. Il n'admet entre les animaux que la distinction primitive, & il les désigne par des caracteres aisés à reconnoître. Il écarte des autels la plupart des animaux auxquels les Païens rendoient un culte; ceux dont ils faisoient le plus d'usage dans les sacrifices, tels que le pourceau, & ceux auxquels ils attribuoient une vertu particuliere. Par les détails dans lesquels est entré l'Auteur des Recherches Philosophiques sur les Egyptiens & les Chinois, il est clair que la plupart des animaux défendus aux Juifs étoient révérés en Egypte, & que les Egyptiens avoient horreur de tuer plusieurs de ceux que les Juifs offroient pour victimes (*a*). Ainsi Moïse suit constamment le même plan, de conserver les usages anciens, utiles, louables, d'abolir toutes les pratiques vaines & superstitieuses, sur-tout les préjugés des Egyptiens.

Il défend de manger le sang des animaux, il veut qu'on le répande sur la terre (*b*); il défend de manger la victime

---

(*a*) Recherches philos. tome 2, sect. 7, p. 135.
(*b*) Deut. c. 12, ⅴ. 16.

sur le sang ou avec le sang (*a*). C'étoit une abstinence déja prescrite aux Patriarches (*b*). Les Païens, au contraire, avoient coutume de boire une partie du sang des victimes, & de manger les restes du sacrifice sur le sang répandu; ils croyoient que les Mânes s'abreuvoient de ce même sang, que c'étoit la nourriture des Dieux, &c. Moïse réprouve toutes ces erreurs. Il défend, sous peine de la vie, d'immoler un animal ailleurs qu'à l'entrée du Tabernacle, & sans l'avoir offert au Seigneur; c'est qu'il ne veut pas que les Hébreux immolent leurs victimes aux Démons & aux Dieux des Païens avec lesquels ils se sont souillés (*c*): il leur ôte ainsi toute occasion d'idolatrie.

On dira, peut-être, avec les Manichéens, que Moïse donne une assez mauvaise raison de sa défense, lorsqu'il ajoute que *l'ame ou la vie de l'animal est dans le sang* (*d*). Mais si l'on veut

---

(*a*) Levit. c. 19, v. 26.
(*b*) Gen. c. 9, v. 4.
(*c*) Levit. c. 17, v. 7.
(*d*) Levit. c. 17, v. 11 & 14. S. Aug. contra Adimantum, c. 12.

comparer cette loi avec celle qui eſt impoſée à Noé après le déluge, de s'abſtenir du ſang, on verra qu'elle avoit encore pour objet de détourner les Juifs du meurtre, & de leur inſpirer de l'horreur pour l'effuſion du ſang en général, puiſque dans la Geneſe elle eſt jointe à la défenſe de répandre le ſang humain. Moïſe veut que l'effuſion du ſang, même des animaux, ſe faſſe en public, avec des cérémonies, qu'elle ſoit cenſée un acte de religion. Un peuple, frappé de cette idée, ne pouvoit ſe familiariſer aiſément avec l'homicide. Il eſt vrai, dans un ſens, que la vie des animaux eſt dans le ſang, puiſqu'aucun animal ne peut vivre lorſqu'il eſt privé de ſang. Il n'étoit pas queſtion de faire une diſſertation phyſique ſur le premier principe de la vie, mais de donner aux Hébreux une raiſon ſenſible, frappante, analogue à leur portée pour les détourner du meurtre & de l'idolatrie.

§. XIX.

Chez les Païens le miel étoit offert à Bacchus ; on garniſſoit de miel la plupart des victimes ; on faiſoit des libations de vin, de lait & de miel à l'honneur des morts & des Dieux infernaux, on croyoit que les douceurs étoient agréables aux Dieux. Moïse fait main-basse sur toutes ces visions, en défendant d'offrir du miel dans les sacrifices (*a*). Une autre usage superstitieux des Zabiens, étoit de faire cuire un chevreau dans le lait de sa mere, de faire avec ce lait des aspersions sur les champs & les jardins après la récolte, pour leur procurer une nouvelle fécondité. Nous retrouvons ce rite chez les Romains. Moïse l'interdit, & défend de faire cuire un chevreau dans le lait de sa mere (*b*). Mieux on connoît les mœurs, les idées, les usages, les superstitions des peuples anciens, plus on sent la sagesse & la nécessité des loix de Moïse.

Il ne nous est pas possible d'entrer dans un long détail sur les divers sacrifices ordonnés par la loi. Les uns étoient ordinaires & journaliers, tels que l'holocauste dans lequel toute la victime étoit consumée par le feu, pour reconnoître le souverain domaine de Dieu sur toutes

---

(*a*) Levit c. 2, ✝. 11.
(*b*) Exode, c. 23, ✝. 19.

choses; les victimes pour le péché ou sacrifices d'expiation; les victimes pacifiques, qui avoient pour objet de remercier Dieu de ses bienfaits, de lui en demander de nouveaux, ou de confirmer des alliances. D'autres extraordinaires qui n'étoient offerts qu'une fois l'année; ainsi la pâque étoit instituée en mémoire de la sortie d'Egypte, le sacrifice de la vache rousse, pour expier les péchés du peuple; la cérémonie du bouc émissaire qui étoit lâché dans le désert comme chargé des iniquités de la nation.

Il se peut faire que ces rites, ou d'autres semblables, aient été pratiqués par les nations voisines des Hébreux à l'honneur de leurs fausses Divinités; mais Moïse avoit pris toutes les précautions possibles pour faire sentir que les cérémonies Juives avoient Dieu seul pour objet. Certains critiques, très-mal instruits, ont cru que tout cela étoit imité des Egyptiens: les anciens, mieux informés, pensoient au contraire que Moïse avoit affecté de contredire les Egyptiens dans le choix des victimes: Manéthon lui fait ce reproche, & Tacite en a jugé de même. Le Philosophe qui a écrit que le sacrifice de la vache rouſſe étoit uſité en Egypte, avançoit ce fait au haſard; d'autres nous apprennent que jamais les Egyptiens n'ont immolé de vaches; que c'eſt celui de tous les animaux pour lequel ils avoient le plus de vénération, & qu'il étoit conſacré à Iſis. On ſait auſſi que le bouc étoit religieuſement honoré à Mendès.

§. XX.

Des Fêtes & des Aſſemblées.

C'eſt par les fêtes & les aſſemblées religieuſes que tous les peuples ont commencé à diſtinguer les temps & à mettre de l'ordre dans la ſociété. Ils ſe raſſembloient ordinairement à chaque nouvelle lune, pour rendre en commun leurs hommages à la Divinité, pour convenir entr'eux des divers travaux qui devoient les occuper ſelon les différentes ſaiſons, pour demander les bénédictions du Ciel ſur l'agriculture. Moïſe atteſte que cet uſage eſt auſſi ancien que le monde, en faiſant remarquer que Dieu a placé dans le Ciel le ſoleil & la lune, pour diſtinguer les temps, les jours, les mois, les années (*a*). L'hébreu מועדים *les temps*, exprime les jours d'assemblée. Dans le même sens, le Psalmiste dit que Dieu a fait la lune pour indiquer les temps ou les assemblées (*b*). Les devoirs de religion, les sacrifices & les prieres finissoient ordinairement par un repas commun, symbole de fraternité. Les Historiens, même prophanes, ont observé que ces assemblées fréquentes ont contribué plus que toute autre chose à tirer les nations de la barbarie, & à former entr'elles les premiers liens de société ; nous l'avons prouvé ailleurs : elles sont en usage chez tous les peuples policés ; ceux qui ne les connoissent point, demeurent sauvages & barbares.

L'Auteur de l'antiquité dévoilée par ses usages, a donné dans un travers singulier, en soutenant que c'est la tristesse & le souvenir des révolutions du monde qui ont commencé à réunir les hommes aux pieds des autels, qu'ils se rassembloient pour pleurer le déluge universel, & se rassurer contre de nouveaux malheurs. L'usage de s'assembler est plus

---

(*a*) Gen c. 1, ℣. 14.
(*b*) Pseaume 103, ℣. 19.

ancien que le déluge ; les nations mêmes qui n'avoient aucune idée de cette calamité, n'ont pas laissé de célébrer les nouvelles lunes. Les sauvages mêmes n'ont jamais été assez insensés pour croire que la lune, qui avoit cessé de luire pendant plusieurs nuits, ne reparoîtroit peut-être plus. Ce phénomene est trop ordinaire & trop souvent répété pour avoir pu causer de la frayeur. On s'est accoutumé aussi aisément aux différentes phases de la lune, qu'à voir le soleil se lever & se coucher tous les jours. Des assemblées religieuses ont été plus propres à donner de la joie que de la tristesse aux hommes toujours sombres & mélancholiques dans la solitude. Le même Auteur avoue qu'elles étoient relatives aux travaux de l'agriculture (*a*); plusieurs subsistent encore parmi les habitans des campagnes : il est absurde de supposer que les hommes se sont encouragés à ces travaux par la crainte de la destruction prochaine du monde.

Moïse n'eut pas besoin de faire une loi pour engager les Juifs à célébrer les

---

(*a*) Antiquité dévoilée, l. 3, c. 1, tome 2, pag. 10.

nouvelles lunes ; c'étoit l'usage de tous les anciens peuples. On prétend néanmoins que les Egyptiens fêtoient la pleine lune plus solemnellement que sa premiere apparition. Les Païens adoroient cet astre & en tiroient des présages : on peut voir dans la Théogonie d'Hésiode jusqu'où les Grecs avoient poussé la superstition dans le culte qu'ils rendoient à la lune, sous le nom d'Hécaté (*a*). Ce culte étoit sévérement défendu aux Juifs, avec toutes les folies dont il étoit accompagné.

§. XXI.

Les fêtes que Moïse institua étoient autant de monumens des événemens qui intéressoient particuliérement les Hébreux ; elles servoient de garant à leur histoire. L'Auteur de l'antiquité dévoilée, est forcé de convenir qu'en cela Moïse a montré plus de sagesse que les législateurs Grecs & Romains (*b*) ; que

---

(*a*) Théogon. ℣. 412 & *suiv*.
(*b*) Antiquité dévoilée, l. 4, c. 1, tome 2, pag. 245. L. 4, c. 4, tome 3, pag. 66. L. 5, c. 3, n. 16, pag. 263.

les sabbats des Juifs n'étoient ni tristes, ni dissolus, mais graves & religieux.

Il y avoit chez les Juifs trois fêtes principales ; la Pâque, pour célébrer la sortie d'Egypte ; celle de la Pentecôte, pour rappeller le souvenir de la publication de la loi sur le mont Sinaï ; celle des Tabernacles, pour perpétuer la mémoire du séjour des Israélites dans le désert, où ils avoient vécu sous des tentes. Il est bon d'observer qu'elles furent instituées à la date même des événemens dont elles attestoient la réalité, & qu'elles furent célébrées d'abord par les témoins oculaires ; circonstance essentielle, qui ne se trouve point dans les fêtes commémoratives des autres peuples. La fête des trompettes annonçoit le commencement de l'année civile ; celle des expiations étoit consacrée à la pénitence ; c'est la seule qui eût un objet lugubre.

Dans la suite, les Juifs en instituèrent encore deux autres, celle des sorts, en mémoire de leur délivrance de la proscription prononcée contre eux par Assuérus ; celle de la dédicace du Temple, lorsqu'il eut été purifié des profanations commises par Antiochus. Pour conserver le souvenir des événemens fâcheux, ils avoient établi des jeûnes; c'est ainsi qu'ils rappelloient la mort de Moïse, celle d'Aaron & de ses enfans, de Josué, d'Héli, de Samuel, l'adoration du veau d'or, les tables de la loi brisées à cette occasion, la sentence qui condamna les séditieux à mourir dans le désert, sans entrer dans la terre promise, &c. (*a*). Tous ces jeûnes sont très-anciens, puisque les Prophetes en parlent (*b*): Tacite en faisoit remonter l'origine à la sortie d'Egypte. Ce sont donc autant de monumens irrécusables des faits principaux de l'histoire Juive, autant de preuves auxquelles l'incrédulité ne peut rien opposer. Lorsque les autres peuples ont consacré des fables, les usages qui les annoncent ne remontent point jusqu'à la date des événemens; l'histoire fabuleuse ne marche point munie des mêmes attestations que celle des Juifs. Lorsque l'Auteur des questions sur l'encyclopédie a dit: je ne sais si dans toute l'antiquité il y eut une seule fête fondée sur un fait

---

(*a*) Relandi antiq. sacræ vet. hebræor. 4 part. c. 10, pag. 273.
(*b*) Zachar. c. 8, ℣. 19. Tacite, hist. l. 5, c. 1.

avéré (*a*); son doute ne peut tomber que sur l'antiquité païenne, où il ferme volontairement les yeux à la vérité. Nous verrons que les fêtes principales & les jeûnes du Christianisme ont le même objet, & servent de preuves aux faits sur lesquels notre religion est fondée.

Les fêtes des Egyptiens, leurs processions, la plupart de leurs assemblées étoient souillées par des indécences révoltantes; les Bacchanales, les Lupercales, les Priapées; les jeux floraux dans la Grece & à Rome, n'étoient ni plus sages, ni plus honnêtes. Les Juifs, que l'on suppose si grossiers, ne sont tombés dans des infamies semblables que quand ils ont abandonné leur religion, pour imiter celle de leurs voisins. Leurs fêtes étoient célébrées à l'honneur de Dieu seul; elles leur rappelloient ses bienfaits, toute indécence en étoit bannie; loin de corrompre les mœurs, elles tendoient à les purifier.

―――――――――――

(*a*) Art. *Antiquité*, sect. 3.

§. XXII.

Des Souillures & des Purifications.

Les naturalistes qui ont réfléchi sur l'influence des climats, sur la nécessité d'observer un régime analogue à la température de l'air que l'on respire, conviennent que la propreté est très-nécessaire dans les pays chauds pour conserver la santé. Les Egyptiens avoient poussé jusqu'au scrupule l'attention sur cette partie de la police; elle produisoit parmi eux les plus heureux effets. Depuis que leur régime a été négligé par les Mahométans, l'Egypte est devenue le foyer de la peste; ce fléau n'est guere moins commun dans la Palestine & dans les autres contrées de l'Asie où les Turcs ont porté leur paresse & leur malpropreté. Sans cesse l'Europe est exposée, par le commerce, à devenir la victime de la contagion qu'ils s'obstinent à entretenir dans l'Orient; toutes les fois que nos contrées en ont été affligées, le germe en a été apporté de l'Egypte ou de l'Asie. En général par-tout où l'usage du linge n'est pas établi, ou n'est pas assez commun, il faut y suppléer par des bains fréquens, des frictions, des fumigations & d'autres soins, si l'on veut prévenir les maladies de la peau & toute espèce d'infection. La chaleur du climat tient dans une fermentation continuelle le sang, les humeurs, & toutes les matieres sujettes à la pourriture ; l'air est toujours au moment de se corrompre, à moins que la police n'y veille avec le plus grand zele.

Ces réflexions sont très-bien développées par l'auteur des recherches philosophiques sur les Egyptiens ; il observe judicieusement qu'un législateur doit faire attention aux plus petites choses ; qu'il n'est ni au-dessous de lui, ni indigne de lui, de faire tous les réglemens nécessaires pour pourvoir à la santé du peuple & à la salubrité de l'air. Les Prêtres étoient chargés de ce soin parmi les Egyptiens ; Moïse la leur confia chez les Hébreux. Il n'y a donc rien de ridicule ni de blâmable dans la multitude des loix qu'il a établies pour faire éviter aux Juifs toute espèce de souillure, & pour les obliger à s'en purifier (a).

(a) V. Encore Niebuhr, desc. de l'Arabie, p. 68.

DE LA VRAIE RELIGION. 333

Mais pourquoi faire un point de religion d'une infinité de choses qui concernent plutôt la santé du corps que la pureté de l'ame, ou la perfection du culte ? Parce que le motif de religion étoit le seul qui pût faire impression sur un peuple aussi peu policé & aussi esclave de ses habitudes que l'étoient les Hébreux au sortir de l'Egypte. Vainement on parleroit de police à des hommes qui n'ont pas les premieres notions de la police ; on ne peut prendre que par la religion un peuple naturellement enclin à la superstition. Nos critiques les plus pointilleux ne blâment point les Egyptiens de cette discipline ; ils la jugent utile & nécessaire en Egypte ; elle ne l'étoit pas moins dans le désert ni dans la Palestine.

Si Mahomet avoit eu plus de lumieres & de prudence, il auroit sans doute ordonné à ses sectateurs de nettoyer les rues, de n'y pas laisser pourrir les cadavres des chiens, de ne pas se revêtir de l'habit d'un pestiféré qui vient de mourir. On lui sauroit gré d'une loi religieuse qui toutes les années sauveroit la vie à plusieurs milliers d'hommes dans l'étendue de notre hémisphere.

§. XXIII.

Un Philosophe capable de réflexion, ne trouvera donc pas mauvais que Moïse ait déclaré tant de choses impures, ait regardé comme souillé celui qui auroit touché le cadavre d'un homme ou d'un animal, un reptile, un lépreux, une femme attaquée de ses maladies périodiques, &c. (*a*); qu'il leur ait interdit l'exercice du culte divin & l'entrée du Tabernacle; qu'il leur ait ordonné de se laver le corps & les habits, & de se tenir à l'écart le reste de la journée : ces réglemens étoient utiles à la propreté & à la santé, à la décence du culte divin, à détourner les Hébreux de plusieurs pratiques absurdes des idolâtres.

La coutume qu'ont toujours observée les peuples des campagnes & les artisans de se mettre le plus proprement qu'ils

---

(*a*) Les femmes Mahométanes & les Payennes des Indes qui ont les incommodités de leur sexe, sont censées impures; il en est de même de celui qui a touché un cadavre ou une charogne, il se lave. Descript. de l'Arabie par Niébuhr, note, pag. 35. Porphyre, de l'abst. l. 2, n. 50.

peuvent pour entrer dans le Temple du Seigneur, est très-sensée ; c'est une marque de respect pour la Divinité, & d'attention pour leurs semblables. Il seroit indécent de paroître dans les assemblées religieuses avec moins de précautions que l'on n'en prend pour se présenter dans un cercle de personnes respectables, de blesser les sens de ceux qui nous environnent par un extérieur dégoûtant. Les Grands ne sont déja que trop portés à éviter de se trouver avec le peuple, par excès de délicatesse & de répugnance pour sa malpropreté. On ne lui accorde point l'entrée des spectacles, & il n'y perd rien ; les Temples du moins lui restent ; mais il ne faut pas le blâmer de vouloir y paroître avec un extérieur décent. Porphyre, Philosophe moins entêté que ceux d'aujourd'hui, approuve cet usage (a).

Des réformateurs, qui raisonnent au hasard, disent que c'est par l'intérieur qu'il faut plaire à la Divinité ; que la pureté du corps est moins nécessaire que celle de l'ame ; que tant d'attentions pour l'extérieur empêchent de penser à

―――――――――

(a) Porphyre, de l'abst. l. 2, n. 19.

l'essentiel, &c. Ces pompeuses maximes, réduites à leur juste valeur, ne prouvent rien. Persuadez, si vous le pouvez, à l'homme esclave de ses sens, que son ame doit être pure pour paroître dans le lieu saint, pendant que vous lui permettez d'y entrer avec un corps couvert d'ordures. C'est ici le cas d'appliquer le mot de l'Evangile, qu'il faut avoir soin de l'un, & ne pas négliger l'autre.

Les purifications religieuses ont été en usage chez tous les peuples ; elles étoient déja pratiquées par les Patriarches (a) ; c'est un symbole de la pureté de l'ame, & un avertissement de nous la procurer. Moïse ordonna les plus simples & les plus faciles, il suffisoit de se laver.

Comme les Païens enchérissoient sur tous les rites, ils joignoient à l'eau vive le sel, le soufre, la cendre, les flambeaux, la salive, le miel, l'orge, le feu, les plantes odoriférantes, le sang des victimes ; on connoît les tauroboles & les crioboles des Grecs & des Romains. Chez les Perses & chez les Indiens, l'urine de vache a sur-tout une vertu particuliere ; ils ont le courage d'en boire

_____

(a) Gen. c. 35, v. 2.

pour se purifier l'ame. Si nous lisions toutes ces puérilités dans les livres de Moïse, les Incrédules feroient un beau bruit.

§. XXIV.

Premiere Objection. C'est une absurdité, disent-ils, d'attacher à un rite extérieur la vertu d'effacer nos fautes & de nous réconcilier avec la Divinité; ce malheureux préjugé a multiplié les crimes sur la terre; on croyoit être absous d'un meurtre, en se plongeant dans l'eau. Dès que les hommes mettent leur confiance dans ces pratiques aisées, qui ne coûtent rien, ils se croient tout permis; ils ne font plus de cas de la vertu, ils se familiarisent avec les forfaits. La facilité des expiations est un des plus grands fléaux que la religion ait introduits dans le monde.

Réponse. Très-bien conclu. Mais à qui en veulent ces zélés critiques? Aux Païens, sans doute; ce n'est là ni l'esprit, ni la lettre des loix de Moïse. A-t-il insinué quelque part que les impuretés légales souilloient l'ame comme un péché; que l'attouchement d'un cadavre étoit un crime aussi bien que le meurtre;

que l'on pouvoit expier également l'un & l'autre par des ablutions ? Il n'y a dans la loi aucune purification prescrite pour un crime proprement dit. Le meurtre est puni de mort ; le vol, par des peines pécuniaires, ou par la perte de la liberté ; l'impudicité, par l'infamie, & quelquefois par un supplice, &c. Jamais Moïse n'a dit, ou n'a donné à entendre, que pour effacer un crime & se réconcilier avec la Divinité, il falloit se laver dans l'eau, ou offrir un sacrifice ; & qu'en vertu de ces cérémonies, le péché étoit effacé. David pénitent reconnoît que ce n'est point par des holocaustes, mais par un cœur contrit & humilié que le pécheur peut appaiser la justice Divine ; Isaïe répete cent fois que la vraie conversion consiste à renoncer à toute espece de crime, & la vraie piété à pratiquer la vertu (*a*).

A la vérité Moïse ordonne des sacrifices *pour le péché* ; en quel sens ? 1.° Pour les péchés commis par ignorance & dont on s'apperçoit seulement lorsque le mal est fait (*b*). 2.° Pour les transgressions

---
(*a*) Ps. 50, ℣. 18, 19. Isaïe, c. 1, ℣. 6, & *suiv.* &c.
(*b*) Levit. c. 4, ℣. 2, 13, 22, 27.

légales dont on se reconnoît coupable après l'action (*a*). Dans l'un & l'autre cas, Moïse ajoute que l'on doit faire pénitence ou satisfaction au Seigneur : *agat pœnitentiam pro peccato* ou *pro delicto* ; mais au lieu que le premier cas est nommé *un péché*, le second est nommé simplement *un délit* (*b*). Cette distinction n'est pas faite sans raison ; elle est dans le téxte aussi expresse que dans les versions. 3.° Lorsqu'il est question d'un crime envers le prochain, d'un vol, d'un dommage, d'une injustice, Moïse prescrit d'abord la restitution & le cinquieme en sus, ensuite un sacrifice d'expiation (*c*). Il est clair qu'alors le sacrifice étoit une espece d'amende, outre le cinquieme & la réparation commandée ; que par ces peines différentes, le coupable devoit satisfaire au prochain d'abord, ensuite à la justice Divine. Le sacrifice, loin d'encourager au crime, devoit en inspirer plus d'horreur. Pour rendre la peine plus sensible, la victime *pour le péché* devoit être entiérement

---

(*a*) Levit. c. 5, ℣. 1 & *suiv*.
(*b*) Levit. c. 5, ℣. 5, & c. 7, ℣. 7.
(*c*) Levit. c. 6, ℣. 1 & *suiv*.

brûlée ; il n'étoit pas permis d'en manger (*a*). La restitution n'étoit pas moins ordonnée, soit que le dommage fût volontaire & réfléchi, soit qu'il ne le fût pas (*b*). Nous prions les critiques d'y faire attention, & nous les défions de citer, dans les livres de Moïse, un seul passage qui donne à penser que le péché proprement dit, ou un crime, pût être effacé par un sacrifice, par une ablution, par une offrande, ou par d'autres cérémonies. Un Déiste Anglois a fait cette observation, & veut, très-mal-à-propos, en tirer avantage pour rendre les Prêtres odieux (*c*).

Il est vrai encore que Moïse établit un sacrifice pour le péché, ou plutôt *pour le délit*, dans plusieurs cas où il ne se trouvoit aucune faute volontaire ; il l'ordonne à une femme après ses couches, à un lépreux qui vient d'être guéri, à un homme dont la maladie qui le rendoit légalement impur a cessé (*d*). Alors le sacrifice étoit évidemment destiné à

(*a*) Levit. c. 6, ℣. 30.
(*b*) Levit. c. 5, ℣. 16.
(*c*) Morgan, tome 1, pag. 126, 156.
(*d*) Levit. c. 12, 13, 15.

expier les fautes d'inattention ou de négligence dans lesquelles l'homme pouvoit être tombé, à inspirer plus de respect pour la loi, à forcer les Juifs de se tenir propres pour paroître devant Dieu. Ce seroit donc ici le cas d'accuser la loi d'être trop sévere, & non trop relâchée; elle n'étoit ni l'un, ni l'autre, parce que les Juifs avoient besoin de cette sévérité.

§. XXV.

Seconde Objection. La défense de commettre des crimes, & celle de contracter des souillures, étoient appuyées sur le même motif, sur le respect dû à Dieu; à toutes les défenses, Moïse fait dire au Seigneur: *Vous serez saints, parce que je suis saint.* Il fait donc consister la sainteté aussi-bien dans la pureté extérieure que dans l'innocence de l'ame. C'étoit tendre un piége à la grossiéreté des Juifs, de leur inspirer autant d'horreur pour les impuretés corporelles que pour les vices intérieurs. Il falloit distinguer clairement les uns des autres, pour ne laisser aucun danger d'erreur.

Réponse. Moïse les a distingués très-clairement, puisqu'il nomme les uns *des péchés*, les autres *des délits* ou manquemens. Les premiers sont expiés par des peines afflictives & par des réparations séveres, les seconds par des ablutions & des offrandes. Il n'est donc pas vrai que Moïse ait voulu inspirer une horreur *égale* pour tous indifféremment, ni qu'il ait attaché une importance égale à l'exemption des uns & des autres. Il fait consister, avec raison, la sainteté *parfaite* à les éviter tous, parce que la désobéissance, à une loi même de pure police, ne vient jamais d'un motif louable.

Nous ne lui ferons pas un crime d'avoir inspiré aux Juifs plus de respect pour le vrai Dieu, que les Payens n'en avoient pour leurs fausses Divinités. Celles-ci ne furent jamais des Dieux saints; souvent il falloit des crimes pour leur plaire : telle est l'idée que s'en étoient formée leurs adorateurs. On n'étoit donc pas obligé de les respecter beaucoup, ils se laissoient traiter avec familiarité; on pouvoit les maudire, les enchaîner, les battre, les traîner dans la boue, les donner en spectacle sur le théatre, les représenter sous des formes obscènes & ridicules. Il n'en étoit pas ainsi du Dieu d'Israël, c'étoit *un Dieu saint*; pour paroître devant lui, il falloit être exempt de crime, ou pénitent, ne porter dans son temple ni indécence, ni malpropreté, rien qui pût blesser les sens des assistans. Puisque l'on observe toutes ces précautions à l'égard des grands de la terre, il nous paroît que ce n'est pas pousser trop loin le respect, que de les observer aussi à l'égard de Dieu.

Nous avons dit que, relativement au temps, aux circonstances, au génie du peuple Hébreu, il étoit nécessaire que les loix de police, de bienséance, de santé, d'utilité publique, fussent fondées sur un motif de religion, que ce motif étoit le seul capable de faire impression sur les Juifs. Or, le motif propre de la religion est le respect dû à la Divinité. Il étoit donc tout simple que ce motif fût la base de toute la législation, & que Moïse dît au peuple, de la part de Dieu, pour donner la sanction à toutes les loix: *Vous serez saints, parce que je suis saint.* Mais il est évident que cette sainteté consistoit beaucoup plus dans l'innocence des mœurs, que dans la pureté extérieure. Puisque Moïse n'a rien commandé ni rien défendu qui ne fût digne de l'attention d'un sage légiflateur, il n'a rien fait dire à Dieu qui soit indigne de la Majesté Divine. Certainement il n'est pas indigne de la Divinité de donner aux hommes une législation sage & utile dans tous ses points. Nous toucherons encore cet article en parlant de la perpétuité de la loi Juive.

§. XXVI.

Troisieme Objection. Les Juifs ne l'ont point ainsi entendu : par les reproches des Prophetes, par les réprimandes que Jesus-Christ fait aux Pharisiens, par l'entêtement des Juifs modernes pour leurs cérémonies, il est clair que dans tous les temps, ils ont attaché pour le moins autant d'importance aux obfervances légales, qu'aux vertus réelles & à l'exécution de la loi morale : il y avoit donc de la faute de Moïse. En vain nous voulons donner à ses loix un sens que les Juifs n'y voyoient point. il s'enfuivroit que l'Evangile ne nous enfeigne rien de plus que la Loi ancienne, que les Apôtres ont eu tort de dire que celle-ci ne prescrivoit point la vraie justice, & ne pouvoit point la donner.

Réponse. Les Incrédules nous reprochent aussi d'attacher plus d'importance aux pratiques extérieures de religion qu'aux vertus morales ; peut-être y a-t-il des Chrétiens, peu dignes de ce nom, qui tombent quelquefois dans ce défaut. Sans doute c'est encore la faute de Jesus-Christ & de son évangile ; les leçons de ce divin Maître & des Apôtres sont cependant assez claires sur ce point ; mais y eut-il jamais une loi assez formelle pour ceux qui ont envie de la transgresser ?

Les reproches de Jesus-Christ & des Prophetes démontrent que nous prenons le vrai sens de la loi de Moïse ; que ce sont nos adversaires aussi-bien que les Juifs qui l'entendent mal. Certainement, Jesus-Christ ni les Prophetes n'ont jamais eu l'intention d'expliquer la loi dans un sens contraire à celui de Moïse. Si donc ils ont reproché aux Juifs l'attention scrupuleuse qu'ils donnoient aux cérémonies légales par préférence aux devoirs de la loi naturelle, c'est une preuve que les Juifs prenoient de travers les écrits & les loix de Moïse.

Nous verrons, dans la suite, ce que

l'Evangile nous enseigne de plus que la loi de Moïse; en quel sens S. Paul a dit que l'homme n'étoit point justifié par les œuvres de la loi ancienne (*a*). Nous ne pensons pas que l'Apôtre ait enseigné que l'observation exacte du Décalogue ne pouvoit rendre l'homme juste. Jesus-Christ lui-même répond à un homme qui lui demandoit ce qu'il falloit faire pour être sauvé: *Gardez les Commandemens*. S. Paul n'a pas contredit Jesus-Christ.

§. XXVII.

Des Abstinences & du choix des Viandes.

Dans les recherches Philosophiques sur les Egyptiens & les Chinois, l'Auteur s'est attaché à montrer que le régime diététique des Egyptiens étoit très-sage; que le discernement des viandes, sur lequel ils étoient très-scrupuleux, étoit relatif au climat, & dirigé par l'expérience: sans ce régime, les

---

(*a*) Rom. c. 3, ⅴ. 20.

Egyptiens auroient été sujets à plusieurs maladies. Les Grecs conquérans de l'Egypte ne voulurent pas s'y soumettre, ils furent attaqués de la lepre; & par leur négligence, elle pénétra jusqu'en Italie. Outre les raisons de santé qui détournoient les Egyptiens de manger plusieurs especes d'animaux & de poissons, ils en avoient consacré d'autres pour empêcher qu'on ne les tuât, parce que c'étoit *les purificateurs* de l'Egypte. L'Auteur blâme l'usage des Européens de détruire les oiseaux de proie qui purgeroient les campagnes de plusieurs animaux nuisibles à l'agriculture.

Moïse, élevé en Egypte, avoit vu par lui-même les salutaires effets du régime Egyptien, & la nécessité d'en adopter ce qui étoit analogue au climat de la Palestine. Il fit des changemens aux pratiques de l'Egypte, il les réduisit à un petit nombre; il permit la chair de plusieurs animaux dont les Egyptiens ne mangeoient jamais, tels que la vache & la brebis, parce qu'il n'y avoit aucun motif de la défendre. Il fut, selon le critique dont nous copions les observations, plus judicieux que Pythagore, qui adopta servilement les abstinences des Égyptiens, sans en comprendre les raisons ni l'utilité (a).

Spencer pense que, dans ses loix, Moïse n'a eu aucun égard à la propreté, à la santé, ni à l'utilité temporelle des Juifs. Selon lui, la chair de plusieurs animaux ne leur étoit défendue, que parce que c'étoit le mets le plus ordinaire dans les festins que les Idolâtres célébroient à l'honneur de leurs Dieux; Moïse vouloit écarter les Juifs de tout danger d'Idolatrie, c'étoit son unique dessein. Pour nous qui ne donnons l'exclusion à aucun système, dès qu'il nous paroît prouvé, nous pensons que Moïse a été guidé par divers motifs dans la publication de ses loix. Il a défendu certains animaux par raison de santé, leur viande étoit mal-saine; d'autres, afin d'en multiplier l'espece, ils étoient utiles à la prospérité de l'agriculture; d'autres, parce que les Païens s'en servoient communément dans leurs sacrifices, ou parce qu'ils en tiroient des augures & les employoient à d'autres usages superstitieux. Ainsi, il défend les

---

(a) Recherches philos. sur les Égypt. tome 1, sect. 3.

chairs mortes & les viandes crues, c'est un aliment pernicieux; les divers oiseaux de proie, il étoit avantageux de les multiplier; en général, leur chair est d'un goût désagréable; les pourceaux, cette viande, dans les pays chauds, est d'une digestion difficile, diminue la transpiration, engendre les maladies de la peau, & c'étoit la victime la plus ordinaire dans les sacrifices du Paganisme. De même, la plupart des poissons interdits par Moïse sont encore regardés, par les Naturalistes, comme une nourriture dangereuse, sur-tout dans le climat de la Palestine. Aucune de ces attentions n'étoit indigne d'un Législateur sage & zélé pour le bien de son peuple.

Moïse désigne, par un caractere général & facile à saisir, les quadrupedes dont il permet l'usage; tout animal qui rumine & qui a l'ongle fendue, peut être mangé; ceux qui manquent de l'un ou de l'autre de ces propriétés sont interdits. Il seroit superflu d'entrer dans aucun détail sur ces différentes abstinences; il suffit de savoir en général qu'elles étoient fondées en raison, qu'il n'y avoit rien d'inutile, d'arbitraire, ni

de superstitieux, que plusieurs tendoient au contraire à déraciner des superstitions (*a*).

Les beaux Esprits de la Grece & de
Rome se sont égayés autrefois, sur ce
sujet, aux dépens des Juifs ; les Manichéens en ont pris occasion de scandale (*b*) ; nos Philosophes, à leur tour,
se récrient contre le régime & les abstinences prescrites par Moïse. Il est fâcheux
que les uns & les autres montrent dans
leur censure plus d'ignorance que de sagacité, & que l'on puisse leur reprocher
de blâmer au hasard des institutions dont
ils ne connoissent ni les raisons ni les
effets. Pythagore en avoit adopté plusieurs sans savoir pourquoi ; d'autres les
tournent en ridicule sans y entendre davantage. Voilà toujours les Philosophes.

Un d'entr'eux s'est efforcé de persuader à ses admirateurs que les loix Juives
n'ont pas le sens commun ; que la plupart des animaux dont elles parlent sont
imaginaires. On ne sait, dit-il, ce que

(*a*) Lettres de plusieurs Juifs à M. de V. t. 1,
2 part. Lettre 2.
(*b*) S. Aug. contrà Adimantum, c. 15 ; contrà
Faustum, l. 16, c. 6.

c'eſt que les Ixions & les Griffons dont les Juifs ne devoient pas manger; la nature n'eſt plus telle aujourd'hui qu'elle étoit du tems de Moïſe. Mais le critique qui ne connoît la nature, ni telle qu'elle eſt aujourd'hui, ni telle qu'elle étoit au ſiecle de Moïſe, devroit être plus circonſpect dans ſes déciſions; les noms d'*Ixion* & de *Griffon*, ne ſont point dans le texte; les termes Hébreux, dont ſe ſert Moïſe, déſignent des oiſeaux de proie très-connus des Juifs. On croit communément que c'eſt le Milan & l'Orfraye; quand ils ſeroient abſolument inconnus, cela ne prouveroit rien. Si nous voulions nous arrêter à réfuter toutes les obſervations puériles de cet Auteur & de pluſieurs autres, qui n'étoient pas mieux inſtruits, nous ne finirions jamais.

§. XXVIII.

De pluſieurs autres défenſes faites aux Juifs.

Dans la multitude des loix prohibitives que Moïſe donne à ſon peuple, il en eſt pluſieurs dont il eſt difficile d'appercevoir l'objet & l'utilité : mais lorsque la sagesse d'un législateur est démontrée d'ailleurs par un grand nombre de preuves, on ne doit pas présumer qu'il ait porté des loix bisarres, inutiles, vicieuses, précisément parce que nous ne voyons pas d'abord les raisons qui l'ont déterminé. Sans donner dans le ridicule dont les Incrédules voudroient nous charger, on peut dire que depuis quatre mille ans, à bien des égards, la nature a changé, du moins à nos yeux. L'histoire naturelle des pays pour lesquels Moïse écrivoit, est encore couverte de ténebres ; il y a du danger pour les voyageurs à les parcourir & à les examiner ; les grandes révolutions qui y sont arrivées, ont presque rendu le sol méconnoissable. Les climats mêmes que nous habitons sont encore assez peu connus ; tous les jours les observateurs font des découvertes qui nous étonnent ; plusieurs remarques qui passoient pour autant d'erreurs dans les écrits des anciens, se sont vérifiées par des expériences exactes. Il y a de la témérité à vouloir mieux connoître l'état où étoit la Palestine au siecle de Moïse, que lui-même ne l'a connue. On peut appeller tant qu'on voudra cette maniere d'en juger *la philosophie de l'histoire*; c'est dans le vrai la philosophie des petites maisons.

Il est prouvé, par cent exemples clairs & incontestables, que dans ses loix cérémonielles Moïse s'est proposé tantôt la salubrité du régime, la propreté & la santé du peuple, tantôt une utilité relative au climat, souvent la pureté des mœurs en défendant un usage qui pouvoit les corrompre, presque toujours un motif de religion & le dessein de détourner les Juifs des pratiques absurdes & superstitieuses de leurs voisins. Pour savoir si cette législation est sage & irrépréhensible, il faut examiner si elle répond aux vues du législateur, puisque toutes ces vues étoient louables : or, la suite de l'histoire & le témoignage des Auteurs profanes nous attestent que tel en a été le succès. Selon Tacite, les Juifs étoient sains & robustes : *corpora hominum salubria & ferentia laborum*. La Palestine entre leurs mains étoit cultivée, fertile, nourrissoit un peuple nombreux; Tacite, Ammien, Marcellin, & d'autres anciens en déposent. Les Juifs ont servi dans les armées Romaines, aucun Historien ne les accuse d'avoir été mauvais soldats ; leur résistance aux forces des Rois de Syrie prouve le contraire. Strabon reconnoît que leur culte religieux n'étoit ni trop dispendieux, ni défiguré par des pratiques absurdes. Diodore de Sicile loue en général les loix de Moïse, & nous avons vu que plusieurs Philosophes en ont fait cas. Porphyre en cite plusieurs avec éloge (*a*). Sur quoi peut donc être fondée la prévention que montrent contre elles tant de critiques modernes ?

Moïse avoit veillé à la pureté des mœurs avec plus de soin qu'aucun des anciens législateurs ; tout ce qui est contraire à l'honnêteté publique, est proscrit dans ses livres avec une sévérité que l'on ne trouve point ailleurs. Les crimes qui ont déshonoré l'humanité chez les autres peuples, sont punis chez les Juifs dans la plus grande rigueur ; il n'en falloit pas moins pour contrebalancer les influences du climat & le mauvais exemple des nations voisines. Nous avons vu jusqu'où les Egyptiens poussoient l'indécence & la dépravation ; les Chananéens n'étoient ni plus sobres, ni plus sages ;

(*a*) De l'abst. l. 4, n. 14.

Moïse fait de leurs mœurs un tableau qui inspire l'horreur. Il n'est aucune contrée de l'univers où la continence soit plus nécessaire que dans les pays chauds, & c'est-là malheureusement que le climat porte davantage à la violer; il falloit donc réprimer par la religion un penchant toujours capable de porter l'homme à des excès. L'Auteur des recherches philosophiques sur les Egyptiens, qui fait cette réflexion, approuve les abstinences que leur religion prescrivoit sur ce point; il ne peut donc blâmer celles que Moïse avoit établies. Porphyre étoit dans les mêmes principes (*a*). Moïse avoit défendu aux Prêtres le commerce avec leurs épouses pendant tout le tems que duroit leur ministere dans le Temple; il l'interdisoit aux particuliers pendant la durée des maladies périodiques de leurs femmes, immédiatement après leurs couches, & quand ils se disposoient à quelque cérémonie de religion. Selon la philosophie de l'histoire, cette défense étoit fondée sur un faux préjugé; on croyoit, dit l'Auteur, que si un homme

---

(*a*) Recherches Philos. tome 1, sect. 3, pag. 126. Porphyre, de l'abst. l. 4, n. 20.

approchoit de sa femme dans les tems critiques, il faisoit nécessairement des enfans lepreux ou estropiés (a): fausse allégation; il n'y a aucun vestige de ce préjugé dans les livres saints. Moïse avoit en vue de réprimer un penchant toujours redoutable, de prévenir des excès capables d'énerver l'homme & toujours aussi funestes à la population qu'à la pureté des mœurs: cela n'est que trop prouvé par la dépravation actuelle des Asiatiques; l'espece humaine est plus abâtardie & plus mal conformée dans les grandes villes que dans les campagnes, parce que le libertinage y est plus commun.

§. XXIX.

Il ne s'ensuit pas non plus que Moïse ait voulu faire envisager le mariage comme une souillure; autre chose est de condamner le mariage, ou d'en réprouver l'abus. Les peuples mêmes les plus corrompus, les Egyptiens, les Zabiens, les Grecs, les Romains avoient sur

---

(a) Philosophie de l'Histoire, c. 47, pag. 231.

ce sujet les mêmes idées que Moïse (*a*). Il seroit étonnant qu'un législateur aussi sensé n'eût pas fait de la continence autant de cas que ces peuples, dont les mœurs étoient très-licentieuses. Il avoit voulu que certaines maladies fussent regardées comme une souillure, pour inspirer l'horreur d'un déréglement contre nature (*b*).

Il est défendu aux deux sexes de prendre les habits l'un de l'autre ; l'ordre public l'exige ainsi ; c'est un usage universel chez les peuples policés que les deux sexes soient distingués par leurs habits. Mais par un travers superstitieux, les adorateurs de Vénus prenoient des habits de femme pour lui rendre leur culte, les femmes se mettoient dans l'équipage d'un guerrier pour sacrifier à Mars ; Moïse nomme cette folie une abomination, parce qu'elle pouvoit servir de voile au libertinage.

Semer différentes especes de grains dans une vigne, atteler à la charrue un bœuf & un âne, faire accoupler des ani-

_____

(*a*) Spencer, de legib. hebr. ritual. l. 1, c. 8, sect. 3

(*b*) Levit. c. 15, ℣. 2 & *suiv*,

maux de différente espece, porter un habit tissu de laine & de lin, se tondre en rond la chevelure, &c. sont sans doute des usages indifférens; mais les Païens y attachoient des idées mystiques & des vertus superstitieuses: Moïse les défend pour détruire les rêveries que ces usages entretenoient.

Un vase sans couvercle est déclaré impur; cela paroît d'abord ridicule: mais les Païens croyoient que si un insecte venoit à tomber dans un vase, c'étoit un heureux augure, un signe de bonheur; il falloit prévenir cette folie en ordonnant que tout vase eût un couvercle.

Il en est de même des autres loix qui nous paroissent les plus singulieres; toutes ont un fondement dans les idées, les mœurs, les superstitions, les préjugés qui régnoient pour lors & que Moïse vouloit étouffer parmi les Juifs. Ces loix, dit-on, rendoient les Juifs superstitieux; tout au contraire, c'est parce que les autres peuples étoient superstitieux que Moïse avoit été obligé de faire tant de loix, pour empêcher son peuple de le devenir.

Ces loix, ajoutent nos adversaires,

rendoient les Juifs insociables & odieux aux autres nations : point du tout. Les autres nations étoient encore plus insociables que les Juifs ; l'aversion pour les étrangers étoit une maladie générale, ce n'étoit donc pas l'effet des loix de Moïse. Un Egyptien se seroit cru souillé de manger avec un étranger (*a*) ; il n'auroit point voulu toucher le visage d'un Grec, ni se servir de ses instrumens de cuisine (*b*). Les Grecs eux-mêmes donnoient le nom de *barbares* à tous les autres peuples, se croyoient dispensés à leur égard des devoirs de l'humanité. Les Parsis, disciples de Zoroastre, regardent comme profanes tous ceux qui ne sont pas de leur religion. Vincent le Blanc a remarqué la même horreur pour les étrangers chez des peuples encore sauvages (*c*). Les Chinois méprisent souverainement tout ce qui n'est pas Chinois. Devons-nous être fort étonnés de retrouver la même prévention chez les Juifs ? Elle étoit moins marquée qu'ailleurs, quoique mieux fondée.

(*a*) Gen. c. 43, ⅴ. 32.
(*b*) Hérodote, l. 1. c. 41.
(*c*) Voyages de Vincent le Blanc, 1 part. c. 34.

Selon Montesquieu, la séparation d'avec les étrangers est la sauve-garde des mœurs ; Moïse n'avoit donc pas tort de vouloir que les Hébreux vécussent isolés : il n'y avoit rien à gagner pour eux à fréquenter les autres nations, & ils eurent toujours lieu de s'en repentir. Nous reviendrons encore à ce reproche dans la suite.

§. XXX.

L'Auteur des questions sur l'encyclopédie soutient que les Juifs n'ont appris à prier Dieu que pendant la captivité de Babylone ; que les Savans en conviennent assez unanimement. En effet, dit-il, dans le Lévitique & le Deutéronome des Juifs, il n'y a pas une seule prière publique, pas une seule formule. (Art. *Oraison.*)

Réponse. Des ignorans peuvent croire ce fait *extraordinaire* ; mais des Savans ne l'ont jamais avancé ; l'Auteur peut s'attribuer hardiment toute la gloire de l'invention. Le cantique de Moïse après le passage de la Mer Rouge & celui qui est à la fin du Deutéronome, ne sont-ils pas des prieres ? Les pseaumes de David, composés

composés pour être chantés dans le Temple, sont certainement des formules publiques ; l'Auteur lui-même va le reconnoître dans l'objection suivante. Il dit qu'Esdras fut le premier qui ordonna & composa des prieres, & Esdras nous apprend que 73 ans avant lui, Zorobabel avoit rétabli dans le Temple l'usage des pseaumes de David, (Esdr. l. 1, c. 3, v̊. 10.) & c'est contre cet usage même que notre Philosophe s'éleve dans un autre ouvrage.

Dans la philosophie de l'histoire, il veut nous donner une très-mauvaise idée de la religion & des mœurs des Juifs par les prieres qu'ils faisoient à Dieu. Selon lui, ils ne demandoient que des biens temporels ; il cite à ce sujet plusieurs pseaumes où David demande au Seigneur des bénédictions terrestres (a).

Réponse. N'y a-t-il point d'autres pseaumes que ceux dont notre critique fait mention ? Dans le pseaume 118, qui est le plus long de tous, David demande à Dieu la connoissance & l'amour de sa loi sainte, la crainte de ses jugemens, la force de faire le bien, la

---

(a) Philos. de l'Hist. c. 44.

persévérance dans la pratique de la vertu. Le pseaume 50, & ceux que nous nommons *pénitentiaux*, expriment les gémissemens d'une ame pénitente, pénétrée du regret de ses fautes; David y demande à Dieu un esprit droit, un cœur pur, l'assistance de l'esprit saint, la joie d'une ame réconciliée avec son juge, la force de résister aux passions, &c. Ce ne sont point là des biens temporels. L'Auteur, toujours très-injuste dans ses censures, peut nous accuser de même de ne penser, dans nos prieres, qu'aux biens de cette vie, parce que, dans l'Oraison Dominicale, nous demandons à Dieu notre pain de chaque jour.

Une accusation plus grave, c'est que les Pseaumes respirent des sentimens de vengeance, David y fait de fréquentes imprécations contre ses ennemis, il prie Dieu de faire tomber sur eux tous les fléaux imaginables. Tindal a fourni cette observation, Morgan l'a répétée (*a*).

Si notre Philosophe étoit mieux instruit ou plus sincere, il reconnoîtroit que ce sont là des prophéties & non des imprécations. Dans tous les Livres saints,

---

(*a*) Moral philos. tom. 2, p. 189.

DE LA VRAIE RELIGION. 363
les prédictions sont souvent énoncées par l'impératif en forme de vœux ou de souhaits, parce que les Hébreux n'avoient pas des verbes aussi réguliers que les nôtres. Ce que nous appellons *optatif* ou *impératif* dans nos verbes, n'exprime souvent chez eux que le futur ; chez nous, au contraire, dans toutes les loix, & en style de Chancellerie, le futur tient lieu d'impératif, parce que nous n'avons pas, comme les Latins, un tems consacré spécialement à cet usage. *Ritus patrios colunto* ; les rites nationaux *seront* observés. D'ailleurs, dans le style des Hébreux, *maudire*, ce n'est pas toujours souhaiter du mal, mais en prédire : *bénir*, signifie souvent prédire du bien en même-tems qu'on le souhaite.

Dans le Pseaume 136, ℣. 9, il est dit, en parlant de Babylone : Heureux celui qui prendra tes enfans & les brisera contre les pierres. C'est une prophétie répétée en propres termes par Isaïe, lorsqu'il prédit la ruine de cette ville célèbre (*a*).

Nous pourrions ajouter que David, inspiré par l'esprit prophétique, a sou-

_____

(*a*) Isaïe, c. 13, ℣. 16. & c. 14, ℣. 21.

Q ij

vent parlé du Meſſie, de ſon regne, de ſes conquêtes, de ſa victoire ſur ſes ennemis, ſous l'emblême du Roi de la nation Juive. La plupart des tableaux qu'il a tracés ne peuvent convenir parfaitement à ſon propre regne, qu'autant qu'il eſt le type ou la figure de celui du Meſſie; les malédictions qu'il paroît lancer contre ſes propres ennemis, tombent plutôt ſur ceux de Dieu & de ſon Chriſt. Nos adverſaires ne goûtent point ces explications allégoriques, nous verrons dans la ſuite ce que l'on doit en penſer; mais nous n'en avons pas beſoin pour juſtifier le ſens des pſeaumes que notre cenſeur prend de travers & blâme ſans les entendre.

Il nous paroît démontré qu'aucune des loix cérémonielles de Moïſe n'étoit ridicule, abſurde, inutile, ou ſuperſtitieuſe, que toutes étoient fondées ſur de bonnes raiſons, quoiqu'il ne ſoit pas toujours aiſé d'aſſigner le vrai motif de l'inſtitution de chacune. Toutes concouroient à produire les divers effets qui doivent réſulter du culte extérieur de religion, & pour leſquels il a été originairement établi. 1.° Ecarter les erreurs, conſerver le dogme dans toute ſa pureté.

2.° Donner des leçons de morale, & rappeller continuellement l'homme à la pratique de la vertu. 3.° Affermir les liens de fraternité, & rendre les hommes plus sociables. Telle fut toujours sa destination. Mais lorsque, par une fatalité déplorable, la plupart des nations sont corrompues, livrées à l'erreur, à la superstition, au libertinage, si l'on veut préserver un peuple particulier du même malheur, il faut nécessairement que sa religion mette un mur de séparation entre lui & ses voisins; autrement sa perte est inévitable. Ce n'est pas la faute de Dieu, ni celle de Moïse, s'il a fallu que la religion Juive pourvût à cette triste nécessité.

ARTICLE TROISIEME.

Des Loix civiles, politiques & militaires des Juifs.

§. I.

Il ne nous est pas possible d'entrer dans un examen exact & détaillé de toutes les loix de Moïse, d'en démontrer la sagesse, de faire voir qu'elles sont supérieures à celles des anciens peuples les plus vantés; cette discussion nous meneroit trop loin, & nous jetteroit dans des questions étrangeres à notre sujet. Il nous suffit de citer le jugement qu'en ont porté les savans anciens & modernes qui en ont fait l'objet de leur étude, de répondre aux objections que l'on a faites contre quelques-unes de ces loix, & d'ajouter un petit nombre de réflexions.

On a vu, chap. II de cette seconde partie, art. 1, §. 3, que les anciens philosophes qui ont eu quelque connoissance de Moïse & de ses loix, n'ont point affecté pour elles le même mépris que nos Incrédules modernes, de grands hommes dans ces derniers siecles ont rendu pleine justice aux lumieres du législateur des Hébreux. Le Chancelier Bacon trouvoit admirable le plan d'administration que Moïse avoit établi; François Pithou a publié l'ouvrage de Licinius Rufinus, où ce Jurisconsulte compare les loix Juives aux loix Romaines, & montre leur conformité. L'illustre Chancelier Daguesseau s'étoit fait extraire & rédiger par ordre de matieres un *corps de loix Juives*. Montesquieu reconnoît la sagesse de plusieurs, il loue en particulier celle qui maintenoit l'égalité de partage entre les familles, la police établie contre la lepre, le traitement que devoit faire à ſes femmes un mari qui en avoit pluſieurs, la maniere dont étoit réglé le droit d'aſyle, &c. M. Michaëlis a donné récemment un ſavant ouvrage ſous le titre de *Jus Moſaïcum*, où il démontre la ſageſſe des loix de Moïſe. Boſſuet a donné un Traité de Politique tiré en partie de ces mêmes loix; enfin l'auteur des Lettres de pluſieurs Juifs à M. de V. vient de venger d'une maniere éclatante la légiſlation Juive des attentats qu'une ignorance orgueilleuſe avoit commis contre elle. Auprès du ſuffrage de tant d'hommes ſupérieurs, de quel poids peuvent être les déclamations de quelques Philoſophes qui n'ont jamais eu la plus légere teinture de juriſprudence ni de légiſlation, qui ne comprennent pas ſeulement le ſens des loix qu'ils s'aviſent de cenſurer? Ils diſent que le Recueil des loix Juives a été fait par un Lévite ignorant; où eſt l'ignorance, ſinon dans cet abſurde ſoupçon?

Il y a d'abord un fait unique dans l'hiſtoire qui nous paroît très-honorable à Moïſe, c'eſt que ſa légiſlation a été faite d'un seul coup, & non formée de pièces rapportées comme la plupart des autres. Elle étoit exactement calculée sur la durée du tems pendant lequel elle devoit subsister ; & lorsque le moment est arrivé où elle ne convenoit plus, Dieu l'a rendue impraticable par la dispersion du peuple auquel elle avoit été donnée. Alors les mœurs des nations voisines de la Judée avoient changé, l'univers n'étoit plus le même dans l'ordre moral, il avoit besoin d'être réformé par une loi nouvelle plus conforme aux circonstances. Les autres Législateurs avoient cru que leurs loix seroient éternelles ; mais à mesure que l'état des peuples a changé, il a fallu redresser la législation : celle de Moïse est demeurée immuable pendant quinze cents ans, il n'a pas été besoin d'y toucher jusqu'à la naissance de l'Evangile auquel elle servoit de préparation. Les Juifs l'ont portée avec eux dans l'Assyrie, dans la Perse & par tout où ils ont été transplantés ; ils sont venus la reprendre dans leur patrie dès qu'il leur a été possible de le faire, & ils l'observeroient encore, s'ils en avoient la liberté.

§. II.

On a fait honneur aux loix de l'Egypte d'un phénomene à peu-près semblable, mais qui n'a pas été si conſtant. « Les » Egyptiens, quoiqu'opprimés par des » conquérans qui vouloient tout chan- » ger, tout renverſer dans le pays con- » quis, n'en conſerverent pas moins un » attachement invincible pour leurs an- » ciennes loix; ils les reſſuſcitoient dès » que l'occaſion leur étoit favorable, ou » les maintenoient contre toute la fu- » reur de la tyrannie » (a). Si cette conſ-tance prouve quelque choſe en faveur des loix de l'Egypte, l'attachement in-violable des Juifs pour celles de Moïſe eſt encore plus frappant. Non-ſeulement ils les ont défendues au prix de leur ſang contre la fureur aveugle des Rois de Sy-rie & des Romains, ils ſe ſont fait ex-terminer pour elles, mais ils ont porté cet attachement dans les pays du monde où ils ſont à préſent diſperſés. S'ils étoient les maîtres, ils retourneroient dans leur

---

(a) Recherches Philoſ. ſur les Egypt. tome 1, ſect. 2, pag. 39.

ancienne patrie pour y rétablir la même forme de gouvernement & de religion que Moïse leur avoit donnée. Que l'on nomme cet attachement opiniatreté, fanatisme, esprit de vertige, cela ne nous fait rien. Par quel charme secret, Moïse a-t-il ainsi fasciné les esprits des Juifs, & les a-t-il enchaînés à ses institutions ? Il est impossible que des loix absurdes, pernicieuses, contraires au bonheur de l'homme, aient pu opérer un prodige de cette espece. Nous ne concevrons jamais comment des philosophes qui paroissent faire beaucoup de cas des loix de l'Egypte, affectent du mépris pour celles de Moïse, qu'ils supposent calquées sur les premieres, & qui ont produit un effet encore plus étonnant.

La population, disent nos Oracles politiques, est la mesure de la sagesse, de l'administration & la marque infaillible de la prospérité d'une nation (a). Or la population des Juifs dans la Palestine étoit immense : on peut en juger par le nombre de ceux qui furent emmenés à Babylone, par la quantité de ceux qui

---

(a) Hist. des établiss. des Europ. dans les Indes, tome 1, l. 1, pag. 98.

en revinrent, par les guerres qu'ils ont soutenues contre toutes les forces de la Syrie, par la multitude de ceux qui furent égorgés ou réduits à l'esclavage par les Romains, par les colonies qu'ils avoient dans les différentes parties du monde. A cet égard aucune nation ne peut disputer l'avantage aux Juifs.

Moïse a réprimé par ses loix les abus énormes qui ont été tolérés chez les Egyptiens, les Chinois, les Indiens, les Grecs & les Romains, & que nous avons rapportées en parlant de la religion & des mœurs de ces peuples. Il n'a point donné aux peres le droit barbare d'exposer, de vendre, de mettre à mort ou de mutiler leurs enfans; aux maris le pouvoir de vendre ou de prostituer leurs épouses, de les rendre esclaves, ou de les tuer par jalousie. Il n'a point autorisé la prostitution, encore moins les désordres contre nature. Tous ces crimes sont proscrits par des loix séveres. Plus sage que les Législateurs Grecs & Romains, il n'a point donné aux maîtres le droit illimité de se jouer de la vie & des mœurs de leurs esclaves, il n'a point permis de faire à l'humanité les outrages qui nous font frémir en lifant l'histoire. On ne voit point chez les Juifs les peines atroces, les tortures, les supplices mis en usage contre les innocens aussi bien que contre les coupables; ils n'ont connu d'autre supplice que d'être lapidé ou brulé. Quand on compare leurs loix pénales avec celles des autres peuples anciens ou modernes, on est étonné que dans des siecles où l'espece humaine étoit encore si féroce & si peu civilisée, il ait pu s'établir une jurisprudence aussi douce & aussi raisonnable.

Cependant la multitude des Incrédules ne cesse de déclamer contre la législation de Moïse ; écoutons les griefs de ces sages réformateurs : ils les ont empruntés des Manichéens. Mais comment les accorder (*a*) avec Julien qui soutenoit que les loix de Moïse étoient les mêmes que celles des autres nations, du moins quant à la morale du Décalogue (*b*) ?

§. III.

Ils reprochent d'abord à Moïse de n'avoir pas supprimé l'esclavage ; c'est

---

(*a*) S. Aug. contrà Adimantum, c 8 & *suiv*.
(*b*) Dans S. Cyrille, l. 5, p. 154.

cependant un abus contraire à la loi naturelle, on connoît la multitude des désordres qu'il entraîne à sa suite.

Réponse. Nous convenons que l'esclavage, tel qu'il étoit établi dans la Grece & à Rome, tel qu'il subsiste encore chez les nations de l'Asie, est contraire au droit naturel. La loi de nature ne peut accorder à aucun homme un droit absolu & illimité sur la vie, sur les mœurs, sur les talens, sur la destinée de son semblable, ni le pouvoir d'en disposer comme d'un animal. La question est de savoir, si l'esclavage restraint & adouci comme il l'étoit par les loix Mosaïques, étoit encore contraire au droit naturel, & s'il étoit possible à Moïse de le supprimer absolument.

La loi naturelle défend-t-elle à l'homme d'aliéner sa liberté pour un tems à des conditions qui lui paroissent avantageuses, eu égard aux circonstances? Dans ce cas, l'état de domestique parmi nous & l'engagement des soldats, seroient contraires au droit naturel. Quelque zele que l'on puisse avoir pour la liberté, il est difficile d'admettre cette conséquence. Or un esclave Juif étoit dans la même condition que les domestiques parmi nous, son sort étoit moins dur que celui de nos soldats; la liberté ne lui étoit ravie que pour un tems, il la recouvroit de droit à la septieme année; s'il vouloit servir plus long-tems, il étoit encore mis en liberté à l'année Jubilaire (*a*). Le sabbat étoit institué en partie pour accorder du repos aux esclaves; nous l'avons vu ailleurs. C'étoit déja un grand point d'avoir ainsi réformé le droit public abusif qui régnoit chez toutes les nations. Moïse avoit réprimé la cruauté, la lubricité, la dureté des maîtres à l'égard des esclaves, même étrangers (*b*); leur condition étoit plus douce que par-tout ailleurs, nous ne trouvons dans aucun Législateur ancien les précautions que Moïse avoit prises pour alléger la servitude; elle ne pouvoit donc entraîner chez les Juifs les mêmes désordres que chez les autres peuples.

Lorsqu'un Philosophe établit comme *une éternelle vérité* & un principe immuable que l'esclavage est contraire au

---

(*a*) Levit. c. 25, v. 40.
(*b*) Exode, c. 21, v. 1 & suiv.

droit naturel (a); à moins qu'il ne commence par donner une idée précise de ce qu'il entend par *esclavage*, sa décision est fausse. Encore une fois le droit naturel ne défend point à l'homme de renoncer à sa liberté sous des conditions qui lui paroissent avantageuses. Si la liberté est un bien très-précieux, la vie & la subsistance le sont encore davantage.

Moïse pouvoit-il supprimer entiérement la servitude? Nouvelle question sur laquelle nos Philosophes n'ont pas pris la peine de réfléchir. Aucun des anciens peuples n'a eu de la liberté les mêmes idées que nous avons, & ce n'est point à la philosophie, mais à la religion que nous en sommes redevables. Chez une nation moins occupée du commerce & des arts que de l'agriculture, il n'y avoit point de milieu connu entre l'esclavage du moins momentané, & la liberté absolue que donnoit la propriété des terres. Les Juifs étoient accoutumés aux mœurs de l'Egypte où la servitude avoit lieu. Ils avoient été suivis par une foule d'E-

---

(a) Recherches Philos. sur les Egypt. tome 2, sect. 9, pag. 283.

gyptiens, dont la plupart étoient probablement des esclaves qui cherchoient un fort moins malheureux. Ils étoient environnés de nations qui avoient des esclaves. Quand Moïse auroit voulu établir une liberté générale, les Hébreux auroient-ils pu goûter ce plan? On n'attachoit alors presqu'aucun prix à la liberté, puisqu'on pouvoit la vendre, on regardoit la servitude comme le moyen de subsistance le plus commode dans la pauvreté; par les loix de Moïse elle devenoit moins onéreuse & moins humiliante que dans le reste de l'univers.

A la guerre, il n'étoit pas défendu aux Juifs de faire des prisonniers : or, tant que les armées n'ont pas été composées de troupes soudoyées, & toujours réunies sous le drapeau, les prisonniers ne pouvoient être traités que sur le pied d'esclaves : s'ils avoient été libres, ils auroient pris la fuite, ou se seroient armés ; c'est donc par nécessité que, chez toutes les nations anciennes, les prisonniers faits à la guerre ont été réduits à l'esclavage. D'un côté, l'on accuse les Juifs d'avoir tout exterminé dans le pays ennemi; de l'autre, on leur reproche d'avoir confervé des prifonniers pour l'efclavage : que devoient-ils donc faire ?

Pour changer, fur ce point, le droit de la guerre, il falloit une révolution dans les idées politiques de toutes les nations, & qui ne pouvoit s'opérer que par des moyens furnaturels, puifque la Philofophie même n'a jamais penfé à y travailler. Moïfe a préparé de loin cette révolution par les loix d'humanité & de charité qu'il a établies, le Chriftianifme l'a confommée par la douceur de l'Evangile ; l'efclavage n'a jamais été aboli que chez les nations Chrétiennes.

§. IV.

Selon l'Auteur des Recherches Philofophiques fur les Egyptiens & les Chinois, ,, C'eft une faute impardon-
,, nable des Légiflateurs de l'Orient,
,, foit qu'ils aient parlé en infpirés, foit
,, qu'ils aient parlé en politiques ; ils
,, ont établi l'efclavage par la force de
,, leurs loix : & cette erreur où ils font
,, tombés eft telle, qu'il ne leur a plus
,, été poffible de rien difcerner de vrai
,, ou de faux dans ce qu'on appelle le

« droit de l'homme; ils avoient cor-
« rompu la source où ils puisoient (a) ».

Réponse. Il est faux que les Législateurs aient établi l'esclavage *par la force de leurs loix* ; il est né au contraire, 1.º de la difficulté des subsistances parmi les familles nomades. 2.º De la férocité des peuples encore barbares & privés des loix. Ces brutaux croyoient faire grace à un ennemi pris à la guerre, de lui laisser la vie sous condition d'être esclave (*b*); ainsi en agissent encore les Sauvages qui n'ont jamais eu de Législateurs. Il est impossible que tous les sages se soient accordés, dans tous les pays du monde, à introduire un droit contraire à la raison & à la loi naturelle; ils ont trouvé la servitude établie, ils ont été forcés de la laisser subsister. Elle est plus ancienne que les loix de Moïse, aucune de ces loix ne tend à l'introduire, plusieurs au contraire tendent à la modérer. Si les autres Législateurs ont commis une faute impardonnable, en laissant subsister la servitude dans

---

(*a*) Recherches Philos. sur les Egypt. tome 1. sect. 2, pag. 35.
(*b*) Questions sur l'Encyclop. *Esclaves.*

toute la rigueur des siecles barbares, Moïse n'est point tombé dans le même défaut, puisqu'il a rendu cet état plus tolérable. Il a très-bien su distinguer & fixer les droits de l'homme, il ne les a violés par aucune loi; il est le premier & le seul qui les ait fondés sur une base solide, en nous apprenant que tous les hommes sont enfans d'un même pere, & ont été créés à l'image de Dieu. Le reproche qu'on lui fait est injuste à tous égards, il l'est encore davantage quand on veut l'appliquer au Christianisme: nous le verrons en son lieu.

§. V.

Dans les Républiques anciennes dont on a tant exalté les gouvernemens libres, les artisans & les journaliers en général ne jouissoient pas des priviléges communs, ils étoient traités comme des animaux plutôt que comme des hommes. A mesure que ces nations devinrent plus riches & plus civilisées, elles eurent plus d'esclaves, & les traiterent avec une dureté plus intolérable. Il y avoit à Athenes vingt-un milles citoyens & quatre cent milles esclaves; c'est environ vingt esclaves pour un citoyen (*a*). Titus-Minucius, Chevalier Romain, en avoit quatre cents (*b*); un certain Cécilius en avoit quatre milles (*c*). La liberté, dont on fait sans cesse retentir le son à nos oreilles, étoit tout au plus l'apanage du vingtieme de l'humanité. Les peuples les plus enthousiastes de la liberté, dit un Philosophe, furent ceux qui porterent les loix les plus dures contre les serfs (*d*). En parlant de la religion & des mœurs des Romains, nous avons fait voir quel étoit, à Rome & dans la Grece, l'état des esclaves. On se jouoit de leurs mœurs, de leur santé, de leur vie; les Juifs n'ont jamais poussé l'inhumanité à ce point. Si un maître, chez eux, avoit mutilé son esclave, il étoit obligé de le renvoyer libre; s'il l'avoit tué, il étoit forcé de prouver qu'il l'avoit fait sans dessein, ou il étoit condamné à perdre

---

(*a*) Athénée, l. 6, c. 20.
(*b*) Sénéque, de tranquill. c. 8.
(*c*) Pline, l. 33, c. 10.
(*d*) Quest. sur l'Encyclop. *Esclaves.*

la vie ; il n'échappoit au supplice que lorsque l'esclave avoit survécu quelques jours (*a*).

Cependant l'Auteur de l'Esprit des Loix s'écrie à ce sujet : *Quel peuple que celui où il falloit que la loi civile se relâchât de la loi naturelle !* Disons plutôt, quels hommes que les Philosophes ! ils épluchent un ciron, & avalent un chameau. Ils se plaignent de ce que les Juifs ne poussoient pas assez loin le respect pour la loi naturelle, & ils ne disent rien des Egyptiens, des Grecs, des Romains, des Chinois, de tous les Asiatiques qui les ont entiérement méconnues. Sans doute la loi de ces peuples, qui donnoit à un maître le privilége de tuer impunément un esclave, étoit plus raisonnable que la loi Juive qui lui pardonnoit sa brutalité lorsque l'esclave avoit survécu pendant plusieurs jours. On fait un procès à Moïse de n'avoir pas aboli l'esclavage, & l'on excuse les anciens Philosophes, dont aucun n'a seulement pensé à l'adoucir. *Traitez les esclaves avec bonté,* dit le Législateur des Juifs, *parce que vous avez*

___

(*a*) Exode, c. 21, ɣ. 21 & suiv.

été vous-mêmes esclaves en Egypte (*a*). Cicéron, Platon, Socrate, ont-ils donné de pareilles leçons ; ont-ils parlé des droits de l'homme avec autant d'énergie que Moïse ? Platon juge innocent celui qui tue son esclave ; il ne le condamne qu'à une amende pour avoir tué l'esclave d'un autre ; il ne punit que par l'exil toute autre espece d'homicide (*b*). Voilà les abus contraires à la loi naturelle contre lesquels il falloit déclamer.

Croiroit-on, si nous n'en donnions la preuve, qu'en affectant de censurer les loix & les mœurs des Juifs, on a fait, en faveur des autres peuples, l'apologie de l'injustice & de la cruauté ? Après avoir décidé, comme un principe sacré & immuable, que l'esclavage est contraire au droit naturel, un Philosophe ne rougit point de dire que l'ancienne Egypte est le seul pays du monde où l'on ait eu *une bonne police* par rapport aux Juifs, parce qu'on les réduisit en esclavage contre le droit des gens (*c*) ; que

---

(*a*) Deut. c. 15., ℣. 15.
(*b*) Théodoret Therapeut. neuvieme disc. pag. 619.
(*c*) Recherches Philos. sur les Egypt. tome 1, sect. 4, pag. 279.

si on mit à mort leurs enfans, c'est qu'on vouloit les traiter en ennemis (a). Ainsi la violation du droit naturel est permise, dès que l'on s'en sert contre les Juifs; les maximes d'une *éternelle vérité* ne sont plus vraies à leur égard.

Ce n'est donc plus chez les Philosophes qu'il faut étudier le droit naturel ni *la bonne police ?*

§. VI.

La polygamie est une conséquence presque nécessaire de l'esclavage domestique. Dans des pays où l'homme est porté à la lubricité par l'influence du climat, comment empêcher un maître d'abuser des femmes esclaves achetées à prix d'argent, qui cherchent à lui plaire, & dont le sort est entre ses mains ? On n'a pu y corriger le libertinage que par la polygamie; mais il n'étoit pas possible de parer à tous les inconvéniens qui devoient naître du remede : Moïse a donc été forcé de se borner à réprimer autant qu'il a pu la polygamie ? En parlant de cet abus, nous

---

(a) *Ibid*, sect. 2, pag. 66.

avons vu qu'il l'a effectivement renfermé dans des bornes très-étroites. Il fait tout ce qu'il étoit moralement possible de faire, eu égard au tems, au climat, aux circonstances, aux mœurs qui régnoient pour lors chez les peuples voisins. Nos adversaires conviennent que chez les Arabes, les Egyptiens, & beaucoup d'autres nations de l'Asie & de l'Afrique, *les mœurs sont immuables* (*a*) Celles des Arabes sont encore telles qu'elles étoient il y a quatre mille ans, & on fait un crime à Moïse de n'avoir pas changé les mœurs (*b*). Le Christianisme seul a été capable d'opérer cette révolution, & il l'a faite lorsqu'il s'est établi en Arabie. Mais Dieu n'a pas jugé à propos de faire par la religion particuliere d'un seul peuple, ce qu'il a fait ensuite par la religion universelle que Jesus-Christ est venu annoncer aux hommes, parce que Dieu ne fait pas de choses contradictoires, il étoit impossible de rendre les mœurs des Juifs aussi pures que celles des Chrétiens, san

---

(*a*) Recherches Philos. sur les Egypt. tome 1 sect. 3, pag. 190.
(*b*) Morgan, Moral Philos. tom. 2, pag. 268.
changer

changer les mœurs des autres peuples que les Juifs avoient sous les yeux.

Ce qu'il y a de certain, c'est que chez les Juifs la condition des femmes étoit beaucoup plus douce que par-tout ailleurs ; leurs droits étoient fixés par la loi. Elles n'étoient ni esclaves, ni renfermées, ni livrées à la merci de leur mari ; les filles n'étoient point privées du droit de succession, comme elles le sont chez la plupart des nations polygames. Puisque la condition libre des femmes, les bornes de l'autorité paternelle, l'adoucissement de l'esclavage, sont une preuve certaine des progrès qu'un peuple a faits dans la civilisation (*a*), il est démontré par les loix de Moïse que les Juifs n'étoient plus ni dans l'état des peuples sauvages, ni dans celui des peuples Nomades, ni dans celui des Arabes Bédouins, & qu'ils étoient mieux policés qu'aucuns de leurs voisins.

La coutume barbare de faire des eunuques pour garder les femmes, est un des fléaux nés de la polygamie ; Moïse

---

(*a*) Observations sur les commencemens de la Société, par Millar, c. 1, sect. 5, pag. 114 : c. 2, sect. 1, pag. 133 & 161.

n'a point autorisé cette cruauté ; il l'a proscrite au contraire en attachant une note d'infamie à ceux qui auroient été ainsi mutilés (a). Jamais les Juifs n'ont été accusés de fomenter parmi eux cet usage qui régnoit en Egypte, dans la Perse & ailleurs. En tolérant la polygamie, leur Législateur en avoit retranché les plus grands abus, ou plutôt en ôtant la liberté de faire des eunuques, il avoit mis de nouvelles entraves à la polygamie : les Orientaux se dégoûteroient bientôt de la pluralité des femmes, s'ils ne pouvoient avoir des eunuques pour les garder.

§. VII.

Selon quelques philosophes, les loix de Moïse sont contradictoires; la preuve qu'ils en donnent n'est pas fort solide. Dans le Lévitique, disent-ils, il est défendu à un Juif d'épouser la veuve de son frere, & cela lui est ordonné dans le Deutéronome.

Réponse. Foible objection. Dans le Deutéronome, il est dit que si un homme

---

(a) Deut. c. 23, ℣. 1.

marié vient à mourir sans enfans, son frere épousera la veuve, afin de donner un héritier au défunt; que le premier mâle qui naîtra de ce mariage sera censé appartenir au mort, en portera le nom, & en aura tous les droits (*a*). Excepté ce cas, il n'est pas permis à un Juif d'épouser sa belle-sœur, c'est ce qui est défendu dans le Lévitique (*b*). Il n'y a aucune opposition entre ces deux loix. Si nos adversaires étoient mieux instruits, ils sauroient que la loi du Deutéronome est plus ancienne que Moïse; elle étoit déjà en usage parmi les enfans de Jacob (*c*).

Un auteur qui a composé un volume entier de déclamations contre les Juifs, dit que la loi de Moïse avoit totalement négligé la décence, la tempérance & la pureté (*d*).

Réponse. Pour appuyer cette calomnie, il auroit fallu citer quelque espece de turpitude qui ne fût pas défendue par cette loi; l'auteur auroit été fort em-

---

(*a*) Deut. c. 25, ℣. 5.
(*b*) Levit. c. 18, ℣. 16.
(*c*) Gen. c. 38, ℣. 8.
(*d*) Esprit du Judaïsme. Avant-Propos, p. x; Morgan, tome 2, pag. 266,

barrassé d'en nommer aucune. Il n'est au contraire point de législation connue qui ait pourvu dans un si grand détail, & avec autant de sévérité à la décence & la pureté des mœurs. La simple fornication étoit punie ; tout homme qui avoit séduit une personne libre, étoit obligé de l'épouser, une femme publique auroit été mise à mort sans miséricorde.

Cette loi, dit le Critique, si sévere sur des minuties, ne réprime point l'yvrognerie ; un Manichéen faisoit à S. Augustin la même objection (*a*).

Réponse. C'est un grand grief sans doute. Y a-t-il quelques nations policées chez lesquelles l'yvrognerie ait été punie par des peines afflictives ? Elle ne l'est point parmi nous. Jamais personne ne s'est avisé de la regarder comme un crime digne de la vengeance publique. Moïse avoit suffisamment noté ce défaut ; il avoit défendu toute boisson capable d'enyvrer, non-seulement aux prêtres pendant tout le tems que duroit leur ministere, mais à toute personne qui vouloit se consacrer au Seigneur (*b*).

(*a*) S. Aug. contrà Adimantum, c. 14.
(*b*) Num. c. 6.

§. VIII.

La loi de Moïse, continue le Censeur, permettoit à un homme d'avoir autant de femmes & de concubines que bon lui sembloit ; sur le moindre dégoût un mari pouvoit renvoyer sa femme & s'en séparer, en lui donnant un billet de divorce, sans alléguer aucun motif d'une conduite si cruelle.

Réponse. Deux faussetés. Dans les écrits de Moïse, il n'y a point de permission expresse de prendre plusieurs femmes ou concubines. La licence que se donnoient quelquefois les Juifs de prendre deux femmes, est réprimée par des restrictions qui devoient les dégoûter de cet abus ; nous l'avons fait voir en traitant de la Polygamie. Si les Rois en furent souvent coupables, ils violoient une défense formelle de la loi (*a*) ; mais les exemples en furent toujours très-rares parmi les particuliers.

Il est faux qu'un mari pût renvoyer sa femme sur le moindre dégoût ; il ne pouvoit le faire que pour un défaut de

---

(*a*) Deut. c. 17, ⅴ. 17.

chasteté ; nous l'avons prouvé au même endroit. Le simple soupçon ne suffisoit pas, puisqu'il y avoit une épreuve dans le cas du doute ; mais cette épreuve même paroît un crime à nos judicieux censeurs.

Un homme, disent-ils, guidé par son caprice, pouvoit forcer sa femme de subir l'épreuve de la jalousie & la faire empoisonner par un Prêtre, toujours facile à gagner par des présens. Le Prêtre faisoit avaler à cette femme un breuvage de sa composition, & il dépendoit de l'homme de Dieu de le rendre mortel ou sans danger ; ainsi les Prêtres étoient les maîtres absolus de la vie des femmes (*a*).

Réponse. Calomnie absurde. Dans *l'eau de jalousie*, il n'entroit rien qu'un peu de poussiere prise sur le pavé du Tabernacle (*b*). Les malédictions que le Prêtre y ajoutoit ne pouvoient certainement avoir par elles-mêmes la vertu d'empoisonner une femme. De deux choses l'une, ou cette cérémonie n'avoit pour but que d'effrayer les coupables &

(*a*) Esprit du Judaïsme, Morgan, *ibid.*
(*b*) Num. c. 5, ẏ. 12.

de tirer d'elles la confession de leur crime, afin d'autoriser leur mari à les renvoyer, ou la vertu de cette eau étoit surnaturelle. Il est d'ailleurs absurde de supposer qu'un Juif ait mieux aimé faire empoisonner sa femme que de faire divorce avec elle, s'il pouvoit la renvoyer *sur le moindre dégoût*. De ces deux accusations, savoir, la liberté du divorce & la facilité des empoisonnemens, l'une détruit l'autre ; mais la malignité est aveugle, & la passion ne raisonne pas.

Moïse avoit porté une loi très-sévere contre le mari qui auroit calomnié son épouse ; il étoit condamné à la bastonnade, à payer cent sicles d'argent à son beau-pere, & privé de la liberté de faire divorce (*a*). Il est donc faux que les Juifs fussent les maîtres absolus de la réputation & de la vie de leurs femmes.

§. IX.

Selon nos adversaires, Moïse avoit établi le gouvernement Théocratique, c'est le plus mauvais de tous ; il fonde la tyrannie des Prêtres, & il a été la

---

(*a*) Deut. c. 22, ℣. 13.

source du despotisme dans tout l'Orient (a).

Reponse. Il est faux que le gouvernement des Juifs ait été *Théocratique* dans le sens que l'entendent les incrédules; nous avons prouvé le contraire, chap. IV, art. III, §. 5; il n'étoit pas plus despotique. Les Juifs avoient un code de loix très-complet, très-détaillé, très-sage; les Prêtres, les Juges, les Rois ne pouvoient y déroger; le gouvernement n'étoit donc livré au caprice des uns ni des autres. Le *vrai despotisme* n'a lieu que quand la volonté du Souverain a par elle-même force de loi, comme on le voit à la Chine & ailleurs; chez les Juifs au contraire ce n'est pas l'homme qui devoit régner, c'est la loi.

Diodore de Sicile, mieux instruit que nos Docteurs modernes, observe que Moïse fit de sa nation une république (b); c'est la premiere qui ait existé dans le monde : jusqu'alors, tous les peuples

---

(a) Orig. du despot. Oriental. Encyclop. art. *vingtieme*, ajouté, pag. 862. Esprit du Judaïsme, c. 3, pag. 61. Morgan, tome 2, pag. 133.
(b) Traduction de Terrasson, tome 7, pag. 147.

avoient été sous le pouvoir monarchique absolu.

Pourquoi le gouvernement républicain a-t-il été ordinairement très-orageux ? Par le défaut de loix. Alors il falloit que tout fût réglé par des délibérations, dans lesquels les riches & les grands se liguoient pour écraser les petits ; nous le voyons chez les Romains & ailleurs. En vertu de la loi, aucun particulier chez les Juifs ne pouvoit opprimer ses concitoyens ; lorsqu'il n'y avoit point d'ennemis à redouter au dehors, l'égalité & la paix régnoient nécessairement au dedans.

Nos Politiques romanciers raisonnent très-mal, quand ils jugent que le despotisme n'a pu s'établir nulle part à la suite du gouvernement paternel (*a*). Ils ne voient pas que dans l'état des familles isolées & nomades qui a précédé la société civile, le pere étoit nécessairement despote, maître absolu de ses femmes, de ses enfans, de ses esclaves (*b*) ; par

---

(*a*) Recherches Philos. tome 2, sect. 9, p. 290.
(*b*) Observ. sur les comm. de la Société, par Millar. Hist. de l'Amérique, par Robertson, t. 2, pag. 274, &c.

quelles loix son pouvoir auroit-il été borné, lorsqu'il n'y avoit pas encore de loix civiles? Il l'étoit sans doute par la loi naturelle; mais le pere seul étoit l'interprete de cette loi. Tel est le modele sur lequel ont été formés tous les premiers gouvernemens.

Les premiers Rois de Rome présidoient à la religion, faisoient les loix & les interprétoient, rendoient la justice, commandoient les armées (*a*); ils étoient donc despotes dans la rigueur du terme, puisqu'ils réunissoient toutes les especes de pouvoir. A la Chine, le gouvernement est très-despotique, quoique fondé & réglé sur le gouvernement paternel; il n'est pas moins illimité chez la plupart des nations barbares. Est-ce la Théocratie qui a produit le même effet par-tout? Au contraire; s'il y a des contrées où le pouvoir du Souverain est plus modéré, c'est ordinairement parce qu'on lui a donné un contrepoids dans l'autorité des Ministres de la religion; cela se voit au Japon, en Turquie & ailleurs.

Vainement nos critiques répetent que

(*a*) V. les Loix Romaines à la suite de Denis d'Halicarnasse.

sous le gouvernement Théocratique les Juifs furent souvent subjugués, esclaves, malheureux. L'histoire atteste que toutes leurs calamités furent l'effet & le châtiment de leurs révoltes contre la loi. Quand on lit que sous le gouvernement des Juges ils tomberent sept fois *dans la servitude* (*a*), il ne faut pas s'effrayer d'un mot. Les nations voisines faisoient des incursions dans la Judée, ravageoient les terres, imposoient un tribut aux Juifs, leur ôtoient quelquefois les armes & les moyens de se défendre ; voilà en quoi consistoit leur servitude. Il ne s'ensuit pas qu'ils fussent réduits à l'esclavage domestique & dépouillés de toute propriété, comme les Ilotes à Sparte, les Colons chez les Romains, les Negres dans les plantations de l'Amérique. Un de nos Philosophes, après avoir cent fois déclamé contre les Juifs, avoue que sous les Juges ils furent heureux & pacifiques (*b*).

Le gouvernement sacerdotal n'a eu

―――――――――――――――――――――――

(*a*) Mélanges de Littérature, tome 3, c. 61. Philosophie de l'Histoire, c. 41.
(*b*) Histoire des établissemens des Européens dans les Indes, tome 7, c. 9, pag. 171.

lieu chez eux qu'après la captivité de Babylone, lorsqu'une famille de Prêtres eut sauvé la nation par l'héroïsme de ses exploits, & jamais cette nation n'a joué un rôle plus considérable dans le monde qu'à cette même époque ; ce phénomene n'est pas fort propre à donner une mauvaise idée du gouvernement des Prêtres.

Il est bon de nous souvenir toujours que de toutes les nations anciennes, il n'en est aucune chez laquelle l'autorité des Ministres de la religion ait été plus bornée que chez les Juifs & chez les Chrétiens ; un savant Académicien l'a prouvé sans réplique (*a*).

§. X.

Objection. Les livres des Juifs contiennent un code politique, absurde & pernicieux ; Samuel, en leur donnant un Roi, lui attribue tous les droits d'un despote. « Voici, dit-il, le *droit* du
» Souverain qui vous gouvernera ; il
» prendra vos fils pour en faire ses do-
» mestiques, ses gardes, ses colons, &c

(*a*) Histoire de l'Acad. des Inscript. in 12. tome 15, pag. 143.

DE LA VRAIE RELIGION. 397

» ouvriers; vos filles, pour servir dans
» sa maison: il enlevera vos meilleures
» terres pour les donner à ses Officiers;
» il levera, pour leur entretien, la dîme
» de vos récoltes; il fera travailler pour
» lui vos serviteurs & les jeunes gens
» de l'un & l'autre sexe; il prendra la
» dîme de vos troupeaux, & vous de-
» viendrez ses esclaves (a) ». Selon le
Comte de Boulainvilliers, Bossuet, dans
sa politique, a abusé, par mauvaise foi,
des textes de l'Ecriture pour former de
nouvelles chaînes à la liberté des hommes
& pour augmenter le faste & la dureté
des Rois. Le système politique de cet
Evêque est un des plus honteux témoignages de l'indignité de notre siecle &
de la corruption des cœurs (b).

Réponse. Si Samuel avoit eu les idées
qu'on lui prête, il n'auroit suivi ni la
lettre, ni l'esprit de la loi de Moïse; *le
droit du Roi y est clairement fixé*. « Lors-
» que vous vous serez choisi un Roi,
» dit le sage législateur,..... il n'aug-
» mentera point le nombre de ses fem-

(a) 1 Reg. c. 8, ℣. 11.
(b) Encyclop. art. *vingtieme*, ajouté, p. 862.

» mes; il n'amassera point de trésors;
» il demandera aux Prêtres une copie
» de la loi & la lira tous les jours de sa
» vie, afin qu'il apprenne à l'observer
» & à craindre le Seigneur : qu'il ne
» s'enorgueillisse point au-dessus de ses
» freres; qu'il ne s'écarte de la loi ni à
» droite, ni à gauche, s'il veut régner
» long-temps sur Israël, & conserver
» le trône à sa postérité (a) ». Samuel
lui-même n'avoit pas gouverné en despote : « Me voici, dit-il au peuple;
» rendez témoignage devant le Seigneur
» & en présence du Roi, si j'ai enlevé
» une piece de bétail à quelqu'un, si j'ai
» opprimé ou calomnié, si j'ai reçu
» seulement un présent de qui que ce
» soit (b) ». Il ne pouvoit donner une
leçon plus énergique au Roi qui venoit
d'être élu.

Il est clair que dans le premier passage Samuel parloit non d'un *droit légitime*, fondé sur la loi naturelle & sur la loi de Moïse, mais du droit abusif, tel qu'il étoit exercé dès-lors par les Souverains, & auxquels les Rois des Juifs ne tarde-

---

(a) Deut. c. 17, y. 16.
(b) 1. Reg. c. 12, y. 2.

rent pas de prétendre. « Alors, ajoute
» Samuel, vous aurez recours au Sei-
» gneur, & vous vous plaindrez de
» votre Roi ; mais Dieu ne vous écou-
« tera pas, parce que vous l'avez voulu ».

L'illustre Bossuet n'a pas fondé le droit des Rois sur le passage objecté par nos adversaires ; il enseigne & il prouve, par les paroles de l'Ecriture, que Dieu a fondé la société naturelle entre les hommes sur leurs besoins mutuels ; que l'autorité royale est paternelle & non despotique ; que les Rois ne sont point affranchis des loix ; que le gouvernement arbitraire est barbare & odieux (a). Boulainvilliers a d'autant plus mauvaise grace d'accuser Bossuet, que lui-même, dans ses mémoires historiques, semble n'avoir écrit que pour livrer le peuple à la tyrannie des Seigneurs.

Ce qu'ajoute l'encyclopédiste, que les fauteurs des superstitions s'efforcerent toujours de persuader le pouvoir *sans bornes* des Souverains ; que c'est ce qui leur a valu l'autorité que Constantin

___

(a) Politique tirée de l'Ecriture-Sainte, l. 1, art. 1 : l. 3, art. 3 : l. 4, art. 1. prop. 4 : l. 8, art. 2, leur donna par ſes loix, & toute celle qu'ils ont eue ſous les Rois Viſigoths, eſt une nouvelle calomnie ; nous la réfuterons dans notre troiſieme partie, & nous verrons que perſonne n'a réſiſté au deſpotiſme avec plus de force que le Clergé.

§. XI.

Les cenſeurs de la révélation déclament avec encore plus d'amertume contre la maniere dont les Juifs firent la guerre ; nous verrons ce qui en eſt, lorſque nous reprendrons le fil de l'hiſtoire. Diodore de Sicile, meilleur juge que les Philoſophes modernes, convient que Moïſe avoit donné aux Hébreux de très-ſages inſtructions ſur la guerre (a). Pourroit-on citer une des nations de l'antiquité qui ait eu des loix militaires auſſi modérées ? Quoique tout citoyen fut obligé d'être ſoldat au beſoin, la loi veut que l'on renvoie chez eux les nouveaux mariés, ceux qui avoient formé un nouvel établiſſement, ceux qui ſe ſentoient un cœur timide & lâche : elle

_____

(a) Traduction de Terraſſon, tome 7, p. 147.

défend d'attaquer l'ennemi, d'affiéger aucune ville fans avoir offert la paix; fi l'ennemi l'accepte, la loi veut que l'on fe contente d'impofer un tribut, fans tuer perfonne; fi l'ennemi fe défend & qu'une ville foit emportée d'affaut, elle permet de faire main-baffe fur tous ceux qui ont les armes à la main, mais non fur les femmes, les enfans, ni les animaux: elle défend encore de faire des dégâts inutiles, de couper les arbres fruitiers ni les autres, qu'autant qu'il en eft befoin pour faire un fiége. Si un Juif conçoit de l'inclination pour une captive, il lui eft ordonné de la laiffer pendant un mois dans le deuil, avant de la prendre pour fon époufe; & s'il s'en dégoûte dans la fuite, il eft obligé de la renvoyer libre (*a*). Nous ne voyons aucun de ces traits d'humanité chez les autres peuples.

A la vérité les Chananéens font exceptés par ces mêmes loix; Dieu veut qu'on les extermine d'abord fans diftinction d'âge ni de fexe. Nous verrons ailleurs les raifons de cette févérité; nous examinerons fi elle eft plus cruelle que

---

(*a*) Deut. c. 20 & 21.

celle dont ufoient les autres peuples en pareille occafion; fi tant de Conquérans qui ont dévafté la terre avoient un meilleur droit & des motifs plus louables que les Juifs.

L'Auteur des recherches philofophiques fur les Egyptiens dit qu'il étoit très-aifé de battre les Juifs; que ce malheureux peuple a été battu par prefque tous ceux qui ont voulu l'attaquer (*a*). Cependant les Juifs ont vaincu plufieurs fois les Ammonites, les Moabites, les Amalécites, les Iduméens, les Philiftins, les Egyptiens, les Chananéens, les Affyriens, les Macédoniens. Si l'on dit que ces victoires ne font rapportées que dans les livres des Juifs, nous répondrons auffi que leurs défaites ne nous font connues que par leurs livres. Il ne paroît pas que les Juifs aient été plus mauvais foldats que les Egyptiens, qui ne font célebres que par leurs défaites, & dont l'Auteur des recherches veut néanmoins nous donner une haute idée. Tacite convient que les Juifs eurent fouvent l'avantage fur les troupes Ro-

---

(*a*) Recherches Philof. tome 2, fect. 9, pag. 328.

maines (a). Un de nos Historiens Philosophes parlant du siége de Jérusalem, dit qu'il *est bien dur* d'être obligé de croire que des Juifs aient été capables d'une valeur si désespérée (b). Assurément cela est dur pour des Incrédules opiniâtres ; mais nous avons bien d'autres duretés à leur faire digérer.

Dans les mélanges de littérature, on décide que la discipline militaire des Juifs n'étoit pas meilleure que leur gouvernement, & l'on argumente encore sur leurs défaites. Cependant l'Auteur observe qu'ils étoient environnés de nations puissantes & belliqueuses; qu'ils ne pouvoient s'allier avec elles, ni être protégés par elles ; que leurs montagnes n'étoient ni d'une assez grande hauteur, ni assez contigües pour avoir pu défendre l'entrée de leur pays ; qu'ils n'eurent jamais d'armées continuellement sous le drapeau, comme les Assyriens, les Medes, les Perses, les Syriens & les Romains (c).

Mais si malgré tant de désavantages

(a) Tacite, hist. l. 5.
(b) Tableau du Genre humain, pag. 110.
(c) Mélanges, tome 3, c. 61, pag. 18.

les Juifs n'ont pas laissé de s'établir à main armée, de remporter plusieurs victoires sur leurs voisins, de se maintenir en corps de nation sous leurs propres loix pendant près de quinze cents ans, il faut que leur discipline militaire & leur gouvernement n'aient pas été absolument mauvais. Lorsque ces deux pieces essentielles manquent à un peuple placé comme l'étoient les Juifs, il lui est impossible de se soutenir pendant si long-tems.

§. XII.

Nos adversaires ont donc le talent de concilier toutes les contradictions, de faire éclore dans l'histoire des prodiges de toute espece. Ils disent que chez les Juifs tout est miraculeux, inconcevable, contraire à l'expérience & au cours ordinaire des choses; & par le tableau qu'ils tracent de ce peuple singulier, ils le font paroître cent fois plus inconcevable qu'il n'est dans la réalité & selon le récit des livres saints. Pourvu qu'ils invectivent contre les Juifs, peu leur importe que ces reproches soient d'accord ou non avec l'histoire & avec l'ordre de la nature : nous en verrons encore cent exemples.

Mais dussent-ils lancer contre nous des sarcasmes encore plus amers, nous n'en rendrons pas moins témoignage à la vérité, nous n'en soutiendrons pas moins la sagesse des loix & de l'administration établies par Moïse. Il seroit à souhaiter que ce droit civil, dicté par la raison, eût été celui de tous les anciens peuples : il ne convenoit pas à un grand empire, nous le savons ; c'est pour cela même que nous l'estimons davantage. S'il avoit été universellement suivi, il n'y auroit point eu sur la terre *de grands Empires*, c'est-à-dire, de ces monstres dévorans qui s'élevent aux dépens de l'espece humaine, qui se conservent en continuant de l'absorber, & qui ne peuvent tomber sans écraser le reste par leur chûte : on n'auroit point vu de Conquérans ; Dieu avoit mis des bornes naturelles sur la face du globe pour contenir chaque nation dans un espace de terrein suffisant pour la nourrir : point d'armées soudoyées, point de soldats toujours prêts à égorger leurs semblables pour contenter l'ambition d'un seul homme. Toute la terre eût été cultivée, arrosée des sueurs & non du sang de ses habitans. Les hommes, plus occupés, eussent été moins avides & moins vicieux, plus sobres & plus justes ; la justice Divine n'auroit jamais été forcée d'ordonner à un peuple d'en exterminer un autre. L'égalité auroit subsisté parmi les habitans d'une même contrée, le luxe n'eût pas placé l'excès de l'abondance à côté de l'extrême pauvreté. Une paix constante eût fait tomber l'esclavage ; chaque Citoyen se trouvant en état de nourrir une famille & une épouse, personne n'auroit laissé à son voisin la liberté d'en avoir plusieurs. Les arts superflus auroient été moins honorés, & cette épargne eût tourné au profit des arts nécessaires ; les talens agréables auroient été consacrés au culte de la divinité, & non à nourrir les passions des hommes : jamais on n'auroit dépouillé une province pour bâtir un Cirque ou un Amphithéâtre. Nous ne comprendrons jamais comment des Philosophes qui parlent sans cesse de morale, de vertu, de paix, d'abondance, de félicité publique, osent exercer leur censure contre un code de législation qui n'avoit d'autre but que de procurer aux hommes ces divers avantages.

Quelques-uns ont poussé la témérité jusqu'à écrire que la loi de Moïse ne commandoit point la vertu, ne proscrivoit point le vice (*a*); ils ont oublié que le Décalogue qui est la pure loi naturelle, faisoit la partie principale des loix de Moïse.

ARTICLE QUATRIEME.

Des Mœurs & de la prospérité des Juifs.

§. I.

Lorsqu'un peuple a une religion pure, des loix sages, un gouvernement modéré, qu'il est sédentaire & appliqué à l'agriculture, il est impossible que ses mœurs soient barbares & corrompues; à moins que l'on ne veuille nous persuader que la croyance, la morale, la législation, la police, le travail, n'influent en rien sur les mœurs des nations. Les philosophes soutiendront-ils

---

(*a*) Morgan, moral. philos. tome I, pag. 27.

ce paradoxe, eux qui ne cessent de nous proposer des systêmes merveilleux, par lesquels ils prétendent refondre l'espece humaine, déraciner tous les vices & tous les abus ? C'est par les loix, par la croyance, par l'industrie, que l'on juge des progrès qu'un peuple a faits dans la civilisation & dans l'art de se rendre heureux. Or nous avons démontré que l'on ne peut blâmer sans injustice les dogmes, la morale, les loix, le plan d'administration que Moïse a donnés aux Juifs : il est donc absurde de soutenir qu'en demeurant fideles à suivre ce plan si sagement combiné, les Juifs ont été néanmoins un peuple féroce, barbare, insociable, fanatique & toujours malheureux. S'ils l'ont souvent abandonné, c'est leur faute ; leurs désastres, loin de prouver quelque chose contre les lumieres & la sagacité de leur Législateur, démontrent au contraire qu'il a été divinement inspiré, puisqu'il leur a prédit cette destinée.

Décrier les mœurs des Juifs, parce qu'elles ne ressemblent point à nos mœurs modernes, c'est montrer fort peu de jugement. " Si on veut y prendre garde, » dit un Philosophe très-animé contre
» les

DE LA VRAIE RELIGION. 409
» les Juifs, ces tems-là sont comme ceux
» d'un ancien monde qui diffère en tout
» du nouveau; la vie civile, les loix,
» la maniere de faire la guerre, les cé-
» rémonies de la religion, tout est ab-
» solument différent. Il n'y a même qu'à
» ouvrir Homere & le premier livre
» d'Hérodote pour se convaincre que
» nous n'avons aucune ressemblance
» avec les peuples de la haute anti-
» quité, & que nous devons nous défier
» de notre jugement, quand nous cher-
» chons à comparer leurs mœurs avec les
» nôtres (a) ». On aura peine à croire
que ces réflexions soient parties de la
même plume qui a répandu des torrens
de fiel contre les Juifs.

Par l'histoire de tous les peuples, il
est évident que l'autorité paternelle
réduite à de justes bornes, la condition
libre des femmes, l'adoucissement de
l'esclavage, les loix concernant l'honnêteté publique, la modération des droits
de la guerre, la culture des terres, &
une population nombreuse, sont des
signes infaillibles de civilisation & de

(a) Traité sur la Tolérance, c. 12, note f,
pag. 127.

Tome VI. S

prospérité; jamais ces divers avantages ne se sont trouvés réunis chez une nation sauvage, nomade ou barbare (a). Or, nous les voyons chez les Juifs.

§. II.

L'abondance de leur population est certaine. S'ils avoient été en petit nombre, ils n'auroient pas conquis la Palestine, ni dépossédé les Chananéens. Si leur multitude avoit diminué, ils n'auroient pas pu étendre leurs conquêtes, ni se maintenir contre les Iduméens, les Arabes, les Philistins. Ils auroient été anéantis par les efforts des Assyriens, des Egyptiens, des Macédoniens; ils n'auroient pas tenu si long-tems contre les forces de Rome. Quand on n'ajouteroit aucune foi aux dénombremens des Livres saints ni à l'Histoire de Joseph, les faits décident & prévalent à tous les calculs.

Que la Palestine ait été très-cultivée & très-fertile, c'est un fait avoué par les anciens; Hécatée, Pline, Solin, Ta-

---

(a) Observ. sur les commencemens de la Société, par Millar. Hist. de l'Amérique, t. 2, &c.

cite, Ammien-Marcellin, S. Jérôme, l'atteſtent de concert. Dans l'état de dévaſtation où elle eſt aujourd'hui, elle montre encore aux voyageurs des veſtiges certains de ſon ancienne fécondité. Villamont, Pietro della Valle, Eugene-Roger, Maundrell, Thévenot, Moriſon, Shaw, Gemelli-Carréri, Haſſelquiſt, Niébuhr, les ont vus & en dépoſent (*a*). Il faut être aveuglé par la haine, pour oſer écrire comme a fait un Philoſophe, que la Paleſtine eſt le plus mauvais de tous les pays habités dans l'Aſie; que les Voyageurs qui ont examiné la Suiſſe & la Paleſtine, donnent tous la préférence à la Suiſſe (*b*). Aucun Voyageur n'a fait cette bévue.

Il triomphe, parce que S. Jérôme, dans une lettre à Dardanus, fait un portrait aſſez déſavantageux de la Paleſtine (*c*). Mais ce même Pere en parle différemment dans deux autres de ſes

---

(*a*) Réponſes critiq. par M. Bullet, tome 1, pag. 137 & *ſuiv*.

(*b*) Eſſais ſur l'Hiſtoire générale, tome 1, pag. 337.

(*c*) Queſt. ſur l'Encyclop. *Juifs*, pag. 274, Bible expliquée, pag. 125 & *ſuiv*.

S ij

ouvrages (*a*); quand il ne se seroit pas rétracté, son témoignage seul ne pourroit pas prévaloir à tous ceux que nous avons cités. Il convient qu'il a écrit à la hâte la lettre à Dardanus. Du tems de S. Jérôme, ce pays n'étoit plus peuplé ni cultivé comme il l'avoit été par les Juifs.

Un autre a cru plaisanter, en disant que la Palestine a plus de vingt-cinq lieues d'étendue (*b*). Elle a au moins quatre-vingt lieues de long sur trente-cinq de large; les Cartes en font foi.

§. III.

Ces Critiques intrépides pensent que les Juifs n'avoient aucune connoissance des Arts. Mais ce peuple a-t-il pu vivre deux cents ans en Egypte, sans connoître les Arts? Ce qui est dit dans l'Exode, de la structure du tabernacle; dans les livres des Rois, de la magnificence du temple de Salomon; le plan qui en est tracé dans Ezéchiel; le portrait de la

---

(*a*) Comment. sur Isaïe, c. 5 & 36. sur Ezech. c. 25.
(*b*) Tableau du genre humain, pag. 19.

femme forte & de ses travaux dans le livre des Proverbes; le tableau du luxe des femmes Juives dans Isaïe, démontrent que les Juifs n'ont jamais négligé la pratique des Arts. Un peuple cultivateur ne peut pas s'en passer; le plus nécessaire de tous conduit infailliblement à l'invention des autres. Ammien-Marcellin dit qu'il y avoit plusieurs belles Villes dans la Palestine; en trouve-t-on chez les peuples ignorans & sauvages, chez les Arabes bédouins, ou chez les Tartares?

Placés dans le voisinage des Phéniciens, qui ont été les premiers négocians, & les Egyptiens qui avoient besoin d'aromates, les Juifs n'ont pu demeurer sans commerce; mais la navigation ne leur étoit pas nécessaire pour le débit de leurs marchandises. Leur pays produisoit non-seulement du bled, du vin, des olives, des figues, des dattes en abondance, mais des métaux, du baume, des gommes, & des raisines de toute espece. Nous voyons ce commerce déja établi entre la Palestine & l'Egypte du tems de Jacob (a); il en est encore

---

(a) Gen. c. 37, ℣. 25 : c. 43. ℣. 11.

fait mention dans Jérémie (*a*). L'Asphalte de Judée étoit connu de toutes les nations, sur-tout des Egyptiens. Pausanias parle de la soie ou plutôt du byssus du pays des Hébreux. L. 5, c. 5.

Par l'énumération des marchandises que portoient les Juifs aux foires de Tyr, & que l'on peut voir dans Ezéchiel (*b*), il est clair qu'ils savoient faire autre chose que l'usure, & rogner la monnoie, quoique ce soit là le seul talent que leur accordent nos adversaires. Il est absurde de les peindre comme un peuple avide d'argent, & de supposer qu'avec des marchandises d'un débit sûr, à portée de deux débouchés avantageux, ils sont demeurés dans un état de stupidité & d'inaction. Les Juifs sont-ils le seul peuple du monde à qui la soif de l'or n'ait pu donner de l'industrie ? Il n'est donc pas nécessaire d'avoir recours aux flottes de Salomon, ni aux liaisons que David entretenoit avec Hiram, Roi de Tyr, pour prouver que les Juifs ont été occupés de tout tems du commerce ; il suffit de jetter un coup

---

(*a*) Jeremie, c. 46, ẏ. 11.
(*b*) Ezech. c. 27, ẏ. 17.

d'œil sur leur position & sur le caractere que leurs ennemis mêmes leur attribuent (*a*).

Chez les Prophetes, *le pays de Chanaan & le pays du commerce* sont des expressions synonymes (*b*); Moïse faisant l'énumération des richesses de la terre promise, dit aux Hébreux que le fer y est aussi commun que les pierres, & que les montagnes y fournissent du cuivre en abondance (*c*). Il n'auroit pas fait cette observation, s'il avoit parlé à un peuple incapable d'en faire usage.

L'Auteur de la Philosophie de l'Histoire s'est flatté d'anéantir toutes ces preuves, en changeant le terme de négociant en celui de *courtier*; les Juifs, selon lui, n'étoient que les courtiers de l'Asie. Mais cette épithete donnée aux Phéniciens, effaceroit-elle les monumens de leur commerce, & suffiroit-elle pour les déshonorer?

Les Juifs n'étoient point retenus chez eux par les loix absurdes qui défen-

---

(*a*) V. l'Hist. du Commerce & de la Navigation des anciens, par M. Huet, c. 5 & *suiv.*
(*b*) Ezech. c. 17, ℣. 4. Sophon. c. 1, ℣. 11, &c.
(*c*) Deut. c. 8, ℣. 9.

doient aux Egyptiens, aux Spartiates & à d'autres, de sortir de leur pays, & qui bannissoient les étrangers; il leur est ordonné au contraire de faire accueil aux étrangers, & de les bien traiter. Jamais une telle loi ne se trouvera chez un peuple qui craint ou qui refuse tout commerce avec les étrangers.

C'est donc un entêtement inexcusable de peindre, dans vingt ouvrages différens, les Juifs comme un petit peuple ignoble, ignorant, farouche, insociable, stupide & malheureux; espere-t-on qu'à force de calomnies & de clameurs on fera taire l'Histoire & les monumens? Ces clameurs, copiées dans Julien, ne sont que des absurdités (*a*).

§. IV.

Tel est cependant le projet conçu par une foule d'écrivains qui se copient sans pudeur, & sans ménagement pour les lecteurs instruits. Que l'on jette les yeux sur la législation des Juifs, sur la nature de leur gouvernement, sur l'abondance de leur population, sur la fer-

_____

(*a*) S. Cyrille, l. 5, pag. 178.

rilité de leur sol, sur les facilités qu'ils avoient pour le commerce, & que l'on nous dise ce qui leur manquoit pour être opulens & heureux. Isaïe reproche aux Juifs leur avidité pour les richesses, le luxe de leurs femmes, la vie molle & délicieuse à laquelle ils s'abandonnoient ; le seul attirail de la toilette d'une Juive devoit coûter des sommes immenses ; ils employoient dans leurs festins les vins exquis, la musique, les parfums (a). Ce tableau est celui d'un peuple corrompu par l'opulence, & non d'un peuple barbare & malheureux.

Il est vrai que les Juifs n'ont élevé ni colosses, ni pyramides comme les Egyptiens ; ils n'ont point excellé comme les Grecs dans les sciences & les arts du dessin, ni dans l'art militaire comme les Romains. Je ne vois pas ce qu'ils y ont perdu. Les Chinois n'ont rien fait de tout cela ; ils n'ont aucun monument d'architecture solide ; ils ne taillent que des magots, ne peignent que des monstres ; ce sont les plus mauvais soldats de toute l'Asie ; cependant l'on veut nous

---

(a) Isaïe, c. 2, ℣. 7 : c. 3, ℣. 18 : c. 5, ℣. 12.

faire admirer leur sagesse & leur félicité. Les Spartiates ne ressembloient point aux autres Grecs, ils étoient aussi grossiers & plus insociables que les Juifs; & on nous vante leur politique & leur conduite. Ce ne sont ni les édifices, ni les arts de luxe, ni la discipline militaire, ni les conquêtes, qui rendent un peuple heureux; c'est la paix, l'agriculture, l'abondance, la raison, la vertu. Tout ce que l'on peut conclure, c'est que les Juifs n'ont eu, ni autant de loisir que les Egyptiens, ni autant d'esprit que les Grecs, ni autant d'ambition que les Romains; on exalte dans ceux-ci des conquêtes, qui, dans le fond, n'étoient que des rapines & qui ont fait le malheur de la moitié du monde, l'on reproche aux Juifs la seule invasion qu'ils aient faite pour s'établir.

Les Egyptiens très-peu occupés de l'agriculture, parce que leur sol n'exigeoit presque aucun travail, furent obligés par les débordemens du Nil, de s'attacher à l'architecture, & de construire des édifices très-solides. C'est, dit-on, pour préserver le peuple de l'oisiveté, que les Pharaons firent bâtir les pyramides. Soit. Le sol de la Judée étoit très-différent, la culture y occupoit tous les bras. Il falloit porter la terre au sommet des rochers & des montagnes arides, la soutenir par des murs, pour y faire croître la vigne & les oliviers, il falloit ménager toutes les veines d'eau, arroser continuellement un terrain sec & brûlé par la chaleur. Moïse fait remarquer aux Juifs que ce pays ne ressemble point à l'Egypte, où la terre produit ses fruits par l'abondance des eaux dont elle est humectée, qu'il est coupé de vallons & de montagnes ; qu'il attend du ciel les rosées & les pluies ; que Dieu y veille depuis le commencement de l'année jusqu'à la fin ; il promet que Dieu leur accordera des récoltes abondantes, s'ils lui sont fideles (*a*). Telle est la raison pour laquelle les Juifs étoient plus attachés à la culture qu'aux arts. Dieu avoit voulu leur donner un pays très-fertile ; mais qui exigeoit un travail assidu, parce qu'il vouloit que ce peuple fût toujours occupé utilement & innocemment. Si nos Philosophes avoient mieux observé les contrées où

(*a*) Deut. c. 11, ℣. 10.

la culture des grains, des vignes, des arbres, des légumes de toute espece est réunie au soin de nourrir beaucoup de bétail, ils auroient vu que le sol y doit être très-peuplé; que pour y occuper un peuple nombreux, il n'est pas nécessaire de lui faire tailler le marbre ni de bâtir des pyramides. Les autres peuples faisoient travailler leurs esclaves, ne s'occupoient que de luxe ou de guerres; les Juifs travailloient eux-mêmes, & n'en étoient que plus louables. Nous ne comprendrons jamais qu'un peuple toujours en haleine, dont les travaux ne sont jamais stériles, puisse être foible, stupide, corrompu, malheureux; ce phénomene ne s'est jamais vu que dans les livres de nos Philosophes.

Chez les Juifs l'égalité régnoit plus constamment qu'ailleurs, il ne pouvoit y avoir ni extrême richesse, ni pauvreté excessive. Moïse y avoit pourvu, non-seulement par les loix qui ordonnoient de secourir les pauvres, les veuves, les orphelins, & qui leur assignoient des moyens de subsistance; mais par le partage égal des terres, & par le droit de rentrer à l'année jubilaire, ou tous les cinquante ans, dans les possessions aliénées. Lorfqu'un pere étoit de mauvaife conduite, fes enfans n'étoient malheureux que pour un tems, il ne pouvoit les dépouiller à perpétuité. Aucun Juif ne pouvoit accumuler fur fa tête, par fucceffion ou autrement, l'héritage de plufieurs familles. Toutes avoient donc un patrimoine affuré pour les occuper, pour les mettre à couvert de la mendicité ou de l'efclavage perpétuel. Sous un tel plan d'adminiftration, il étoit impoffible que la fainéantife, l'oppreffion, le luxe deftructeur, puffent opérer leurs effets ordinaires, corrompre le gros de la nation & la rendre malheureufe.

Des Ecrivains affez injuftes pour refufer aux Juifs les arts les plus néceffaires, n'avoueront jamais que ce peuple ait cultivé les arts agréables; cependant le fait eft certain. Plufieurs Savans ont fait voir que les Hébreux ont connu la poéfie & la mufique avant les autres nations. Les Cantiques de Moïfe, le Livre de Job, les Pfeaumes, les Ecrits des Prophetes font remplis d'images fublimes, de defcriptions pompeufes, de figures hardies, & fur-tout de grandes idées de la Divinité. Nos meilleurs Poëtes n'ont pas dédaigné de rendre dans les langues modernes une partie des beautés qu'ils admiroient dans les livres faints. Les autres peuples ont abufé promptement de cet art utile, l'ont employé à peindre & à nourrir les paffions; les Hébreux plus fages ne s'en font fervis que pour infpirer aux hommes la religion & la vertu. Julien vouloit prouver que les Juifs n'ont connu ni la *Poéfie* ni la *Logique*, parce que ces deux termes font grecs. Cet argument n'eft pas une démonftration.

Cependant on veut nous perfuader que les Juifs n'ont eu ni mœurs ni police, n'ont jamais joui d'un fort fupportable. L'Auteur des Lettres fur les Miracles a décidé que les Juifs, toujours gouvernés par Dieu même, & commandant fi fouvent à la nature entiere, ont été pourtant le plus malheureux de tous les peuples, ainfi que le plus petit, le plus ignorant, le plus cruel & plus abfurde; les Manichéens en avoient conçu la même idée (*a*). Moïfe, dit un autre, a rendu fa nation la plus ftupide, la plus

---

(*a*) Seconde Lettre fur les miracles, pag. 33. S. Aug. contrà Fauftum, l. 15, c. 1.

féroce, la plus haïssable de la terre (*a*). Pour fonder de pareilles invectives, il faudroit des démonstrations, & l'on sait comme nos Philosophes ont coutume de démontrer.

§. V.

L'Auteur des Recherches Philosophiques sur les Egyptiens, parlant de ces brigands de l'Arabie, que l'on nomme Arabes Pasteurs ou Bédouins, parce qu'ils marchent avec leurs troupeaux, & *volent par-tout en marchant*, dit que ces mœurs étoient celles des Hébreux, lorsqu'ils entrerent en Egypte; & on voit qu'ils avoient encore de telles mœurs lorsqu'ils en sortirent (*b*). " Je
" crois, dit-il ailleurs, qu'en Egypte on
" rachetoit les larcins d'entre les mains
" des Juifs : car il seroit bien surprenant
" que des hommes, tels que les Juifs,
" n'eussent volé qu'une seule fois en
" Egypte, & sur-tout lorsqu'ils y furent
" publiquement protégés sous le regne
" des usurpateurs qui favorisoient les

(*a*) Tableau des Saints, c. 1, pag. 8.
(*b*) Recherches Philosoph. tome 1, sect. 3, pag. 154.

» bergers, afin de choquer toutes les
» inſtitutions du peuple conquis (*a*). Il
» n'y a qu'à lire avec attention toutes
» les loix attribuées à Moïſe, pour s'ap-
» percevoir qu'elles tendent à changer
» les Hébreux en un peuple cultivateur,
» & à corriger abſolument le vice inhé-
» rent à la vie paſtorale & ambulante (*b*).
» Mais Moïſe ne s'aſſujettit pas tou-
» jours à la juriſprudence de l'Egypte,
» parce qu'il dut reſpecter de certains
» uſages déja établis parmi les Hé-
» breux, avant qu'ils fuſſent réduits à
» la condition des Hélotes; & ces uſa-
» ges étoient à-peu-près les mêmes que
» ceux des Arabes qui ont toujours été
» fameux, à cauſe du vice de leurs loix,
» & à cauſe de la ſingularité de leurs
» crimes (*c*). La caſte des paſteurs ſi
» abhorrée en Egypte, finit, ſelon toute
» apparence, par former la république
» des voleurs; & on ne ſauroit dire que
» les Juifs aient fini beaucoup mieux:
» car Strabon nous dépeint leur petite
» Monarchie comme un état dégénéré

(*a*) Tome 2, ſect. 9, pag. 271.
(*b*) Tome 1, ſect. 3, pag. 154.
(*c*) Tome 2, ſect. 9, pag. 279.

„ en une confédération de brigands. Il
„ semble que les peuples qui ont été
„ une fois réduits à la servitude de la
„ glebe, en contractent un très-mau-
„ vais caractere (*a*) ». Voilà pourquoi,
selon lui, les Juifs ont encore aujour-
d'hui un extrême penchant pour l'usure,
les contrats équivoques, les monopo-
les, & toute espece de fourberie (*b*).
Sur le même fondement, l'Auteur de
la Philosophie de l'Histoire regarde les
Juifs, avant Saül, comme une horde
d'Arabes du Désert (*c*).

Réponse. C'est d'abord une étrange
idée de tracer le tableau des anciennes mœurs des Juifs sur celles qu'ils
ont aujourd'hui à Londres, à Amster-
dam, à Metz, ou à Bordeaux. Si un laps
de trois mille ans & une différence to-
tale de climat n'ont pas pu les changer,
il faut que l'influence des causes naturelles soit absolument nulle à leur égard;
voilà un miracle bien constaté. Mais
nous avons des faits plus essentiels à
discuter.

(*a*) *Ibid.* pag. 296.
(*b*) *Ibid.* pag. 279.
(*c*) Philos. de l'Hist. c. 38, pag. 186. Bible
expliquée, pag. 128.

1.° Est-il vrai que les enfans de Jacob qui entrerent en Egypte, eussent les mœurs des Arabes Bédouins, & fussent voleurs de profession ? C'est ce qu'il falloit prouver d'abord. Ils étoient pasteurs; donc ils étoient voleurs : la conséquence est infaillible; car enfin la caste des pasteurs en Egypte étoit une race de voleurs; donc il en est de même des Juifs. Les Arabes qui ont toujours été pasteurs, ont toujours exercé le brigandage ; donc les Juifs ont fait de même. Assurément cette démonstration est sans réplique. Mais s'il est faux que les Arabes Bédouins soient voleurs de profession, que deviendront tous ces raisonnemens? Nous verrons plus bas ce qui en est.

Poussons cet argument plus loin, afin d'en mieux faire sentir la force. Tous les peuples, dans leur origine, ont été pasteurs avant d'être cultivateurs ; donc tous ont été voleurs. Puisqu'il est décidé qu'ils se sentent toujours de leur premier métier, il est clair que tous sont encore voleurs plus ou moins, & qu'ils ne valent pas mieux que les Arabes Bédouins ni que les Juifs. Lorsque les Egyptiens vinrent des montagnes d'Ethiopie, d'où notre savant critique les fait descendre, ils étoient dans le même cas que les enfans de Jacob. Si d'autres voleurs sont venus, quelques siecles plus tard, s'établir en Egypte, les anciens habitans pouvoient fraterniser avec eux sans se mésallier ; ils n'avoient sur les nouveaux venus d'autre prééminence que l'ancienneté. De quelque côté que la Providence pût jetter les yeux pour choisir un peuple, elle ne pouvoit en trouver aucun qui eût une origine plus honorable que les Juifs. Nous ne voyons pas pourquoi on leur fait un crime d'une profession qui a été commune à toute la postérité d'Adam.

§. VI.

2.° Les Arabes Bédouins ont été voleurs, Moïse ne l'ignoroit pas ; il nous montre leur destinée prédite dans Ismaël leur pere, quatre cents ans auparavant ; il ne veut pas que son peuple ait rien à démêler avec eux (*a*) : jamais il ne lui a proposé pour modele les mœurs des Arabes. Les pasteurs, tyrans de l'Egypte, étoient des Africains Occidentaux ; ainsi

---

(*a*) Deut. c. 2, ℣. 4.

le pense l'Auteur des Recherches ; quelle relation peut-il y avoir entre leurs mœurs & celles des Hébreux ? Il n'est aucunement prouvé d'ailleurs que ces pasteurs Africains fussent une république de voleurs.

3.º Si les Hébreux arrivés en Egypte avoient été une race de brigands, les Egyptiens ne les auroient point soufferts pendant qu'ils étoient encore foibles. Ce n'est point un usurpateur qui reçut Jacob & ses enfans ; au contraire, c'est un Roi étranger ou usurpateur qui les opprima dans la suite. Le Pharaon qui les accueillit, loin de *choquer toutes les institutions* des Egyptiens, respecta le préjugé de ses sujets ; il plaça les Hébreux dans un canton séparé ; il leur confia la garde de ses troupeaux ; l'auroit-il fait, s'il les eût regardé comme des voleurs ?

4.º Les Hébreux étoient pasteurs en entrant en Egypte ; mais ils n'ont pas pu continuer à l'être pendant long-tems, ni subsister sans culture dans le pays de Gessen, lorsqu'ils furent multipliés. Il est impossible qu'ils aient tiré leur subsistance de leurs troupeaux dans un canton de la basse Egypte assez borné. En parlant des plaies de l'Egypte, Moïse dit que *les possessions* des Israélites furent épargnées pendant que celles des Egyptiens étoient ravagées. Les Israélites étoient donc possesseurs de terres, & cultivateurs en Egypte ; ils n'étoient réduits ni *à la servitude de la glebe*, ni au même état que les Ilotes à Sparte : ces derniers n'ont jamais eu un pouce de terre en propre dans la Laconie ; ils étoient esclaves domestiques. Dans le désert, les Hébreux regrettoient les plantes & les légumes qu'ils avoient eus en Egypte à foison ; ils n'y avoient donc pas vécu en peuples nomades : pendant près de deux cents ans de séjour, ils ont dû perdre les mœurs de la vie errante & pastorale.

Le Roi d'Egypte qui veut les opprimer, ne donne point pour raison que ce sont des voleurs, mais qu'ils sont devenus trop puissans, qu'ils pourroient se joindre aux ennemis de l'Etat, & sortir de l'Egypte à main armée. Manéthon & les autres Auteurs Egyptiens, ennemis des Juifs, les accusent d'avoir été une race de lépreux ; mais ils ne leur reprochent point d'avoir formé une république de voleurs. Il est fâcheux que l'Auteur des Recherches pousse la prévention contre les Juifs plus loin que les Egyptiens mêmes.

§. VII.

5.° Les Hébreux, dit-il, ont du moins volé une fois en Egypte; il feroit surprenant qu'ils s'en fuſſent tenus là. Beau raiſonnement! Leurs livres, loin de déguiſer ce vol prétendu, l'annoncent, parce que les Hébreux ont cru avoir droit de le faire : donc c'eſt la feule fois qu'ils aient été dans ce cas. J'oſe défier l'Auteur des Recherches de les condamner felon ſes propres principes. Il dit que les Egyptiens avoient obſervé une bonne police à l'égard des Juifs, en les réduiſant à l'eſclavage ou à la condition des Ilotes; qu'on noya leurs enfans, parce qu'on vouloit les traiter en ennemis (*a*). Donc ces eſclaves étoient auſſi en droit de traiter leurs tyrans en ennemis, de dépouiller des maîtres cruels qui avoient voulu les exterminer en noyant leurs enfans, à plus forte raifon d'en arracher

_____

(*a*) Recherches, tome 1, ſect. 2, pag. 66, & ſect. 4, pag. 279.

par ruse ou autrement, le juste salaire de leurs travaux ; entre deux peuples ennemis, les représailles sont de droit naturel. L'Auteur qui sent que la conduite des Egyptiens étoit détestable, à moins qu'on ne suppose que les Hébreux étoient une race de brigands, a trouvé bon de les en accuser pour pouvoir justifier les Egyptiens. Exemple mémorable de l'équité philosophique. Ce qu'il y a de singulier, c'est qu'il fait un crime aux Juifs d'avoir eu des esclaves dans la suite ; cela n'étoit donc permis qu'aux Egyptiens.

6.° Il avoue que toutes les loix de Moïse tendent à changer les Hébreux en un peuple cultivateur. Or ils ont vécu près de quinze cents ans dans la Palestine sous les loix de Moïse ; donc ils ont eu pendant tout ce tems-là les mœurs d'un peuple cultivateur & propriétaire, & non celles d'un peuple nomade, vagabond & voleur.

7.° Pour se ménager un subterfuge, l'Auteur ajoute que Moïse fut obligé de respecter dans ses loix certains usages semblables à ceux des Arabes. Il falloit, sous peine de calomnie, citer au moins un de ces usages ; puisque l'Auteur n'a pu en alléguer aucun, il nous en impose & se déshonore. Objectera-t-il la maniere dont les Juifs ont traité les Chananéens ? Mais c'est ainsi que les peuples cultivateurs faisoient la guerre, entr'autres les Grecs & les Romains. Nous le verrons plus bas. D'ailleurs, si c'est un usage de la vie nomade que Moïse a respecté, pourquoi le défend-t-il à l'égard de tout autre peuple que les Chananéens ? Le droit de la guerre, tel qu'il l'établit, n'est pas celui des Arabes bédouins ni d'aucun peuple brigand, il est même plus modéré que celui des anciens peuples cultivateurs & policés.

Sera-ce la permission d'exercer l'usure avec les étrangers ? Les Romains la faisoient même entre concitoyens ; c'est ce qui causa tant de séditions à Rome. Moïse a défendu aux Juifs de l'exercer envers leurs freres (*a*); où trouve-t-on ailleurs cette défense ? Encore une fois nous voudrions savoir en quoi Moïse a copié les mœurs des Arabes bédouins, *le vice de leurs loix, la singularité de leurs crimes.*

8.° Strabon, dit notre Auteur, peint

(*a*) Deut. c. 23, ℣. 19.

DE LA VRAIE RELIGION. 433.

la petite monarchie des Juifs comme un état dégénéré en une confédération de brigands. Mais Strabon écrivoit sous Auguste après les victoires de Pompée sur les Juifs ; la Judée étoit alors assujettie aux Romains. Ce sont eux qui plaçoient & déplaçoient les tyrans sous lesquels gémissoit ce malheureux pays ; ce brigandage doit donc être attribué aux Romains & non à la constitution établie par Moïse, qui étoit fort différente. Les Romains ne ménagerent pas davantage les loix & les institutions de l'Egypte, ils y fomentoient les séditions, notre Critique l'a remarqué lui-même (a); s'ensuit-il de-là que les mœurs Egyptiennes ressembloient à celles des Arabes bédouins ?

Enfin est-il vrai que les Arabes bédouins qui habitent le désert soient un peuple voleur ? Niébuhr témoin oculaire, atteste le contraire. « On peint, dit-il, » les Arabes comme gens sans mœurs, » avides & voleurs ; je n'ai point trouvé » cette nation si méchante. L'on trouve, » à la vérité, sur-tout dans le désert, des

---

(a) Recherches, &c. tome 1, sect. 3, pag. 144.
Tome VI.   T

» voleurs, qui, dans l'occasion, détrous-
» sent quelques voyageurs isolés, &
» quelquefois même des armées entie-
» res, qui pillent de grandes caravan-
» nes; mais c'est en tems de guerre ».
Il répete la même chose dans trois ou
quatre endroits (*a*). Ce voyageur n'est
pas inconnu à l'Auteur des Recherches,
puisqu'il l'a cité; sur quoi fondé ose-t-il
le contredire pour calomnier les Juifs?
En Angleterre les grands chemins sont
infestés par les voleurs; s'ensuit-il que
les Anglois font profession du brigandage?

§. VIII.

Un autre Censeur, non moins témé-
raire, mais beaucoup moins instruit,
n'a rien épargné pour noircir les Juifs;
point de crimes dont il ne les ait chargés. Ils adoroient un Dieu corporel, un
Dieu local; ils ne connoissoient pas la
vie future; ils offroient des sacrifices de
sang humain; ils toléroient l'idolatrie;
ils mêloient des imprécations à leurs

(*a*) Descript. de l'Arabie, par Niébuhr; Préf.
pag. viij, premiere Part. pag. 25: seconde Part.
pag. 330, 332, 339, 342.

prieres : voilà leur religion. L'habitude du meurtre, l'impudicité la plus effrénée, la cruauté des Antropophages, les féditions continuelles, une haine aveugle contre les autres nations : telles étoient leurs mœurs. Si ce tableau est fidele, les ennemis des Juifs ne leur ont pas fait la moitié des maux qu'ils méritoient ; cette race abominable auroit dû être étouffée au berceau.

Nous avons réfuté ailleurs les calomnies des Incrédules contre la religion Juive ; nous n'en parlerons plus ; il n'est question ici que de leurs mœurs.

Vainement on a représenté à l'auteur de toutes ces invectives qu'il ne convient point à un Prédicateur de la tolérance de sonner le tocsin contre les Juifs ; quand il faut insulter à la révélation, un Philosophe ne recule jamais. Dans vingt ouvrages il répete les mêmes clameurs. Pour répondre à tout, il faudroit des volumes ; bornons-nous aux faits les plus graves. Dans le Chapitre suivant nous reprendrons le fil de l'histoire pour rendre complette l'apologie du Judaïsme.

Nous avouons que si l'on veut nommer *homicides, meurtres, assassinats*, le supplice des criminels exécutés en vertu des loix, les excès commis à la guerre, la mort des sujets rebelles ou suspects que les Rois ont sacrifiés à la tranquillité publique, la dépopulation causée par des contagions, par des fléaux naturels ou surnaturels; on trouvera dans l'Histoire Juive des assassinats de toute espece. Mais la Philosophie n'a-t-elle d'autre ressource que l'abus des termes pour se jouer de la crédulité de ses prosélytes ?

La plupart des *homicides criminels* ont été commis sous des Rois idolâtres qui ne respectoient plus les loix, par des Princes despotiques qui n'avoient ni mœurs ni religion, dans le royaume d'Israël plus souvent que dans celui de Juda. Quand leurs crimes seroient en plus grand nombre, cela ne décide point des mœurs du gros de la nation. La cour des Princes de l'Orient ne fut jamais une école de vertu ; c'est en punition de ces crimes que Dieu détruisit la monarchie des Juifs. Si nous avions une histoire aussi détaillée des Rois d'Egypte, d'Assyrie, de Perse, de Syrie, quelles atrocités n'y verrions-nous pas ? Un calomniateur des Juifs dit que l'on voit par le tableau général de l'Histoire ancienne, que les hommes ont toujours été fripons, fots & méchans, & que *nous ne valons pas mieux* (a). Nous n'avons donc rien à reprocher aux Juifs. L'Auteur de la Bible expliquée observe, pag. 439, que l'Histoire ancienne, vraie ou fausse, n'est que l'histoire de bêtes sauvages, dévorées par d'autres bêtes. Celle des Juifs n'est donc ni plus atroce ni plus incroyable que les autres.

La question étoit de prouver que sous les Juges, sous les Rois qui respectoient la loi de Moïse, ou après la captivité, lorsque les Juifs eurent la liberté de suivre leurs loix, le meurtre étoit commun parmi eux, malgré la sévérité des loix qui le défendoient, malgré les précautions que Moïse avoit prises pour prévenir les effets de la vengeance. L'Historien Philosophe n'a pas seulement osé le tenter. Il a compilé tous les crimes commis sous les Rois par des rebelles, par des usurpateurs, par des guerriers brutaux, dans des tems de sédition & d'anarchie. Selon cette méthode, il faudra juger des mœurs Romaines par les proscriptions du triumvirat, des mœurs Grecques, par les excès des guerres du

---

(a) Tableau du genre humain, p. 157.

T iij

Péloponnêse, de nos propres mœurs, par les désordres arrivés pendant nos guerres civiles. Voilà une étrange maniere d'instruire les Lecteurs.

Mais voyons l'énumération des morts violentes ; le calcul du Philosophe est faux dans presque tous les articles (*a*).

§. IX.

Les Lévites, dit-il, après l'adoration du veau d'or, égorgerent vingt-trois mille Juifs. Cela est faux. Nous avons vu ailleurs qu'il y en eut seulement trois mille de tués ; c'est plus des trois quarts & demi à rabattre (*b*).

Deux cent cinquante hommes furent consumés par le feu pour la révolte de Coré. Cela est vrai ; mais quand le tonnerre tombe sur quelqu'un, ce n'est pas un assassinat.

Quatorze mille sept cents furent égorgés pour la même révolte. Imposture. Les uns furent engloutis dans les entrailles

---

(*a*) Philos. de l'Histoire, c. 41, pag. 199. Quest. sur l'Encyclop. Berscmés, Confirmation, Juifs. Encyclop. art. *vingtieme* ajouté, p. 862.
(*b*) Chap. IV, art. 3, §. 8.

de la terre, les autres consumés par le feu du ciel; aucuns ne furent égorgés.

Vingt-quatre mille furent massacrés pour avoir eu commerce avec les filles des Madianites. Mensonge. Ils périrent par une contagion; le texte est formel. Moïse fit pendre les chefs des coupables, & il y en eut un de tué avec sa prostituée.

On en égorgea quarante-deux mille au passage du Jourdain, pour n'avoir pas pu prononcer *Scibboleth*. Absurdité. Ils furent tués en bataille rangée. Le défaut de prononciation servoit à distinguer les fuyards d'Ephraïm; mais ce n'étoit pas là le sujet de la guerre ni du carnage qui arriva; ce fut une sédition dont les Ephraïmites étoient coupables.

Les Benjamites qu'on attaquoit en tuerent quarante mille. Soit. Il s'ensuit que les deux batailles qui se donnerent furent meurtrieres. Les Benjamites eux-mêmes furent taillés en pieces au nombre de quarante-cinq mille dans deux combats postérieurs: cela ne prouve rien de plus.

Les Bethsamites, frappés de mort, pour avoir regardé dans l'arche, sont portés à cinquante mille soixante & dix.

Version fautive. Le texte dit que Dieu en frappa soixante & dix dans une multitude de cinquante mille ; cette perte doit encore être effacée du nombre des massacres prétendus (a).

Il est bon d'observer, 1.° Que le terme Hébreu qui signifie *mille*, ne désigne souvent qu'une troupe, un nombre indéterminé ; souvent il n'exprime qu'un nombre très-borné. Dans la plupart des calculs où l'on compte par *milles*, il y a ou exagération ou variété dans les versions. 2.° Que dans la langue Hébraïque les noms de nombre ne sont pas aussi réguliers que dans les langues cultivées ; que les copistes ont été plus exposés à faire des fautes dans les nombres que dans le reste de la narration. Les objections uniquement fondées sur des calculs, méritent très-peu d'attention.

Mais allons plus loin ; supposons, comme notre Philosophe, que dans l'espace d'environ quatre cents ans, il ait péri deux cent trente-neuf mille vingt Juifs de mort violente ou prématurée,

---

(a) V. Lettres de quelques Juifs, &c. tome 1, deuxieme Part. Lettre 6, pag. 312. Reponses critiques, &c. par M. Bullet, tome 1, pag. 21.

tant par la guerre que par les fléaux du ciel. Ce n'eſt que le dixieme d'une nation habituellement compoſée de deux millions d'hommes, & il faut répartir ce dixieme ſur huit générations au moins. Car enfin depuis l'adoration du veau d'or juſqu'à la mort des 70 Bethſamites, il s'eſt écoulé plus de 400 ans. Quel eſt le peuple de l'univers qui, en nombre égal, & dans le même eſpace de tems, n'en ait perdu davantage ? Il eſt ridicule de dire que la race de Jacob n'a pas pu être aſſez nombreuſe pour ſupporter une telle perte. Il n'eſt aucune nation qui ne puiſſe ſupporter la perte d'un dixieme ſur huit générations ; cela fait ſeulement pour chacune un homme tué ſur quatre-vingt. S'il eſt vrai que Mithridate ait fait égorger lui ſeul cent cinquante mille, ou ſelon d'autres, quatre-vingt mille ſujets de la République Romaine, qu'en Angleterre il y ait eu ſoixante & douze mille criminels ſuppliciés dans l'eſpace de 38 ans, jamais pareille boucherie n'a eu lieu chez les Juifs (*a*).

(*a*) V. l'eſprit des uſages & des coutumes des différens peuples, tome 3 pag. 148. Prideaux Hiſtoire des Juifs, l. 14, tome 2, pag. 193.

§. X.

L'accusation d'impudicité intentée aux Juifs, est encore moins fondée ; l'Auteur en donne deux preuves. La premiere est la liberté d'expression qui regne dans les Livres saints, & l'indécence des tableaux tracés dans le Cantique, dans Ezéchiel & ailleurs. Cette plainte a été répétée vingt fois.

Réponse. Nous convenons que le style des livres Hébreux n'est pas le nôtre, parce que les mœurs du monde ancien ne sont pas les mœurs du monde moderne. " Quand un peuple est sauvage,
» dit un savant Magistrat, il est simple
» & ses expressions le sont aussi ; comme
» elles ne le choquent pas, il n'a pas
» besoin d'en chercher de plus détour-
» nées ; signes assez certains que l'ima-
» gination a corrompu la langue. Le
» peuple Hébreu étoit à demi-sauvage ;
» le livre de ses loix traite sans détour
» des choses naturelles que nos langues
» ont soin de voiler. C'est une marque
» que ces façons de parler n'ont rien de
» licencieux ; car on n'auroit pas écrit
» un livre de loix d'une maniere con-

» traire aux mœurs (a). Un peuple
» de bonnes mœurs, dit l'Auteur d'E-
» mile, a des termes propres pour toutes
» chofes, & ces termes font toujours
» honnêtes, parce qu'ils font toujours
» employés honnêtement. Il eft impoffi-
» ble d'imaginer un langage plus mo-
» defte que celui de la Bible, précifé-
» ment parce que tout y eft dit avec
» naïveté (b). D'où vient notre délica-
» teffe ? demande le Philofophe même
» que nous réfutons ; c'eft que plus les
» mœurs font dépravées, plus les expref-
» fions deviennent mefurées. On croit
» regagner en langage ce qu'on a perdu
» en vertu. La pudeur s'eft enfuie des
» cœurs & s'eft réfugiée fur les le-
» vres (c) ».

En effet, les enfans, les perfonnes
fimples & innocentes, parlent de tout
fans rougir ; ils n'y voient aucune conféquence. C'eft le defir coupable de faire
entendre des obfcénités, qui engage les
impudiques à fe fervir d'expreffions dé-

_____

(a) Traité de la formation méchan. des Langues, tome 2, n. 189.
(b) Emile, tome 3, pag. 223.
(c) Mélanges de Littér. tome 4, pag. 385.

tournées, afin de révolter moins; grace à leur adresse, il n'est plus de mots chastes dans notre langue.

Une preuve de la vérité de ces réflexions par rapport aux Juifs mêmes, c'est que dans la suite des siecles, lorsque la licence des mœurs se fut introduite, ils défendirent la lecture de certains livres de l'Ecriture, avant l'âge de 30 ans. L'usage établi dans l'Orient d'enfermer les femmes ou de converser rarement avec elles, a dû introduire dans le langage des hommes plus de liberté & de naïveté que parmi nous (a). Rien de si indécent que le Chapitre des Loix des Gentoux, concernant l'adultere.

Nos Philosophes incrédules sont moins scrupuleux que les Juifs. Ils affectent de retracer aux yeux d'un siecle licencieux, des tableaux qui n'étoient supportables qu'à l'innocente simplicité des premiers âges; ils traduisent dans toute leur énergie des passages qu'un Lecteur chaste se fait un devoir d'omettre en lisant les Livres saints, ils bravent les précautions que prend l'Eglise pour ne les mettre

---

(a) Note de Michaëlis sur Lowth, pag. 145 & suiv. & pag. 623.

qu'entre les mains de gens incapables d'en abuſer.

Ces Critiques biſarres ſoutiennent que l'impudicité étoit permiſe chez les Juifs, puiſqu'ils en parlent ſans honte; mais ce vice, dans toutes ſes branches, étoit ſévérement défendu & puni par les loix Juives. Nous parlons très-librement d'une trahiſon ou d'un aſſaſſinat; s'enſuit-il que nous n'ayons aucune horreur de ces crimes?

§. XI.

Ils diſent que Dieu devoit ou changer les mœurs des Juifs, ou prévoir que ces livres ſeroient un jour ſcandaleux, & feroient douter de la révélation (a). Fort bien. Dieu devoit rendre les mœurs des Juifs auſſi diſſolues que les nôtres, afin de rendre leur langue plus chaſte. Il devoit reſpecter l'entêtement futur des Incrédules qui alléguent contre les mœurs Juives un argument abſurde, & qui prouve le contraire de ce qu'ils veulent. Dieu ne devoit pas faire écrire pour les ſages, mais pour les inſenſés: en

---

(a) Tableau des Saints, c. 5.

verité on ne peut pas mieux penfer (*a*).

En récompenfe, lorfque l'hiftoire raconte les impudicités horribles des Babyloniens & des Perfes, ces graves Philofophes s'infcrivent en faux contre les Auteurs facrés & profanes; ils les traitent de menteurs; il n'eft pas poffible, difent-ils, que ces peuples aient violé jufqu'à ce point les loix de la pudeur naturelle. Telle eft l'impartialité de leur critique; tout eft croyable contre les Juifs, rien ne l'eft contre les autres nations.

La feconde preuve alléguée par le cenfeur du déréglement des mœurs Juives, font les loix mêmes qui défendent & qui puniffent tout ce qui eft contraire à la pudeur. On ne fe feroit pas attendu à cette maniere de raifonner : dans les chap. XVII, XVIII, XX du Lévitique, Moïfe profcrit toute efpece de turpitude contre nature; donc ces abominations étoient communes chez les Juifs. De fi étranges infamies fembloient mériter un châtiment, & cependant le Légifla-

---

(*a*) Lowth, *de facrâ Poefi Hebræorum*, & Michaëlis dans fes notes, ont très-bien prouvé que le Cantique de Salomon n'a rien d'indécent felon les anciennes mœurs des Orientaux.

teur se contente d'une simple défense. « On ne rapporte ici ce fait, continue » l'Auteur, que pour faire connoître la » nation Juive; il faut que la bestialité » ait été commune chez elle, puisqu'elle » est la seule nation connue chez qui les » loix aient été forcées de prohiber un » crime qui n'a été soupçonné ailleurs » par aucun Législateur ». Ensuite il fait des conjectures à perte de vue sur les causes qui ont pu rendre commun ce vice détestable (*a*).

Réponse. L'absurdité du raisonnement est ici ce qu'il y a de moins révoltant. 1.° Les crimes proscrits par Moïse sont défendus & punis de même chez toutes les nations policées, ils le sont parmi nous, le code criminel, les loix ecclésiastiques se réunissent pour en inspirer de l'horreur; il s'ensuit donc que ces crimes sont communs parmi nous. Voilà un Philosophe fort instruit. Les mêmes défenses se trouvent dans le code des Indiens. 2.° Moïse se contente si peu d'une simple défense, que dans le

_____

(*a*) Quest. sur l'Encyclop. *Boucs, Juifs.* Bible expliquée, pag. 147, 164. Traité sur la Tolérance, c. 13, note 6, pag. 112.

chap. xx, il inflige à ces crimes la peine de mort, en particulier à celui que l'Auteur a nommé (*a*); avant de calomnier Moïse, il auroit du moins fallu le lire. 3.° Il avertit les Juifs que les nations voisines se sont souillées par toutes ces abominations (*b*); ce que nous avons rapporté ailleurs des Egyptiens en est une preuve. Voilà pourquoi il les défend aux Juifs, & non parce qu'ils y étoient sujets eux-mêmes. Ainsi l'Auteur *fait connoître la nation Juive*, en lui attribuant par calomnie le déréglement des Egyptiens & des Chananéens, contre l'exemple desquels son Législateur vouloit la prémunir. C'est dans un Traité sur la Tolérance que se trouve consigné ce trait de charité philosophique.

§. XII.

Il en est un plus remarquable encore dans le chapitre précédent; l'Auteur y accuse les Juifs d'avoir mangé de la chair humaine. « Ezéchiel, dit-il, promet aux
» Juifs pour les encourager, qu'ils man-

(*a*) Levit. c. 20, ℣. 15 & 16.
(*b*) Levit, c. 18, ℣. 24 & 27, c. 20, ℣. 23.

DE LA VRAIE RELIGION. 449

» geront de la chair humaine (a) ». Dans le Dictionnaire Philosophique, après avoir cité le même Prophete, il ajoute : « En effet, pourquoi les Juifs n'auroient-» ils pas été Antropophages ? C'eût été » la seule chose qui eût manqué au peu-» ple de Dieu, pour être le plus abo-« minable peuple de la terre (b) ».

Voici le passage. Ezéchiel, chap. 39. ℣. 17. *Dites aux oiseaux du ciel & aux bêtes de la campagne : venez, accourez à la victime que je vais immoler sur les montagnes d'Israël, pour vous en faire manger la chair & boire le sang.* ℣. 18, *Vous mangerez la chair des guerriers, vous boirez le sang des grands de la terre, des béliers & des taureaux.* ℣. 19, *Vous serez rassasiés de la graisse & ennivrés du sang de la victime que je vous prépare.* ℣. 20, *Vous aurez pour nourriture sur ma table le cheval, le cavalier & tout les guerriers, dit le Seigneur.*

Selon le Philosophe interprete, les oiseaux du ciel & les bêtes de la campagne sont les Juifs ; c'est à eux que le

---

(a) Traité sur la Tolérance, c. 12, p. 118.
(b) Dict. Philos. art. *Antropophages*, & Quest. sur l'Encyclop. même art.

Prophete promet qu'ils mangeront de la chair humaine : ainsi s'expliquent, dit-il, les meilleurs Commentateurs (a). N'étoit-ce pas assez de calomnier les Juifs, sans en imposer encore aux Commentateurs ?

Nous rougissons d'être obligés de relever les grossiéretés dont nos cyniques modernes ont souillé leurs écrits, dans le dessein de noircir les Juifs. Le Dictionnaire Philosophique, le Traité sur la Tolérance, l'Examen Important, la Philosophie de l'Histoire, les Questions sur l'Encyclopédie, &c. nous apprennent que Dieu commanda au Prophete Ezéchiel de manger son pain couvert d'excrémens humains, & ensuite paîtri de fiente d'animaux.

C'est une fausseté aussi absurde qu'elle est dégoûtante, encore est-elle empruntée de Tindal. Dieu commande à Ezéchiel de mettre sous les yeux de son peuple différens tableaux de l'état dans lequel il se trouvera réduit, lorsqu'il sera conduit en captivité dans la Chaldée & dans l'Arménie. On sait que dans

―――――――――――――――

(a) Dict. Philos. art. *Antropophages*. Quest. sur l'Encyclop. même art. & *Juifs*.

ces pays où le bois eſt extrêmement rare, les pauvres ſont obligés de ſe chauffer & de cuire leurs alimens avec du chaume & de la bouſe de vache ſéchée au ſoleil, dont l'odeur infecte les maiſons & tout ce que l'on cuit ainſi. Les Egyptiens, les Arabes, les habitans de pluſieus cantons de l'Aſie, & même de quelques-unes de nos provinces, ſont ſouvent réduits à cette triſte reſſource (*a*). Dieu veut que le Prophete montre aux Juifs cette circonſtance de leur captivité future; il lui ordonne de cuire du pain de cette maniere, afin de frapper les ſens & l'imagination de ce peuple endurci. « Voilà, » dit le Seigneur, comme les Enfans » d'Iſraël mangeront leur pain ſouillé » parmi les Nations chez leſquelles je » vais les diſperſer (*b*) ». Eſt-ce là *un commandement indigne de la majeſté divine*, & *un ſujet de vomir des groſſiéretés capables de faire ſoulever le cœur?*

L'Auteur même qui les a répétées tant de fois, a été forcé, pour juſtifier ſa propre turpitude, de convenir

---

(*a*) V. Réponſes Critiques de M. Bullet, tome 1. pag. 267 & *ſuiv.*
(*b*) Ezéch. c. 4, ℣. 13.

du fait que nous venons de citer. « Sa-
» chez, dit-il, que dans toute l'Ara-
» bie déserte, on ne cuit pas aujour-
» jourd'hui son pain autrement (*a*) ».
Certainement dans l'Arabie déserte, personne ne couvre son pain d'excrémens humains, ni de fiente d'animaux. Après une pareille rétractation, il ne falloit plus répéter cette vilenie.

§. XIII.

Moïse avoit promis aux Juifs de la part de Dieu que s'ils étoient fideles à observer ses loix, ils jouiroient d'une prospérité constante. Dans la Philosophie de l'Histoire, & dans la Bible expliquée, l'Auteur s'attache à montrer qu'ils ont été esclaves & malheureux dans tous les tems; il l'a prouvé à son ordinaire en altérant les faits, & en abusant des termes (*b*).

(*a*) Lettre de M. Eratou; Mélanges de Littér. tome 4, pag. 383. V. Niébuhr, Descript. de l'Arabie pag. 46.

(*b*) Celse faisoit déjà cette objection dans Origene, l. 8, n. 69; & Julien dans S. Cyrille, l. 4, pag. 141; l. 5, pag. 176.

Les Juifs, à la vérité, ont été souvent opprimés par des nations puissantes; leur histoire nous en apprend la cause, c'étoit en punition de leurs infidélités. En suivant leurs loix, ils pouvoient être paisibles & heureux; s'ils s'en écartoient, il étoit juste que leur bonheur s'évanouît, ils ne pouvoient le recouvrer qu'en revenant au culte du Seigneur. Quand on veut faire le détail de leurs calamités, il conviendroit de tenir compte de la prospérité & de la paix dont ils ont joui pendant de très-longs intervalles; voilà ce que l'on ne fait point. Que l'on mette en parallele l'Histoire Juive depuis Moïse jusqu'à la dispersion de la nation sous les Romains; c'est-à-dire, pendant environ quatorze cents ans, avec celle de toute autre nation pendant un égal laps de tems, & que l'on voie laquelle des deux a essuyé des révolutions plus fâcheuses. Aucun de nos adversaires n'a osé tenter cette comparaison, & aucun ne l'entreprendra jamais. Dieu n'avoit point promis aux Juifs de les rendre plus heureux que la condition humaine ne le comporte, ni de leur procurer le bonheur malgré eux; il y auroit de la folie à l'exiger.

On cite d'abord très-mal à propos leur servitude en Egypte ; alors Dieu ne leur avoit pas encore donné leurs loix : nos adverfaires fe forment d'ailleurs une fauffe idée de cette fervitude, lorfqu'ils difent que les Egyptiens traitoient les Ifraélites comme les Lacédémoniens traitoient les Ilotes. Cela eft faux. Les Ifraélites en Egypte poffédoient des terres en propre, ils difpofoient de leur bétail ; ils n'étoient donc pas attachés à la glebe, beaucoup moins étoient-ils dans l'efclavage domeftique comme les Ilotes. Mais on les forçoit aux travaux publics fans leur donner aucun falaire, on exerçoit contre eux des violences impunément, on vouloit détruire leurs enfans mâles pour les empêcher de multiplier davantage ; c'eft en quoi confiftoit leur fervitude. Lorfque Moïfe leur dit : traitez avec humanité les efclaves, parce que vous l'avez été vous-même en Egypte ; il eft clair qu'*efclave* ne fignifie là rien autre chofe que *ferviteur* : les Juifs eux-mêmes n'ont jamais mis leurs efclaves fur le pied des Ilotes.

§. XIV.

Selon la Philosophie de l'Histoire & les Questions sur l'Encyclopédie, pendant les quatre siécles qui se sont écoulés sous le gouvernement des Juges, les Juifs ont été esclaves à différentes reprises, qui forment ensemble un total de cent vingt ans (a). Nouvel abus du terme d'*esclave*. Les Roitelets de Syrie, de Moab ou des Philistins sont-ils venus à bout de dépouiller les Juifs de leurs possessions, de les réduire à la servitude domestique? Il est absurde de le penser. Ces Rois vainqueurs dans une bataille imposoient un tribut aux Juifs, faisoient des incursions sur leur territoire, leur ôtoient les armes & les moyens de se défendre : telle est l'idée que les livres Saints nous donnent de ces différentes *captivités* (b). Il est impossible que des Nations moins nombreuses que les Juifs les aient réduits à l'état des esclaves Grecs & Romains; ils ne furent jamais

---

(a) Quest. sur l'Encyclop. *Juifs*. Philosophie de l'histoire, c. 41.
(b) Judic. c. 6, ℣. 4; c. 10, ℣. 9.

dépouillés de leurs possessions, de leurs biens meubles, ni de leurs loix. Tout peuple conquis, tributaire, inquiété par ses voisins, n'est pas pour cela *serf* dans la rigueur du terme; mais il falloit copier Julien (*a*).

Notre critique toujours grand Géographe, est étonné de ce que Chusan, Roi de Mésopotamie, assujettit les Juifs; il y a loin, dit-il, de la Mésopotamie à Jericho : assurément; mais il n'y a pas fort loin des confins de la Mésopotamie à ceux de la Palestine, ils ne sont séparés que par les montagnes de Syrie. Or Chusan est aussi appellé *Roi de Syrie*; il demeuroit probablement à Damas ou aux environs, & il avoit étendu sa domination sur une partie de la Mésopotamie (*b*). Un plus grand éloignement prouveroit encore mieux que Chusan n'a pas pu rendre toute la nation Juive esclave, mais seulement tributaire. Le Roi des Élamites avoit assujetti de même une partie des Chananéens cinq cents ans auparavant (*c*).

(*a*) Dans S. Cyrille, l. 6, pag. 209.
(*b*) Judic. c. 3, v. 8 & 10.
(*c*) Gen. c. 14, v. 4.

Par une erreur plus grossiere, ce même Auteur confond les Philistins avec les Phéniciens. Ceux-ci étoient au nord de la Palestine, puisqu'ils possédoient Tyr & Sidon; les premiers étoient au midi du côté de l'Egypte; leurs villes, Azoth, Ascalon, Gaza, n'étoient certainement pas dans la Phénicie.

Après les huit années de captivité sous Chusan, l'Auteur prétend que les Juifs demeurerent pendant soixante ans dans une espece d'asservissement, puisqu'il leur étoit ordonné de prendre tout le pays depuis l'Egypte jusqu'à l'Euphrate, & qu'ils auroient été tentés de s'en emparer, s'ils avoient été libres.

Faux raisonnement. Dieu qui leur avoit promis qu'ils porteroient leurs conquêtes jusqu'à l'Euphrate, leur avoit dit aussi qu'il ne détruiroit pas tout-à-coup les nations dont ils devoient posséder les terres, mais peu-à-peu, à mesure que les Hébreux se multiplieroient, de peur que le pays désert ne se remplît de bêtes féroces (a). Les Juifs n'ont donc point fait de conquêtes sans nécessité; ils ne les ont poussées jusqu'à l'Eu-

_____

(a) Deut. c. 7, ⱴ. 22.

phrate que sous David. S'ils avoient été plus fideles à Dieu, ils auroient essuyé moins de pertes, ils se seroient multipliés davantage, leurs conquêtes auroient été plus rapides. Mais un peuple qui ne fait point de conquêtes, n'est pas esclave pour cela.

§. XV.

Cependant notre Philosophe veut absolument nous persuader qu'avant le regne de Saül, « les Juifs n'étoient qu'une
» horde d'Arabes du Désert, si peu puis-
» sans, que les Phéniciens les traitoient
» à-peu-près comme les Lacédémoniens
» traitoient les Ilotes. C'étoient des es-
» claves auxquels il n'étoit pas permis
» d'avoir des armes. Ils n'avoient pas
» le droit de forger le fer, pas même
» celui d'aiguiser chez eux les socs de
» leurs charrues & le tranchant de leur
» coignée. Il falloit qu'ils allassent à
» leurs maîtres pour les moindres ou-
» vrages de cette espece; les Juifs le
» déclarent dans le livre de Samuel,
» & ils ajoutent qu'ils n'avoient ni épée
» ni javelot dans la bataille que Saül
» & Jonathas donnerent à Bethaven

« contre les Phéniciens ou Philistins.
» Il est vrai qu'avant cette bataille ga-
» gnée sans armes, il est dit au cha-
» pitre précédent, que Saül, avec une
» armée de trois cents trente mille
» hommes, défit entiérement les Am-
» monites; ce qui semble ne pas s'ac-
» corder avec l'aveu qu'ils n'avoient *ni
» javelot ni épée, ni aucune arme.* D'ail-
» leurs les plus grands Rois ont eu rare-
» ment à la fois trois cent trente mille
» hommes effectifs.... il y avoit là de
» quoi conquérir l'Asie & l'Europe (*a*) ».

Réponse. Il n'est pas possible de confondre avec plus d'affectation les époques, les événemens, les divers états
des Juifs, que le fait ici notre Philosophe. Un peu d'attention suffit pour dé-
concerter sa mauvaise foi.

1.° Il est absurde de vouloir nous faire
juger de l'état habituel des Juifs depuis
Moïse jusqu'à Saül, pendant quatre cents
ans, par l'asservissement passager dans
lequel ils étoient retenus par les Philis-

(*a*) Philosophie de l'histoire, c. 38, pag. 186,
& c. 41, pag. 199. Quest. sur l'Encyclop. *Contradiction*, pag. 120. *Histoire*, pag. 44. Bible
expliquée, pag. 305.

tins sous Saül. Il est évident par l'histoire que pendant ces quatre siecles, ils ont été dans une alternative continuelle de prospérités & de revers, de victoires & de défaites, selon qu'ils étoient plus ou moins fideles au Seigneur. S'ils étoient aussi foibles que l'Auteur le suppose, comment se sont-ils établis dans la Palestine ? Sont-ce les Phéniciens qui sont allés chercher dans le désert cette horde d'Arabes pour en faire des esclaves ? Dans ce cas, les déclamations des Incrédules contre les cruels exploits des Juifs, sont fausses & ridicules. S'ils étoient encore esclaves des Phéniciens sous Saül, par quelles batailles ont-ils porté sous David leurs conquêtes jusqu'à l'Euphrate ? Ces Phéniciens si redoutables sont devenus tout-à-coup bien lâches, pour se laisser subjuguer par leurs esclaves.

2.° Il est faux que pendant ces quatre cents ans ils aient jamais été réduits à l'état des Ilotes. Dans le tems même dont parle l'Auteur, si les Juifs n'avoient pas des armes, ils avoient du moins des terres, puisqu'il leur falloit des charrues ; jamais les Ilotes n'ont possédé un pouce de terre chez les Spartiates ; ils étoient esclaves domestiques. On voit pourquoi l'Auteur affecte de confondre les Philistins avec les Phéniciens, c'est afin de nous faire croire que les Juifs, dans leurs revers, furent toujours traités par les divers peuples de la Palestine, comme ils le furent par les Philistins dans une circonstance particuliere avant le régne de Saül. Il faudroit être bien aveugle pour donner dans ce piége.

§. XVI.

3.° Les Juifs avoient été pendant quarante ans sous le joug des Philistins jusqu'à Samson qui les en délivra, quoique notre Auteur soutienne le contraire (a). Ils furent vaincus de nouveau pendant le gouvernement d'Héli, & rentrerent sous la domination des Philistins (b). Samuel les en tira vingt ans après. Il est dit que sous Samuel les Philistins furent vaincus & humiliés, qu'ils n'oserent plus entrer sur le territoire des Israélites; qu'ils furent forcés de rendre les

---

(a) Judic. c. 15, ℣. 20; c. 13, ℣. 30; c. 21, ℣. 24.
(b) I. Reg. c. 4.

villes qu'ils avoient prifes ; que la main du Seigneur demeura fur eux & les contint pendant tout le gouvernement de Samuel ; que pendant ce tems, la paix fubfifta entre Ifraël & les Amorrhéens (*a*). Or Samuel gouverna pendant vingt-quatre ans ; il gouvernoit encore lorfque Saül fut élu Roi. Voilà donc au moins vingt-quatre ans pendant lefquels les Juifs ne furent efclaves ni des Philiftins, ni d'aucun autre peuple.

Peu de tems après fon élection, Saül fe mit à la tête de trois cent trente mille hommes, & vinquit les Ammonites (*b*). Sans doute ils avoient des armes, puifqu'ils livrerent bataille, & eurent l'avantage.

Enfuite Jonathas, fils de Saül, attaqua de fon chef un pofte avancé des Philiftins ; cet acte d'hoftilité fit recommencer la guerre. Les Ifraélites raffemblés furent faifis d'une terreur panique ; ils fe débanderent ; il n'en refta que fix cents avec Saül (*c*). C'eſt à cette occafion qu'il eſt dit que les Philiftins n'avoient laiffé

(*a*) 1. Reg. c. 7, ⅴ. 13.
(*b*) 1 Reg. c. 11.
(*c*) 1. Reg. c. 13, ⅴ. 15.

dans Israël aucun ouvrier en fer, ni aucun moyen d'aiguiser les tranchans; que dans tout le peuple qui étoit demeuré avec Saül & Jonathas, il ne se trouva que ces deux princes qui eussent chacun une lance & une épée (*a*). Ce passage qui fait une difficulté, n'a pas été rendu exactement dans les versions : elles ne s'accordent point.

Sans vouloir contester sur le sens des termes, tenons-nous-en à ce qui précede. Les Philistins vaincus sous Samuel, avoient été forcés de laisser Israël en paix pendant vingt-quatre ans, & Saül venoit de vaincre les Ammonites ; après ces deux faits, l'Historien a-t-il pu dire que dans ce tems-là même, les Philistins dominoient tellement sur les Israélites, qu'ils leur ôtoient la liberté d'avoir des armes & d'aiguiser leurs instrumens tranchans ? Ce seroit une contradiction révoltante.

Aussi n'a-t-il point dit que les six cents hommes restés avec Saül & Jonathas n'avoient *ni javelot*, *ni épée*, *ni aucune arme* ; ce commentaire du Philosophe est

---

(*a*) 1. Reg. c. 13, ⅴ. 21. Bible expliquée, pag. 305.

une fausseté ; mais il a dit qu'aucun de ces guerriers n'avoit *tout à la fois* une lance & une épée, comme Saül & Jonathas qui avoient l'une & l'autre. Ils pouvoient donc avoir des massues, des frondes, des fleches, des javelots. Pourquoi n'avoient-ils pas chacun une lance & une épée aussi bien que Saül & son fils ? Parce que sous la domination des Philistins qui avoit précédé la judicature de Samuel, ces maîtres impérieux avoient empêché, tant qu'ils avoient pu, les Israélites de forger des armes; depuis ce tems-là, ceux-ci endormis dans le sein de la paix, avoient négligé de se munir chacun d'une armure complette. Tout ce que l'on peut conclure, c'est que les six cents hommes restés avec Saül, étoient plus mal armés que ceux qui s'étoient enfuis. Entendre autrement ce passage, c'est prêter gratuitement une contradiction à l'Historien. Vouloir que cet asservissement des Israélites ait duré pendant quatre cents ans, depuis Josué jusqu'à Saül, c'est une autre absurdité contraire à toute la suite de l'histoire.

Quand notre Philosophe ajoute que les plus grands Rois n'ont jamais eu trois cents trente mille soldats effectifs, il fait une observation puérile ; il n'étoit point alors question de troupes soudoyées, ni de soldats toujours rassemblés sous le drapeau ; tout homme capable de combattre marchoit à l'ennemi. Il est dit, en parlant de la guerre contre les Ammonites, que tout le peuple d'Israël se rassembla sous les ordres de Saül & de Samuel *comme si c'eût été un seul homme* (*a*): il n'est donc pas étonnant qu'il ait formé une armée si nombreuse.

Selon le même critique, les Juifs, sous leurs Rois, ne paroissent pas jouir d'un sort plus heureux que sous leurs Juges, puisque leur premier Roi Saül est obligé de se donner la mort, que ses fils sont assassinés, qu'il s'est commis beaucoup de crimes & de meurtres sous les autres Rois (*b*).

Réponse. Nous ne voyons pas quelle relation il y a entre le sort des laboureurs & la mort d'un Roi qui se tue pour avoir perdu une bataille. Les crimes qui se commettent à la cour des Princes intéressent très-peu les sujets qui en sont éloignés. Les Juifs furent moins

---

(*a*) 1. Reg. c. 11, ℣. 7.
(*b*) Philosophie de l'histoire, c. 42, pag. 101.

heureux & moins paisibles sous leurs Rois que sous leurs Juges; mais c'est leur faute d'avoir voulu un Roi, malgré les remontrances de Samuel leur juge.

§. XVII.

La captivité de Babylone prêtoit un plus beau champ pour exagérer les malheurs des Juifs; les Prophetes en ont fait la plus triste peinture. « Les Juifs » sont *esclaves* à Babylone pendant soi- » xante & dix ans, & lorsqu'ils obtien- » nent la permission de revenir dans la » Judée ils continuent à être sujets des » Rois de Perse (*a*) ».

Réponse. Toujours des *esclaves*, le Philosophe en voit par-tout. Cependant ces esclaves posséderent des terres dans la Chaldée, dans la Médie, dans la Perse, conserverent leurs loix & leur religion. Ils repeuplerent ces contrées dévastées par l'ambition & par les guerres continuelles des Souverains qui s'en disputoient la possession. Le prophete Jérémie, à leur départ de la Judée, les exhorte à former des établissemens solides

_____

(*a*) *Ibid.* pag. 202.

dans la terre de leur exil, à bâtir des maisons, à planter des vignes & des vergers, à contracter des mariages, à prier Dieu pour la prospérité de Babylone (*a*). Ils se trouverent si contens de leur esclavage, que la plupart y demeurerent, ne voulurent point revenir dans la Judée lorsque Cyrus le leur eut permis. Il est prouvé par les livres de Tobie, d'Esther, de Daniel, d'Esdras, que plusieurs Juifs parvinrent aux premieres dignités sous les Rois d'Assyrie & de Perse. A l'exception de quelques persécutions passageres, ils furent traités comme les autres sujets de la monarchie. S'ils furent esclaves, parce qu'ils ne conserverent point l'indépendance, les Phéniciens, les Moabites, les Iduméens, les Egyptiens, subjugués par les Rois d'Assyrie, furent aussi esclaves que les Juifs.

Lorsqu'Alexandre s'empara de la Perse, la Judée fut comprise dans ses conquêtes ; mais il ne traite point les Juifs en esclaves ; il leur laisse leur religion, leurs loix civiles, leur liberté, & non l'indépendance ; il leur accorde droit

_____

(*a*) Jérém. c. 29, ℣. 5.

de bourgeoisie dans sa ville d'Alexandrie. Sous ses successeurs ils demeurerent assujettis aux Rois de Syrie comme les autres nations de ces contrées subjuguées par Alexandre; ils ne furent pas plus esclaves qu'elles.

Lorsque ces Rois veulent les forcer de renoncer à leur religion & à leurs loix, ils prennent les armes; ces *vils esclaves* taillent en pieces plusieurs armées que l'on envoie contre eux. Enfin, à force de victoires, ils contraignent ces Rois de Syrie, si fiers & si injustes, à leur accorder l'exercice libre de leur religion & de leurs loix, même le droit de battre monnoie; les généraux Romains, vainqueurs des Syriens, confirment le privilege (*a*). Ce qu'il y a de plus fâcheux pour leurs ennemis anciens & modernes, c'est que ces prodiges de bravoure sont exécutés par une famille de Prêtres qui deviennent les sauveurs de la nation. Les Machabées que le Philosophe historien peint comme des révoltés, étoient dans le fond des héros qui usoient du droit naturel de défense contre des tigres obstinés à les dévorer.

―――――――――――――――

a) 1. Machab. c. 15; 2. Machab. c. 12.

Notre Prédicateur de la Tolérance fait un crime aux Juifs de s'être défendus contre les persécuteurs qui vouloient les rendre idolâtres.

Il dit que le Grand-Prêtre Onias eut la tête tranchée pour avoir été l'auteur de la révolte. Imposture. Onias fut tué par un traitre; Anthiochus vengea sa mort par le supplice de l'assassin (*a*).

§. XVIII.

« Jamais, dit-il, les Juifs ne furent
» plus inviolablement attachés à leur loi
» que sous les Rois de Syrie; ils n'ado-
» rerent plus de divinités étrangeres; ce
» fut alors que leur religion fut irrévo-
» cablement fixée; & cependant ils fu-
» rent plus malheureux que jamais,
» comptant toujours sur leur délivrance,
» sur les promesses de leurs Prophetes,
» sur le secours de leur Dieu, mais aban-
» donnés par la Providence dont les de-
» crets ne sont pas connus des hommes ».

Réponse. Il est faux que la religion Juive n'ait été irrévocablement fixée que sous les Rois de Syrie; elle l'étoit depuis

_____

(*a*) 2. Machab. c. 4, ℣. 34 & 38.

plus de mille ans dans les écrits de Moïfe, jamais les Juifs n'y ont rien changé. Il eft faux qu'ils n'aient plus adoré de divinités étrangeres; plufieurs apoftafierent pour plaire aux Rois de Syrie & fans y être forcés (*a*). Mais les crimes commis contre la religion ne la changent point; le nombre des Philofophes apoftats n'empêche point que notre religion ne foit irrévocablement fixée dans l'Evangile depuis dix-huit cents ans.

Les Juifs ne furent pas plus malheureux que les autres fujets des Antiochus, Princes dévaftateurs & infenfés s'il en fût jamais. Ceux d'entr'eux qui demeurerent fideles à leur religion, n'eurent pas tort de compter fur leur délivrance, fur les promeffes des Prophetes, fur le fecours de Dieu; ils reconnoiffent dans leurs livres que c'eft Dieu qui les délivra de leurs perfécuteurs, que leurs victoires furent miraculeufes; il n'eft donc pas vrai que la Providence les ait abandonnés pour lors.

Nous avouons qu'après cette époque, les Juifs commencerent à fe déchirer les

---

(*a*) 1. Machab. c. 1, ỹ. 12.

DE LA VRAIE RELIGION. 471

uns les autres par ambition, par des haines mutuelles, par des diffensions inteſtines, fruits naturels de l'apoſtaſie publique ou ſecrette de pluſieurs d'entr'eux, & que Dieu parut ſenſiblement les abandonner. Mais le tems fixé par la Providence pour la fin de leur religion & de leur république approchoit; cette révolution devoit être le ſigne certain de la venue du Meſſiè: nous le prouverons dans la ſuite.

§. XIX.

De tous ces faits ſuppoſés, altérés, défigurés par l'Auteur de la Philoſophie de l'hiſtoire, répétés par la foule de ſes Copiſtes, il réſulte que les Juifs, toujours très-peu fideles à leur loi, ont été expoſés à toutes les calamités & à tous les revers qu'ont eſſuyé les autres nations. L'Egypte a été vaincue & dévaſtée par les mêmes conquérans qui ont tourmenté les Juifs; l'Inde a été un théâtre de guerres & de crimes; la Chine a ſouffert vingt-deux révolutions générales. La Perſe & la Chaldée ont été ravagées ſans ceſſe par la folie & l'ambition de leurs Souverains. L'Aſie mineure n'a pas été plus tranquille lorfqu'elle étoit partagée en petits Etats, que quand elle eft devenue la proie des Perfes, des Macédoniens, des Romains. Les Grecs, incapables de fupporter ni la liberté, ni l'efclavage, fe font déchirés par des guerres inteftines, lorfqu'ils n'ont point eu de guerres étrangeres à foutenir. Les Romains, avides de proie, ont dévoré fucceffivement l'Italie, la Grèce, les Gaules, l'Afrique, l'Efpagne, le monde entier. En parcourant l'Hiftoire générale, à peine trouve-t-on dans chaque portion du globe, quelques années de paix & de profpérité pour des fiecles de carnage & de malheurs.

La queftion eft de favoir fi les Juifs plus fideles à leur religion & à leurs loix, auroient été mieux policés & plus heureux que les autres peuples. Il eft aifé de s'en convaincre en comparant leur légiflation civile & religieufe, la conftitution de leur république, avec toutes celles que nous connoiffons. Leur croyance étoit pure, leur culte exempt de profanation & de cruauté, leur morale irrépréhenfible, leurs loix claires, fixes & complettes, leur pays très-fertile, leur population abondante, ils pouvoient faire un commerce avantageux; leurs conquêtes étoient limitées, ils n'avoient aucun prétexte de faire des guerres offensives: que pouvoit-il manquer à leur prospérité? Ils en ont joui tant qu'ils ont suivi leur loi, les livres saints attestent qu'ils n'ont souffert que quand ils ont été prévaricateurs.

Toutes les objections des Incrédules tombent donc sans force aux pieds de cette législation divine. On ne peut pas argumenter plus follement que de dire: la loi de Moïse ne valoit rien, puisque les Juifs ne l'ont jamais observée & que pour les punir Dieu les a rendus malheureux. Toutes les loix possibles sont dans le même cas, tous les peuples ont eu le même sort; que s'enfuit-il? que les hommes sont trop insensés pour mériter d'être heureux sur la terre. Tout calculé, les Juifs même prévaricateurs étoient encore moins malheureux que les autres peuples, puisque leur bonheur dépendoit d'eux.

S'ils avoient été plus sages & plus tranquilles chez eux, ils auroient été absolument ignorés; les autres nations ne les ont connus que par les maux qu'elles leur ont faits. Les Egyptiens, les Assyriens, les Grecs, les Romains, ont tour à tour conjuré leur ruine; Dieu seul a pu mettre un frein à cette fureur; il ne lui a permis d'agir que quand il vouloit punir son peuple coupable. Les héros les plus célebres par leurs brigandages ont été, sans le savoir, les instrumens dont Dieu se servoit pour exercer sa justice. Malgré leurs accès périodiques de frénésie, le peuple Juif a subsisté & s'est maintenu jusqu'au moment que Dieu avoit marqué pour sa destruction. Le rôle qu'il a joué pendant près de deux mille ans, est le tableau le plus frappant qu'il y ait dans l'histoire.

Cette nation ressemble donc à toutes les autres en ce qu'elle n'est devenue fameuse que par ses malheurs. Un peuple paisible, occupé de l'agriculture, confiné chez lui, demeure inconnu & ignoré; pour se rendre célebre, il faut faire du mal ou en souffrir (a). Heureux les Juifs, s'ils avoient pu être encore plus obscurs! Mais on ne veut leur pardonner ni le tems d'obscurité qui étoit celui de leur bonheur, ni celui des disgraces qui ont fait parler d'eux. Les autres ont pu être

_____

(a) Emile, tome 2, pag. 252.

impunément insensés, cruels, injustes, dévastateurs; les Juifs sont les seuls à qui la Philosophie ne fera jamais grace. Ils n'ont adoré qu'un Dieu, ils ont été dépositaires des titres de la révélation; voilà leur crime, on ne le pardonnera jamais: ce sont des monstres de cruauté & de fanatisme, un peuple de brigands ignorans & fanatiques (*a*). Il reste encore un grand reproche à faire contr'eux, *l'intolérance*. La multitude des Philosophes crie que les Juifs ont été les plus intolérans des hommes, quelques-uns soutiennent qu'ils ont été tolérans à l'excès, puisqu'ils ont toléré le polythéisme & l'idolatrie. On sent déja qu'il y a erreur de part & d'autre; mais il faut examiner cette contestation.

Nous remarquerons seulement, avant d'y entrer, que les Incrédules qui déclament avec tant d'aigreur contre les Juifs, sont des disciples ingrats, ils calomnient leurs propres maîtres. C'est à l'école des Juifs que nos adversaires se sont instruits pour combattre la religion chré-

___

(*a*) Quest. sur l'Encyclop. *Juifs*, pag. 276. *Loi naturelle.* Sixieme Lettre à Sophie, pag. 83, & *suiv.*

tienne. Dans toutes les questions que nous aurons à traiter avec les Juifs, nous verrons les Philosophes leur servir de seconds, adopter leurs argumens, renouveller leurs plaintes, justifier leurs excès contre Jesus-Christ & contre l'Evangile, faire éloquemment leur apologie. Si jamais les Juifs ont dû concevoir de l'orgueil, c'est aujourd'hui, en voyant la secte nombreuse de Savans qu'ils ont endoctrinés. Ou il ne falloit pas tant déprimer ce peuple, où il y a de l'ignominie à copier ses préventions & ses erreurs; mais la sagesse brille dans tous les procédés de nos adversaires.

ARTICLE CINQUIEME.

De l'Intolérance des Juifs & de leur haine contre les autres Nations.

§. I.

Il n'y eut jamais de peuple policé sans religion; un des premiers liens de société entre les hommes, est le culte public par lequel ils se réunissent pour rendre leurs hommages à la Divinité, & s'avertir mutuellement de leurs devoirs.

Il n'est pas possible de maintenir le culte public uniforme, & tel qu'il le faut pour lier les citoyens, s'il n'y a pas des loix qui le rendent sacré & inviolable. Tous les peuples ont senti cette vérité, elle est évidente; tous ont eu des loix qui défendoient l'altération de la religion nationale, & qui infligeoient des peines à ceux qui oseroient y donner atteinte. Admettre une religion comme vraie, salutaire, utile à la république, & n'avoir aucun zele pour la maintenir, c'est une inconséquence; la croire vraie, & juger qu'une autre religion qui lui est contraire n'est pas moins vraie, c'est une contradiction. La vérité, sans doute, est plus utile aux hommes que l'erreur. Il est donc impossible que le zele de religion ne naisse du même penchant qui nous fait préférer la vérité au mensonge, la croyance & les pratiques utiles à celles qui nous semblent pernicieuses.

Vainement les Incrédules argumentent sur ce procédé pour prouver que toute religion exclusive doit produire de mauvais effets, jetter une pomme de discorde entre les peuples, enfanter les haines nationales, &c. Il en est de même des loix civiles, des mœurs, de toutes les opinions. La vérité est essentiellement exclusive, il est aussi impossible à l'homme de ne pas aimer exclusivement la vérité, que d'embrasser le mensonge pour lui-même, ou d'aimer le mal pour le mal.

La différence des climats, la variété de l'organisation, la distance des contrées habitées par les hommes, mettent nécessairement de la diversité dans leurs idées, dans leur éducation, dans leur maniere de voir, sur-tout lorsque les passions peuvent s'en mêler; à moins que les dogmes de la religion ne soient tout aussi évidens que les premieres vérités de calcul, il est impossible que les Chinois & les Européens, les Lapons & les Négres, se fassent une même croyance & une habitude des mêmes pratiques par les seules lumieres de la raison. L'unique moyen de rendre pour eux la religion uniforme & invariable, étoit d'en révéler au premier homme les dogmes & le culte, d'ordonner à tous les peres de les transmettre fidélement à leurs enfans. C'est le plan que la Providence divine avoit suivi; si tous les hommes y avoient été fideles, toute religion fausse auroit été bannie de l'univers.

§. II.

Quoiqu'ils s'en fussent écartés par leur faute, il étoit encore de la bonté Divine de recourir toujours au même moyen, de donner une seconde révélation pour empêcher que l'erreur ne devînt universelle, & pour conserver au moins dans un coin de la terre la connoissance d'un seul Dieu. Tel a été le but de la mission de Moïse. Les Juifs convaincus par des prodiges palpables de la vérité de leur religion & de la fausseté de toutes les autres, devoient-ils être insensibles à ce bienfait ? Etoit-il de la sagesse du Législateur de ne prendre aucune précaution pour prévenir l'altération d'une croyance & d'un culte émanés de Dieu ; de les abandonner à la discrétion des particuliers toujours enclins à secouer le joug de la religion ?

La question se réduit à savoir si Dieu étoit en droit de défendre sévérement l'Idolatrie, d'établir chez une nation particuliere une législation, en vertu de laquelle ce crime seroit censé un crime d'état ; d'attacher sa protection particuliere sur cette nation à l'accomplissement des loix religieuses & civiles : si nos adversaires contestent ce droit à la Divinité, nous ne prendrons pas la peine de les réfuter. Dès que l'on pose pour principe que Dieu ne peut & ne doit punir en ce monde aucun crime, aucune erreur volontaire, on attaque la Providence, on donne dans l'athéisme ; ce n'est plus ici le lieu de combattre cette absurdité.

Il étoit aussi essentiel à la religion Juive d'extirper le polythéisme, qu'il est naturel à l'idolatrie d'étouffer le culte d'un seul Dieu. Connoît-on sur la terre une nation polythéiste qui ait toléré chez elle l'adoration d'un seul Etre suprême ? Y en a-t-il quelqu'une qui ait bâti des temples ou offert de l'encens au Créateur du ciel & de la terre ? Pas une, nous l'avons prouvé ailleurs. Ces deux cultes sont contradictoires, ils s'excluent mutuellement.

Nous prions le Lecteur de se rappeller les raisons par lesquelles nous avons démontré dans notre premiere partie, que la tolérance prêchée par les Philosophes, est absurde, impraticable; qu'elle n'a été observée nulle part ; qu'elle ne le sera jamais ; qu'elle est destructive de
toute

toute religion, qu'eux-mêmes ne l'observent point.

L'amour de la vérité naturel à l'homme, la reconnoissance du bienfait de la révélation, les prénicieux effets des fausses religions que nous avons rendus sensibles, lorsque nous les avons examinés, la pratique générale de toutes les nations; voilà les preuves que nous avons en main pour démontrer que la religion Juive devoit être intolérante comme toute religion vraie, qu'il étoit juste d'attacher au culte exclusif d'un seul Dieu le salut de la république Juive.

§. III.

Il falloit que les loix prohibitives de l'idolâtrie fussent très-séveres. L'exemple des nations voisines étoit séduisant, la foiblesse des Juifs sur ce point étoit extrême; leur séjour en Egypte les avoit corrompus, jamais ils n'ont été parfaitement guéris de l'égyptianisme; le culte du veau d'or devoit faire trembler Moïse sur l'avenir. Il falloit faire sentir à ce peuple sensuel & incorrigible toute l'infamie des mœurs & du culte des Chananéens, lui représenter le prix du choix dont Dieu l'avoit honoré, l'attacher à sa religion par reconnoissance & par un retour secret d'amour-propre. C'est ce qu'a fait Moïse (*a*).

Voilà le mal, s'écrient nos adversaires ; Moïse apprend aux Juifs à se croire le seul peuple chéri de Dieu ; à regarder les autres comme exécrables & maudits ; à concevoir une aversion & un mépris invincible pour eux. Il étoit juste que les autres nations usassent de représailles, que les Juifs fussent généralement détestés, & ils l'étoient en effet. Ce n'étoit pas là le moyen d'inspirer de l'estime pour leur religion, ni de détromper les Idolâtres de leur erreur (*b*).

Avant d'examiner la justice de ce reproche, je supplie nos Censeurs de dire clairement & nettement ce que Moïse devoit faire, quelles idées il devoit donner aux Juifs. Falloit-il leur enseigner que la religion est une institution indifférente ; que chaque peuple peut l'arranger comme il lui plaît ; que la religion d'Egypte étoit bonne pour les Egyptiens, celle de la Palestine pour les Chana-

---

(*a*) Deut. c. 4, ɣ. 6 & *suiv*. &c.
(*b*) Sixieme Lettre à Sophie, &c.

DE LA VRAIE RELIGION. 483

néens, tout comme la leur seroit bonne pour eux, s'ils vouloient s'y assujettir? Falloit-il approuver les infamies du bouc de Mendès, l'usage de brûler les enfans à l'honneur de Moloch, la prostitution des Babiloniennes, &c.? Etoit-il permis d'envisager toutes ces abominations comme des institutions nationales, & tous les crimes comme des usages indifférens? Si les Chananéens en étoient réellement coupables, Moïse devoit-il le dissimuler, pendant que les Juifs alloient en avoir la preuve sous les yeux? Décidez-vous, Philosophes sublimes, qu'eussiez-vous fait à sa place?

Il est faux que Moïse apprenne aux Juifs à se regarder comme *le seul peuple chéri de Dieu*, & représente tous les autres comme abandonnés par la Providence. Il leur dit qu'il n'est aucun peuple que Dieu ait autant favorisé qu'eux, auquel il ait accordé d'aussi grands bienfaits; c'est la pure vérité. Il ne déclare exécrables & maudits que les Chananéens, à cause de leurs crimes, dont il fait l'énumération; un Incrédule est-il en état de prouver que Moïse les calomnioit? La plupart de ses loix seroient inutiles & absurdes. Il commande de la part de Dieu

X ij

qu'ils foient exterminés, parce que si on les épargne, leur exemple sera un piége toujours tendu aux Juifs dans lequel ils tomberont infailliblement, & qui attirera sur eux les plus terribles malheurs; l'événement a vérifié la prédiction. Autant de fois les Juifs ont imité les Chananéens, & ils l'ont fait souvent, autant de fois ils ont été punis de Dieu. C'étoit donc conserver la peste parmi eux, que d'y tolérer les Chananéens & l'idolatrie.

§. IV.

Moïse, loin d'ordonner que l'on traite de même les autres peuples, défend au contraire de toucher à leurs possessions. Il veut que les Juifs regardent les Iduméens comme leurs freres, qu'ils n'empiétent point sur le territoire des Moabites ni des Ammonites; qu'ils ne gardent aucune haine contre les Egyptiens. Il pose exactement les limites du pays qui est destiné à son peuple; lui défend de tenter des conquêtes au-delà; lui commande de faire accueil aux étrangers; de les traiter avec humanité; de les aggréger à la république, s'ils veulent recevoir la circoncifion & fe foumettre aux loix. Toutes ces ordonnances font couchées dans les écrits de Moïfe (*a*). Eft-ce là déclarer *tous les peuples* exécrables & maudits, infpirer aux Juifs la haine & le mépris pour eux ? Nous prions nos adverfaires de nous montrer les mêmes réglemens dans la législation des autres peuples anciens.

Si les Grecs & les Romains ont ignoré ces loix de Moïfe ; s'ils ont crû que les Juifs haïffoient par religion tous les Idolâtres, à caufe qu'ils déteftoient l'idolatrie, ce n'eft la faute ni de Moïfe ni des Juifs ; c'eft ignorance & prévention pure de la part de leurs ennemis ; elle ne prouve pas plus que l'entêtement des Philofophes qui calomnient les loix de Moïfe fans vouloir les connoître.

Mais les Juifs ne vouloient point manger chez les étrangers. Soit. Ils fouffroient du moins que les étrangers mangeaffent chez eux & avec eux ; ils le fouffrent encore. Ils étoient donc plus raifonnables que les Egyptiens qui faifoient manger les étrangers à une table particuliere ;

(*a*) Mém. de l'Acad. des Infcrip. tome 60, pag. 390.

qui se feroient crus souillés pour les avoir touchés au visage, ou pour avoir respiré leur haleine (*a*). Les Egyptiens dont on a tant loué la sagesse, ne sortoient jamais de chez eux, de peur d'y rapporter les coutumes des autres peuples (*b*).

Pourquoi les Juifs évitoient-ils la table des Payens ? Parce qu'ils ne pouvoient s'y placer sans prendre quelque part aux superstitions payennes. On offroit aux Dieux les prémices de tous les mets, on faisoit des libations à leur honneur ; c'étoit la coutume générale. On mettoit sur la table les statues des Dieux tutélaires, on buvoit à l'honneur des Graces & des Muses, on mangeoit des viandes immolées, &c. (*c*). Voilà ce que

___

(*a*) Gen. c. 43, ℣. 32. Hérodot. l. 1, c. 41.

(*b*) Strabon, l. 17. Diodore, l. 1. Les différentes sectes de Païens dans les Indes, ne mangent point ensemble, encore moins avec ceux d'une autre religion. Il en est de même des Persans Mahométans ; ils n'admettent à leur table, ni *Sunnites*, ni Païens, ni Juifs, ni Chrétiens. Niebuhr, Desc. de l'Arabie, pag. 40.

(*c*) Hésiode, Travaux, ℣. 336 & *suiv.* Porphyre, de l'abst. l. 2, n. 20. Théologie Païenne par M. de Burigny, tome 2, pag. 144, 145. Mém. de l'Acad. des Inscript. *in-*12, tome 1, pag. 62 ; tome 4, pag. 29.

les Juifs ne devoient jamais faire. Ce n'est pas leur faute si la superstition puérile, minutieuse, continuelle des Païens avoit rendu leur commerce dangereux pour un adorateur du vrai Dieu.

D'ailleurs en quel tems l'aversion des Juifs pour les Païens commença-t-elle à éclater davantage ? Après les persécutions cruelles qu'ils essuyerent de la part des Rois de Syrie pour cause de religion ; après les insultes & les avanies que leur firent les soldats Romains pour la même raison. Si ces Idolâtres aveugles avoient eu assez de bon sens pour laisser les Juifs en paix, & pour respecter une religion plus raisonnable que la leur, les Juifs auroient été moins ombrageux & moins prévenus contre les étrangers. Mais les Païens imitoient la conduite des Incrédules modernes, ils ne vouloient pas tolérer la religion des Juifs, & ils exigeoient que les Juifs tolérassent toutes leurs folies ; ils s'attribuoient le droit de les railler, de leur insulter, & trouvoient mauvais que les Juifs s'en offensassent. De tout tems les ennemis de la vraie Religion se sont ressemblés.

Tacite, après avoir dit beaucoup de mal des Juifs, convient qu'ils furent excités à la sédition & à la révolte contre les Romains par la rapacité & la tyrannie des Proconsuls & des Lieutenans que l'on envoyoit pour les contenir (*a*). Telle étoit la politique sage & bienfaisante des Romains envers les peuples conquis ; ils leur rendoient le joug insupportable, ensuite ils les punissoient pour avoir voulu le secouer. La domination des Syro-Macédoniens n'avoit été ni plus douce, ni plus sensée ; & l'on veut faire retomber sur les Juifs tout l'odieux des séditions qui s'ensuivirent.

§. V.

Dans un autre sens les Juifs n'étoient point intolérans en fait de religion ; ils permettoient à tout étranger de venir adorer Dieu dans leur temple, nous l'avons fait voir (*b*) : il leur étoit ordonné de bannir l'idolatrie de leur territoire, & non d'aller l'exterminer ailleurs. Le Déiste qui a écrit que le principe fondamental du Judaïsme étoit de détruire

---

(*a*) Tacite, hist. l. 5, c. 9 & 10.
(*b*) Ci-dessus, c. V, art. I. §. III.

l'idolatrie par le fer & par le feu (*a*), en a évidemment imposé.

Il est néanmoins certain, disent nos adversaires, que les Juifs regardoient les étrangers comme des animaux immondes; Jesus-Christ lui-même a confirmé ce préjugé en disant à la Chananéenne qu'il n'est pas bien de prendre le pain des enfans & de le jetter aux chiens (*b*): telle est l'idée que les Juifs avoient des Gentils. C'étoit une absurdité de croire que Dieu ne s'étoit révélé qu'à eux, qu'il étoit leur Dieu plutôt que celui des Egyptiens & des Chananéens; ce préjugé a été la source de leur incrédulité à l'Evangile (*c*).

Réponse. Jesus-Christ ne rebuta d'abord la Chananéenne que pour éprouver sa foi, puisqu'il lui accorda ce qu'elle demandoit. Loin de confirmer ainsi le préjugé des Juifs, il vouloit au contraire le détruire, faire voir que Dieu avoit des élus parmi les Gentils aussi bien que parmi les Juifs, que souvent les pre-

―――――――――――――――

(*a*) Morgan, tome 1, pag. 360.
(*b*) Matt. c. 15, ⅴ. 26.
(*c*) Morgan, *ibid.* pag. 257.

miers avoient plus de foi & de docilité que les seconds.

Nous ne disconvenons pas que du tems de Jesus-Christ les Juifs ne fussent orgueilleux à l'excès ; ce divin Maître & les Apôtres n'ont cessé de le leur reprocher ; mais Moïse & les Prophetes leur avoient déja fait les mêmes leçons: loin de leur enseigner que Dieu ne s'étoit révélé qu'à eux, les Livres saints disent le contraire (*a*).

Il étoit donc le Dieu des Juifs, & non des Egyptiens ni des Chananéens, puisque les premiers l'adoroient, au lieu que les autres peuples étoient polythéistes & idolâtres. Ou cette religion des Juifs étoit l'effet d'une révélation & d'une grace surnaturelle que Dieu leur avoit accordée, ou c'étoit l'effet d'une sagacité naturelle & singuliere de laquelle il les avoit doués. Nous laissons le choix aux Déistes. Nous leur demandons s'il est plus contraire à la bonté, à la justice, à la sagesse divine, d'avoir accordé aux Juifs seuls une lumiere surnaturelle, que de leur avoir départi une supériorité de raison qui ne

---

(*a*) V. ci-dessus, Chap. V, art. 1, §. 2, 3, 7.

s'est trouvée chez aucun autre peuple ; nous exigeons une preuve démonstrative, parce que c'est ici l'unique fondement du Déisme.

On répliquera peut-être que selon nos écritures Dieu a *réprouvé* les autres peuples, les a *endurcis, aveuglés, abandonnés*, les a *laissés errer* dans la voie de perdition, &c. Nous avons démontré ailleurs que tous ces termes ne signifient rien, sinon que Dieu, pour tirer les autres peuples de l'aveuglement, de l'endurcissement, des voies de perdition, &c. n'a pas fait les mêmes prodiges que pour en tirer les Juifs, & ne leur a pas accordé autant de graces surnaturelles. Cette différence est démontrée par la croyance des uns & des autres.

§. VI.

La doctrine de Moïse est donc à couvert de reproche ; voyons si ses loix sur l'intolérance sont blâmables. Tout acte d'idolatrie est défendu sous peine de mort (*a*). Si une ville entiere est cou-

___

(*a*) Exode, c. 29, ℣. 20. Levit. c. 19, ℣. 4, Deut. c. 13, &c.

pable de ce crime, elle doit être détruite, & ses habitans exterminés, Juifs ou non. Si un particulier quelconque ou un faux prophete veut engager ses concitoyens au culte des Dieux étrangers, il doit être lapidé (*a*). Point de quartier sur cet article. Ainsi les adorateurs du veau d'or, les complices de l'idolatrie des Madianites, furent punis de mort. Tel étoit la constitution fondamentale de la république Juive; étoit-ce une sévérité outrée?

Il faut observer d'abord que ces loix regardoient uniquement les Juifs, ils s'y étoient soumis, elles n'avoient de force que dans l'étendue de leur territoire. Nulle part il ne leur est ordonné d'aller exterminer les Idolâtres chez les Egyptiens, les Iduméens, les Arabes ou les Moabites, à Damas ou à Babylone; la loi, au contraire, leur défendoit d'inquiéter ces peuples.

Dieu n'avoit promis aux Juifs une protection surnaturelle & constante que sous condition qu'ils seroient fideles à son culte & à sa loi; il les avoit menacés des plus terribles malheurs s'ils se li-

---

(*a*) Deut. c. 13.

vroient à l'idolatrie. La conservation de la république étoit attachée à cette espece de contrat; l'idolatrie étoit donc un crime d'Etat, un acte de rebellion, un attentat contre la constitution politique. Chez tous les peuples cette espece de crime est puni de mort: personne n'en est scandalisé. Il s'agit de savoir si Dieu avoit pu sans injustice attacher le salut de l'état à cette condition, c'est-à-dire, à l'observation d'un précepte de la loi naturelle. L'idolatrie est certainement contraire à cette loi; la loi naturelle ne peut pas permettre d'adorer plusieurs Dieux, puisqu'il n'y en a qu'un.

En cas d'idolatrie, la nation étoit condamnée à perdre sa liberté civile, son indépendance, à être chassée de ses possessions, transportée dans une terre étrangere: ainsi fut-elle punie par la captivité de Babylone; ainsi elle le fut, quoique moins rigoureusement, par le joug que lui imposerent les Chananéens, les Philistins, les Madianites, en différens tems. Tout homme qui, par ses leçons ou par son exemple, engageoit ses concitoyens à l'idolatrie, étoit un traître à la patrie; la maxime, *salus po-*

puli suprema lex esto, défendoit de lui faire grace.

L'Auteur du Traité sur la Tolérance, appelle ces loix, contre l'idolatrie, *des loix de sang* (a); nos loix contre le crime de rébellion sont donc aussi des loix de sang.

§. VII.

Cette intolérance inexorable étoit-elle particuliere aux Juifs? Nous avons montré dans la premiere Partie de cet ouvrage, que telle a été la politique de toutes les nations. Toutes ont puni les attentats commis contre la religion publique; mêmes loix sur ce point dans les Républiques & dans les Monarchies, chez les anciens & chez les modernes. Pourquoi donc celles de Moïse sont-elles les seules contre lesquelles l'incrédulité déclame? Elles sont plus sensées que celles des Egyptiens, des Perses, des Grecs & des Romains.

1.° Elles sont portées pour conserver la seule religion vraie, raisonnable,

___

(a) Traité sur la Tolérance, c. 13, à la fin. Bible expliquée, pag. 205, 206.

utile, qu'il y eût alors sur la terre ; en proscrivant l'idolatrie, elles ne condamnent que des crimes. Les autres peuples faisoient en faveur de l'erreur ce que les Juifs faisoient pour maintenir la vérité & la vertu.

2.° Les Juifs n'étoient intolérans que parmi eux & pour eux, dans l'enceinte de leur territoire & non ailleurs ; les autres peuples sont allés souvent le fer & le feu à la main, outrager la religion des étrangers. Cambyse alla tuer les animaux sacrés de l'Egypte ; les Perses briserent les statues & brûlerent les Temples des Grecs ; Alexandre ne cessa de persécuter les Mages ; les Romains anéantirent le Druidisme dans les Gaules ; les Syriens répandirent le sang des Juifs pour leur faire embrasser la religion Grecque ; Mahomet a dévasté l'Asie pour y établir l'alcoran. Les Philosophes ne font point de livres pour invectiver contre cette fureur, leur bile ne s'échauffe que contre les Juifs.

3.° Les Juifs ne forçoient point les étrangers établis parmi eux, à embrasser le Judaïsme ; pourvu qu'ils ne fissent aucun acte d'Idolatrie, on les laissoit tranquilles. Il leur étoit permis d'adorer

Dieu dans le Temple, de prendre part aux fêtes ; on y recevoit les oblations des Gentils. Jérémie défend aux Juifs exilés à Babylone de prendre part au culte des Caldéens ; il ne leur ordonne point de le combattre ni de le troubler (*a*). David & Salomon firent des traités d'alliance & de commerce avec les Rois de Tyr, ils n'en font point blâmés dans les livres saints ; les Juifs n'ont fait à aucun de leurs voisins une guerre de religion.

Où sont donc chez les Juifs l'intolérance cruelle, le zele fanatique, la fureur contre toutes les religions, que nos adversaires s'obstinent à y supposer ? En quel sens la loi de Moïse les a-t-elle mis dans un état de guerre avec toutes les autres nations (*b*) ?

§. VIII.

On peut abuser, disent-ils, des loix de Moïse : des esprits foibles & méchans, des cerveaux enyvrés de fanatisme, imbus des maximes Juives, en

---

(*a*) Baruch, c. 6.
(*b*) Morgan, tome 1, pag. 28 : tome 2, pag. 108.

ont conclu qu'il étoit louable de tuer tous ceux qui péchent contre la religion. Ce font ces rêveries fanguinaires qui ont mis le poignard à la main de Jacques Clément, de Jean Châtel & de Ravaillac. Un peuple infatué de cette police abominable, méritoit d'être exterminé, comme on a détruit les loups en Angleterre (*a*).

Réponfe. Si l'on doit avoir horreur de toute maxime de laquelle un infenfé peut abufer, il faut brûler tous les livres, anéantir toutes les hiftoires, fupprimer tous les écrits des Philofophes. Les modernes fur-tout établiffent des principes beaucoup plus capables d'allumer les imaginations chaudes, que la lecture des loix de Moïfe. Eft-il certain que les affaffins dont on cite l'exemple, aient été portés au crime par les livres de l'Ancien Teftament ? Jamais peut-être ils n'en avoient lu un feul chapitre. Ce n'eft pas là du moins que les meurtriers des Empereurs Romains avoient puifé leur fureur. Qu'importe aux autres nations, à l'univers entier, que les Juifs fuffent des loups, s'ils ne dévoroient

---

(*a*) Bible expliquée, p. 205.

que leurs concitoyens par principe de religion ?

La feule queſtion eſt de ſavoir ſi ces loix, eu égard aux circonſtances, à l'eſprit qui régnoit alors, à la conſtitution particuliere de la république Juive, étoient injuſtes, abſurdes, contraires à l'humanité ; ſi l'idolatrie, avec tous les crimes qu'elle traînoit à ſa ſuite, étoit un cas pardonnable ou digne de mort ; ſi des loix plus douces euſſent été convenables aux Juifs & ſuffiſantes pour les réprimer. On ſait d'abord que dans le commencement des ſociétés, les loix ont toujours été plus ſéveres, les peines plus rigoureuſes, les ſupplices plus cruels que dans les progrès de civiliſation. A meſure que les mœurs ſe ſont adoucies, les loix ont pu, ſans inconvénient, être plus indulgentes. Il faut donc examiner à quel degré de civiliſation les Hébreux étoient parvenus, lorſqu'ils ſortirent de l'Egypte. Sans cet examen préliminaire, toute déclamation contre les loix de Moïſe eſt contraire au bon ſens. « Les » loix, dit un Ecrivain récent, ſont re- » latives à la poſition des peuples, elles » ne doivent pas être jugées ſur un prin- » cipe général ; cette vérité méconnue

„ des esprits systématiques, est très-
„ bien sentie par les Barbares (*a*) „.

On ne dit rien de la jurisprudence des Chinois, selon laquelle toute la famille d'un coupable se trouve enveloppée dans sa punition, sans avoir participé à son crime; des loix Romaines qui faisoient périr quatre cents esclaves pour le crime d'un seul; & on invective contre Moïse, parce qu'il veut que l'on extermine une ville entiere, si elle est tombée dans l'idolatrie.

§. IX.

Pour rendre cette loi odieuse, l'Auteur la travestit à son ordinaire; il suppose que l'on devoit massacrer tous les habitans d'une ville, parce que quelques citoyens de cette ville avoient eu un culte différent de celui qui étoit établi; qu'ainsi les innocens étoient punis comme les coupables (*b*). Mais puisque la loi ordonnoit de mettre à mort tous les Idolâtres, une ville qui en souffroit

---

(*a*) L'Esprit des usages & des coutumes des différens peuples, tome 3, pag. 72.
(*b*) Bible expliquée, pag. 206.

sciemment dans son sein, violoit ouvertement la loi; cette ville n'étoit donc plus innocente. Avant d'en venir à l'exécution, Moïse veut que l'on s'informe exactement, si le crime est vrai, & si cette abomination a été véritablement commise (*a*). Il entend donc que le crime doit être public, & que la ville est censée n'avoir pu l'ignorer. Circonstance qu'il ne falloit pas supprimer en déclamant contre cette loi.

Selon l'Auteur, il est contraire à l'humanité qu'un parent soit obligé à mettre la main le premier sur un de ses proches qui a voulu le séduire & l'entraîner dans l'idolatrie. Il ne sait pas que chez la plupart des anciens peuples, c'étoit la famille même du coupable qui étoit chargée de punir le crime, & que cet usage subsiste encore parmi plusieurs nations. D'ailleurs l'idolatrie étoit un crime d'état chez les Juifs; chez tous les peuples policés, une famille est obligée de sévir contre un de ses membres en pareil cas.

Persuadés que la Religion est la chose du monde la moins essentielle au bien

___

(*a*) Deut. c. 13, ℣. 14.

public, à la prospérité des états, & au repos des peuples, les Incrédules trouveront toujours trop rigoureuses les loix établies pour le maintien de la religion; mais leur opinion ne fait pas regle. Tous les Législateurs & tous les peuples en ont jugé différemment; & si l'on veut se rappeller les preuves que nous avons données de la nécessité de la religion, l'on sentira qu'ils pensoient mieux que nos Philosophes.

Depuis long-tems ceux-ci murmurent, & font des dissertations contre la sévérité de nos loix criminelles; il seroit mieux de remonter à la source du mal, de remédier à la dépravation des mœurs, qui rend de jour en jour cette sévérité plus nécessaire. Loin de-là, ils travaillent de leur mieux à augmenter cette corruption; ensuite ils déclament contre la rigueur excessive des loix pénales. Réformateurs aveugles, vous vous révoltez contre votre propre ouvrage; donnez-nous des mœurs, laissez-nous du moins une religion qui tend à les rendre meilleures : lorsqu'elle sera mieux observée, les loix les plus douces suffiront pour réprimer tous les crimes.

§. X.

L'Auteur, dans le Traité sur la Tolérance, & dans les Questions sur l'Encyclopédie, touché peut-être du repentir des calomnies qu'il avoit vomies contre les Juifs, a trouvé bon de leur faire amende-honorable ; de se réfuter lui-même ; de montrer qu'ils ont été le peuple le plus tolérant de l'univers : ce phénomene est assez curieux. Si le Philosophe prouve sa these, il en résultera du moins ce que nous prétendons, que les Juifs ont été moins intolérans que les autres peuples. Mais défions-nous d'une apologie qui part d'une main suspecte, & trop célebre par ses attentats.

« On ne voit chez les Juifs, dit-il,
» aucune contrainte sur la religion....
» L'on ne trouve dans toute l'histoire
» de ce peuple aucun trait de générosité,
» de magnanimité, de bienfaisance ;
» mais il s'échappe toujours dans le
» nuage de cette barbarie si longue &
» si affreuse, des rayons d'une tolérance
» universelle..... En un mot, si l'on
» veut examiner de près le Judaïsme, on
» sera étonné de trouver la plus grande

» tolérance au milieu des horreurs les
» plus barbares. C'est une contradic-
» tion, il est vrai, presque tous les peu-
» ples se sont gouvernés par des contra-
» dictions. Heureuse celle qui amene
» des mœurs douces, quand on a des
» loix de sang (*a*) ».

Réponse. Il est un peu difficile de concilier tout cela ; la barbarie affreuse des Juifs avec des mœurs douces, point de générosité, & la plus grande tolérance. Si l'on disoit : *les loix* des Juifs ont été cruelles, & *leurs mœurs* tolérantes, à la bonne heure ; mais non, ce sont leurs mœurs, leur conduite, qui ont été tout à la fois tolérantes & barbares. C'est un mystere philosophique ; il faut le respecter sans le comprendre. Tous les peuples, dit-on, se sont gouvernés par des contradictions: ne sont-ce pas plutôt les Philosophes ?

Les loix des Juifs n'étoient pas des loix de sang, elles ne punissoient de mort que les crimes pernicieux à la société ; elles n'ordonnent aucun des sup-

_____

(*a*) Traité sur la Tolérance, c. 12, pag. 115 & 119 : c. 13, pag. 145. Questions sur l'Encyclop. art. *Juifs* & ailleurs.

plices barbares qui étoient en usage partout. Elles commandoient la bienfaisance, savoir, d'assister les pauvres, les veuves, les orphelins, les étrangers; d'aider & de rendre service à tous ceux qui en avoient besoin. Elles prescrivoient la générosité, elles vouloient que l'on prêtât sans intérêt, que l'on ne renvoyât jamais un esclave les mains vuides : la magnanimité ; il falloit pardonner aux vaincus, se borner à leur imposer un tribut ; ne point faire la guerre sans avoir offert la paix : l'humanité ; on devoit traiter avec douceur non-seulement les esclaves, mais les animaux. Ou il faut prouver que les Juifs n'ont observé aucune de ces loix, ou il faut convenir qu'ils ont fait des actes de vertu. S'ils étoient barbares, ce n'étoit pas en suivant leurs loix, & s'ils étoient tolérans à l'excès, c'étoit encore moins en vertu de leurs loix.

D'ailleurs, selon les Philosophes, la tolérance universelle est le remede à tous les maux & à tous les vices du genre humain ; un peuple tolérant seroit incapable des fureurs qui ont ensanglanté la terre : & voilà les Juifs qui, avec *la plus grande tolérance* ont commis *les horreurs les*

DE LA VRAIE RELIGION. 505
les plus barbares. Autre myſtere ; il s'éclaircira quand il pourra.

Cette partie du Traité ſur la Tolérance a été réfutée ſans réplique ; cela n'a pas empêché l'Auteur de répéter les mêmes réflexions dans la Bible expliquée (*a*). Nous ne ferons qu'abréger les réponſes que l'on y a données.

§. XI.

Premiere Objection. Les Juifs dans le déſert n'ont rendu aucun culte à Jéhovah ou Adonaï ; ils n'ont adoré que Rempham & Kiun ; Amos & S. Étienne le diſent. Sous Joſué ils avoient encore des Dieux étrangers ; ſous les Juges, Baalbérith fut adoré pendant vingt ans, Michas fit faire des théraphims ou des idoles. L'Auteur pouvoit encore ajouter dans le déſert le veau des Egyptiens & le Béelphégor des Madianites ; ſous les Juges, le Moloch des Ammonites. Cependant l'on n'a pas exterminé tous ces coupables comme la loi l'ordonnoit ;

(*a*) V. Lettres de pluſieurs Juifs, &c. ſeconde Partie.

Tome VI. Y

donc il n'y avoit aucune contrainte sur la religion.

Réponse. C'est comme si l'on disoit ; malgré les loix qui nous défendent le vol, les rapines, le meurtre, les duels, il s'en commet encore, & tous les coupables ne sont pas pendus ; donc il n'y a parmi nous aucune contrainte sur la police.

Les Juifs ont été idolâtres dans tous les tems, plus ou moins ; cela est prouvé par leurs livres : en Egypte, Ezéchiel nous l'apprend (*a*) ; dans le désert, Moïse le leur reproche (*b*) ; sous Josué, ce chef de la nation en fait des plaintes (*c*) ; sous les Juges, leurs rechûtes ont été fréquentes ; sous les Rois, les Prophetes n'ont cessé de leur en prédire la punition ; dans la Chaldée, Ezéchiel en étoit témoin (*d*) ; après la captivité, pour plaire aux Rois de Syrie, nous le voyons dans les livres des Machabées (*e*). Que s'enfuit-il ? que ce malheureux penchant

---

(*a*) Ezech. c. 23, ⅴ. 3 & *suiv.*
(*b*) Deut. c. 22, ⅴ. 17.
(*c*) Josué, c. 24, ⅴ. 23.
(*d*) Ezéch. c. 23, ⅴ. 14.
(*e*) 1. Machab. c. 1. ⅴ. 12.

étoit plus fort que les loix, que ces *loix de sang* qui proscrivoient l'idolatrie n'étoient pas trop séveres, que les châtimens les plus rigoureux étoient impuissans pour réprimer les Juifs.

Mais la mort des adorateurs du veau d'or, le supplice des chefs coupables de l'idolatrie des Madianites, la contagion qui moissonna le peuple, les captivités souvent renouvellées sous les Juges, le schisme arrivé sous les Rois & la captivité de Babylone, les malheurs de la nation sur lesquels notre Philosophe a tant insisté, étoient-ils des châtimens assez rigoureux, ou n'étoient-ils pas suffisans ? Tantôt il exagere les fléaux tombés sur les Juifs en punition de leur idolatrie, tantôt il dit que ce crime n'étoit pas puni, que l'on ne contraignoit personne sur la religion.

D'autre côté les efforts des Juges & des Rois pieux pour extirper l'idolatrie, le succès des armes des Juifs quand ils revenoient au Seigneur, les menaces des Prophetes toujours suivies de leur effet, les éloges donnés aux Justes qui résistoient à la corruption générale, le miracle des enfans sauvés de la fournaise à Babylone, **le martyre d'Eléazar & des** sept freres, le courage des Machabées, couronnés de brillans succès, &c. sont-ils des témoignages assez éclatans de la volonté du ciel & de la sanction donnée au culte d'un seul Dieu à Sinaï?

Lorsque l'idolatrie est sévérement châtiée, les Philosophes crient à la barbarie ; lorsqu'elle ne l'est point, ils en concluent une tolérance universelle ; il faut un talent supérieur pour tirer aussi bon parti de l'Histoire.

Nous avons prouvé ailleurs qu'Amos & S. Etienne disent le contraire de ce que notre Auteur leur prête (*a*); il seroit inutile de répéter.

§. XII.

Deuxieme Objection. Il n'est parlé d'aucun acte religieux du peuple dans le désert ; point de Pâque célébrée, point de Pentecôte, nulle mention de la fête des Tabernacles, nulle priere publique établie ; enfin la circoncision même ne fut point pratiquée. L'ordre a pu être donné de faire le tabernacle dans le

---

(*a*) Ci-dessus, chap. 5, art. 2, §. 5.

désert, mais il ne fut exécuté que dans des tems plus heureux.

Réponse. Point de Tabernacle dans le désert! Moïse dit cependant que tous les ouvrages ordonnés pour la construction du Tabernacle furent exécutés, qu'une nuée miraculeuse couvrit le Tabernacle, que la gloire du Seigneur y parut, que quand la nuée quittoit le Tabernacle, les Israélites décampoient, que lorsqu'elle s'y arrêtoit, ils demeuroient dans le même lieu; que pendant la nuit cette nuée étoit lumineuse, que les Israélites la voyoient dans toute l'étendue de leur camp (*a*). Mais c'est une fable. Moïse est un insensé qui parle continuellement d'un tabernacle qui n'existoit pas; il a voulu persuader aux Juifs qu'ils voyoient de leurs yeux ce qu'il avoit rêvé.

Josué dit que les Prêtres portoient l'arche sur leurs épaules pendant que les Israélites passoient le Jourdain; qu'ils la porterent de même autour de Jéricho; que le tabernacle de l'alliance fut placé à Silo; que l'autel du Seigneur étoit dans

---

(*a*) Exode, c. 40, ℣. 31 & *suiv.*

son tabernacle. Josué est encore un imposteur ; il n'y avoit ni arche, ni tabernacle, ni autel, au sortir du Désert. Le livre des Juges dit que la maison de Dieu étoit à Silo ; cela est répété dans le premier livre des Rois ; il y est dit que l'arche fut prise par les Philistins, & rapportée ensuite à Gabaa ; dans le second, qu'elle fut transportée dans la ville de David ; dans le troisieme, qu'elle fut placée par Salomon dans le temple. Tous ces livres sont de fausses histoires. Au reste, si elle ne fut pas construite sous Moïse, nous ne savons plus quels sont ces tems heureux pendant lesquels elle fut exécutée.

Point d'acte religieux dans le Désert. Lorsque Moïse & Aaron offrirent sur l'autel un holocauste sur lequel tomba le feu du ciel, ils ne faisoient point un acte de religion ; le peuple qui, à cet aspect, se prosterna & loua Dieu, ne faisoit point une priere publique. Les enfans d'Aaron offrent sur l'autel un feu étranger, & ils sont frappés de mort ; mais ce n'étoit point là un acte religieux, &c. &c. Lorsque l'on veut argumenter contre les livres saints, il faudroit du moins les traiter comme une histoire ordi-

Point de Pâque célébrée. Il est dit cependant au livre des Nombres, que la seconde année, après la sortie d'Egypte, le quatorzieme jour du premier mois, les Israélites firent la Pâque auprès de Sinaï, selon le rite que Dieu avoit prescrit à Moïse (*a*).

Ils ne firent point la Pentecôte, parce que cette fête avoit rapport à la moisson; il falloit y offrir du pain fait des prémices; or les Israélites ne moissonnoient pas dans le Désert. La fête des tabernables étoit instituée pour perpétuer la mémoire du séjour qu'ils avoient fait sous des tentes; il eût donc été ridicule de la célébrer, lorsqu'ils y étoient actuellement; elle avoit encore rapport à la récolte des fruits de la terre. Moïse, en prescrivant ces fêtes aux Juifs, dit qu'ils les célébreront lorsqu'ils seront entrés dans la terre que Dieu veut leur donner (*b*).

La Circoncision ne fut point pratiquée; mais il est dit que tous les Israélites

___

(*a*) Num. c. 9.
(*b*) Levit. c. 23.

fortis de l'Egypte, étoient circoncis; que ceux qui ne l'étoient pas, le furent à Galgala en entrant dans la terre promife. On ne circoncifoit point les enfans dans le Défert, parce que le peuple étoit voyageur, expofé à décamper fouvent; c'eft la raifon que donne Jofué (*a*).

§. XIII.

Troifieme Objection. Moïfe lui-même femble bientôt tranfgreffer la loi qu'il a donnée; il a défendu tout fimulacre; cependant il érige un ferpent d'airain, des chérubins font pofés fur l'arche, ils ont une tête d'aigle & une tête de veau. Salomon fait fculpter douze bœufs qui foutiennent le grand baffin du Temple... Moïfe dit au peuple: « Quand vous fe-
» rez dans la terre de Chanaan, vous ne
» ferez point comme nous faifons au-
» jourd'hui, où chacun fait ce qui lui
» femble bon (*b*) ». Il n'y avoit donc aucune contrainte fur la religion.

Réponfe. Ajoutons aux prévarications de Moïfe, qu'il fit broder des figures fur

---

(*a*) Jofué, c. 5.
(*b*) Traité fur la Tolér. c. 12, pag. 107, 114.

DE LA VRAIE RELIGION. 513

les voiles du tabernacle & du sanctuaire. Il avoit défendu de faire des figures *pour les adorer* (a). Il reste donc à savoir s'il fit les figures dont nous parlons pour qu'elles fussent adorées, & si les Juifs leur ont rendu un culte. Il n'est pas certain que les chérubins de l'arche eussent une tête d'aigle ni une tête de veau, leur structure est inconnue; כרובים signifie seulement *des sculptures*, rien davantage.

Il dit aux Juifs : « Vous détruirez les
» Idoles des nations & les lieux où elles
» les ont adorées ; vous n'honorerez
» point le Seigneur votre Dieu comme
» elles ont honoré les leurs, sur les mon-
» tagnes, sur les collines, dans les bois,
» sous les arbres ; mais vous viendrez
» de toutes vos tribus dans le lieu
» que le Seigneur aura choisi pour y
» faire invoquer son nom, & pour y
» habiter. C'est là que vous offrirez vos
» holocaustes & vos victimes, la dîme
» & les prémices, vos vœux & vos
» dons, & les premiers nés de vos trou-
» peaux ; vous les mangerez là (& non

(a) Exode, c. 20, ℣. 5. Levit. c. 26, ℣. 1. Deut. c. 4, ℣. 15.

Y y

„ ailleurs) . . . . . . Vous ne ferez point
„ alors comme nous faisons aujour-
„ d'hui, où chacun fait ce qui lui fem-
„ ble bon (*a*) „. Il s'agit uniquement
dans ce paſſage du choix du lieu dans
lequel devoit ſe pratiquer le culte divin.
S'enſuit-il que le tabernacle n'étoit pas
encore établi ? Non ; il s'enſuit ſeulement que les Juifs n'étoient pas encore
aſſez exacts à y venir exercer toutes les
pratiques du culte, qu'ils en faiſoient
encore des actes ailleurs ſelon leur gré.
C'eſt donc un reproche que Moïſe leur
fait, & non une licence qu'il approuve.

§. XIV.

Quatrieme Objection. Joſué, prêt de
mourir, dit aux Juifs : « L'option vous
„ eſt donnée, choiſiſſez quel parti il
„ vous plaira, ou d'adorer les Dieux
„ que vos peres ont ſervis dans la Mé-
„ ſopotamie, ou ceux des Amorrhéens,
„ au milieu deſquels vous habitez ; pour
„ moi & mes enfans nous ſervirons
„ le Seigneur „. Le peuple répond :
„ A Dieu ne plaiſe que nous abandon-

(*a*) Deut. c. 12, ✝. 2 & *ſuiv.*

» nions le Seigneur pour servir des
» dieux étrangers ». Josué leur répliqua :
» Vous avez choisi vous-mêmes ; ôtez
» donc du milieu de vous les dieux étran-
» gers » (a). Ils avoient donc eu incon-
testablement d'autres dieux qu'Adonaï
sous Moïse (b).

Réponse. Et qui le conteste ? Ils avoient
adoré le veau d'or, Rempham ou Kiun,
& Béelphégor ; en voilà déja trois sans
compter ceux que nous ne connoissons
pas ; mais on sait comme ces prévarications furent tolérées, plusieurs milliers
de coupables furent frappés de mort. Cependant ils avoient aussi adoré le Seigneur, puisqu'ils disent : à Dieu ne
plaise que nous *abandonnions* le Seigneur qui nous a tirés de l'Egypte ; s'ils
ne l'avoient jamais servi, ils n'étoient
pas dans le cas de l'abandonner.

C'est sans doute par esprit de tolérance que Josué exige des Juifs un serment de ne plus adorer d'autre Dieu que
le Seigneur ; qu'il leur ordonne d'extirper tous les restes d'idolatrie & de culte

---

(a) Josué, c. 24.
(b) Traité sur la Tolérance, pag. 110. Bible
expliquée, pag. 231.

étranger; qu'il les exhorte à se décider une fois pour toutes, & à ne plus faire un mélange sacrilége du culte de Dieu avec celui des Idoles.

Mais il leur laisse l'option. Fort bien. Lorsqu'un pere dit à son fils qui se conduit tantôt bien & tantôt mal: *Malheureux, choisis donc une fois pour toutes, d'être un scélérat décidé, ou d'être constamment homme de bien*, il lui laisse l'option; c'est une preuve de tolérance paternelle. Nous en avons grand besoin pour tolérer de pareils raisonnemens.

§. XV.

Cinquieme Objection. Sous les Juges, Jephté dit aux Ammonites: Ce que votre dieu Chamos vous a donné ne vous appartient-il pas de droit? Souffrez donc que nous prenions la terre que notre Dieu nous a promise (*a*). Preuve évidente que Dieu toléroit Chamos.

2.° Michas fit faire une chapelle & des idoles, il la fit desservir par un Lévite; les Danites s'en emparerent, por-

---

(*a*) Jud. c. 11, ỳ. 24.

terent les idoles dans la ville de Dan ou de Laïs, & y établirent pour prêtre Jonathan, petit-fils de Moïse (*a*).

3.° Après la mort de Gédéon, les Juifs renoncerent au culte d'Adonaï, & adorerent Baal-bérith pendant vingt ans, sans qu'aucun chef, aucun juge, aucun prêtre criât vengeance (*b*).

4.° Dieu frappa de mort cinquante mille soixante-dix hommes, parce qu'ils avoient regardé l'arche, & il ne fit point périr les Philistins qui adoroient Dagon; Dieu ne punit donc pas un culte étranger, mais une profanation du sien (*c*).

Réponse. Les paroles de Jephté prouvent très-bien que Dieu toléroit Chamos *chez les Ammonites*; mais il ne s'ensuit pas qu'il permettoit aux Juifs d'adorer Chamos; parce qu'il ne punit pas tous les Idolâtres du monde, on ne doit pas conclure qu'il approuve le culte de tous les faux Dieux. Jephté ne disputoit point contre les Ammonites sur la divi-

_____

(*a*) Jud. c. 17 & 18.
(*b*) Jud. c. 8, ⅴ. 33.
(*c*) 1. Reg. c. 6, ⅴ. 19.

nité de Chamos, mais fur le titre de leur poffeffion; il argumentoit fur le titre dont ils fe prévaloient, fans examiner s'il étoit bon ou mauvais; il n'avoit point reçu ordre de Dieu de détruire l'idolatrie chez les Ammonites.

Le fait de Michas, à le prendre fous le plus mauvais jour, étoit une prévarication; mais il n'eft point approuvé dans les Livres faints; un crime ne prefcrit point contre la loi. Il n'eft pas certain que les *Théraphims* de Michas fuffent des idoles, ni que le Jonathan des Danites fût petit-fils de Moïfe; & quand cela feroit, il ne s'enfuivroit rien.

On ne fait pas pendant combien de tems les Juifs adorerent Baal-bérith; mais il eft dit que quand ils abandonnerent le culte de Dieu pour honorer des idoles, le Seigneur irrité les livra entre les mains de leurs ennemis; que pour punir fon peuple il ne voulut pas détruire les nations qui reftoient encore à fubjuguer, qu'il les conferva pour les faire fervir d'inftrumens à fa vengeance (*a*). Les chefs, les Juges, les Prêtres

_____

(*a*) Jud. c. 2, ℣. 11 & *fuiv*.

n'avoient donc pas besoin de crier vengeance; Dieu s'étoit chargé de l'exercer & n'y manqua jamais. Le silence des Prêtres paroît démontrer qu'ils n'étoient pas les souverains de la nation comme les Incrédules le prétendent, & qu'ils n'étoient pas aussi fanatiques que l'on veut nous le persuader.

Dieu ne frappa de mort ni les Philistins qui adoroient Dagon, ni les Egyptiens qui honoroient les animaux, ni les Ammonites qui révéroient Chamos, ni tous les idolâtres de l'univers; qu'importe ? S'ensuit-il de-là que la loi de Moïse permettoit l'idolatrie aux Juifs, ou qu'elle approuvoit celle des autres nations ? Dieu ne punit point tous les crimes, est-ce une raison pour nous de les tolérer ?

Dieu ne fit point mourir cinquante mille soixante & dix hommes, mais soixante & dix sur cinquante mille : cela est un peu différent. Ils ne furent point punis pour avoir regardé l'Arche, mais pour avoir *regardé dans l'Arche*, & voulu savoir ce qu'elle renfermoit. C'étoit une curiosité contraire à la loi qui menaçoit de mort le Grand-Prêtre même, s'il eût osé entrer dans le Sanctuaire où étoit l'Arche, excepté le jour des expiations.

§. XVI.

Sixieme Objection. Du tems des Rois, Salomon est paisiblement idolâtre; Jéroboam fait ériger des veaux d'or, & Roboam des statues. Le saint Roi Asa ne détruit point les hauts lieux, le Grand-Prêtre Urias érige dans le Temple, à la place de l'autel des holocaustes, un autel du Roi de Syrie. La plupart des Rois Juifs s'exterminerent & s'assassinerent les uns les autres, mais ce fut toujours pour leur intérêt & non pour leur croyance. Parmi les Prophetes il y en eut qui intéresserent le ciel à leur vengeance; Elie fit descendre le feu du ciel pour consumer les Prêtres de Baal; Elisée fit venir des Ours pour dévorer quarante-deux petits enfans qui l'avoient appellé tête chauve: mais ce sont des miracles rares & des faits qu'il seroit un peu dur de vouloir imiter.... Naaman l'idolâtre, demanda à Elisée s'il lui étoit permis de suivre son Roi dans le Temple de Remnon & *d'y adorer avec lui*;

ce même Elisée ne lui répondit-il pas, *allez en paix (a)* ?

Réponse. Pour rendre l'objection complette, il falloit conclure que les cruautés & les assassinats des Rois étoient tolérés, quand ils les commettoient pour leur intérêt & non pour leur croyance, que les Prophetes qui intéressoient le ciel à leur vengeance particuliere n'ont jamais rien dit contre l'idolatrie des Rois ni des sujets, que quand Elie fit mettre à mort les Prêtres de Baal, ce fut par un esprit de tolérance.

Mais les prophetes que l'Auteur suppose si tolérans, sont peints par d'autres Philosophes comme des séditieux, des fanatiques, des brouillons qui ne cessoient de souffler le feu de la révolte contre l'autorité des Rois, sur-tout des Rois tolérans (*b*). Nous verrons ailleurs les reproches amers qu'on leur fait. Les voilà donc justifiés ; ils furent d'une tolérance exemplaire & très-indulgens pour l'idolatrie.

Examinons les faits. *Salomon fut paisi-*

(*a*) Traité sur la Tolérance, c. 12, pag. 115 & 123. Bible expliquée, pag. 408.

(*b*) Esprit du Judaïsme. Tableau des Saints, &c.

blement idolâtre. Pas si paisiblement ; Dieu lui déclare que puisqu'il a violé sa loi, son Royaume sera divisé : il lui suscite pour ennemis Adad l'Iduméen, Razon Roi de Syrie & Jéroboam son propre sujet. Dieu lui fait savoir que ce Jéroboam enlevera dix Tribus à son fils. Vainement Salomon veut prévenir l'effet de la menace, & mettre à mort ce Roi futur ; Jéroboam lui échappe & accomplit la prophétie après la mort de Salomon (*a*).

Jéroboam érige deux veaux d'or ; mais un Prophete lui déclare que leur autel sera détruit, & les Prêtres sacriléges immolés sur l'autel même ; un autre lui annonce que sa famille sera exterminée, qu'il n'en restera pas une seule tête, & la menace est exécutée quelques années après (*b*).

Roboam permet à son peuple de faire des idoles & de commettre des abominations ; pour le punir, Dieu envoie Séfac, Roi d'Egypte, lui faire la guerre ; Roboam est vaincu, le Temple pillé, le trésor des Rois enlevé (*c*).

(*a*) 3. Reg. c. 11.
(*b*) 3. Reg. c. 13, 14, 15.
(*c*) 3. Reg. c. 14, ℣. 22.

Afa ne détruit point les hauts lieux, mais il extermine les efféminés, il brise & fait brûler les idoles, il abolit le culte infâme de Priape, il l'interdit à sa propre mere (*a*): ce Roi ne paroît pas fort tolérant.

Le Prêtre Urias fit faire un autel sur le modele de celui qui avoit été vu par Achaz chez le Roi de Syrie (*b*). Il eut tort, sans doute, & cela ne prouve rien.

Les Rois d'Israël furent presque tous idolâtres, souvent ceux de Juda les imiterent. Les prophetes Jéhu, Elie, Elisée, Isaïe & tous les autres, ne cesserent de leur en faire des reproches, de leur annoncer des châtimens, de leur prédire la destruction de leur royaume par les Assyriens, & toutes ces menaces furent accomplies. Ils braverent le ressentiment des Rois infideles, s'exposerent aux chaînes & à la mort, plutôt que de trahir leur ministere; la plupart des Incrédules en concluent que c'étoient des rebelles; notre Philosophe suppose qu'ils étoient tolérans.

(*a*) 3. Reg. c. 15, ℣. 12.
(*b*) 4. Reg. c. 26, ℣. 15.

Naaman n'étoit plus idolâtre lorsqu'il consulta le prophete Elisée. Il déclare qu'il n'y a point d'autre Dieu dans toute la terre que le Dieu d'Israël; il proteste qu'il n'offrira jamais d'holocauste ni de victime à aucun autre Dieu; mais, ajoute-t-il, lorsque le Roi mon maître entrera dans le temple de Remnon pour l'adorer & qu'il s'appuiera sur mon bras, *si je m'incline* dans le tems de son adoration, priez le Seigneur de me le pardonner (*a*). Le Prophete répond: allez en paix. Naaman demandoit-il la permission d'adorer Remnon? Tout le monde sait que le terme souvent traduit par *adorer*, ne signifie, à la lettre, que se courber ou se prosterner; cette action n'est une démonstration de culte que par l'intention de celui qui la fait. Naaman demandoit donc la permission de rendre au Roi le service que sa charge lui imposoit, & non la liberté d'*adorer avec lui*, comme notre Philosophe l'entend.

(*a*) 4. Reg. c. 5, v. 15 & *suiv.*

§. XVII.

Septieme Objection. Dieu, par la bouche de Jérémie, appelle Nabuchodonosor *son serviteur*. Le même Prophete prend le parti de ce Roi idolâtre, veut qu'on lui livre l'Arche, le Sanctuaire, le Temple & tout ce qu'il renferme. Dans Isaïe, Dieu appelle Cyrus *son Christ*, son oint, son pasteur; quoiqu'il fût un usurpateur aux yeux des hommes. Malachie dit que du Levant au Couchant, le nom de Dieu est grand parmi les nations, & qu'on lui offre par-tout des oblations pures; Dieu agréoit donc le culte des nations. Selon Jonas, Dieu a soin des Ninivites idolâtres comme des Juifs, il les menace & il leur pardonne. L'Ecriture nous apprend donc que non-seulement Dieu toléroit les autres peuples, mais qu'il en avoit un soin paternel (*a*).

Réponse. Voici du moins un Philosophe qui rend gloire à Dieu & témoignage à la vérité. Les autres nous ob-

---

(*a*) Traité sur la Tolérance, c. 12, pag. 125 & *suiv.* Bible expliquée, pag. 438.

jectent que, selon les Livres saints, Dieu abandonnoit toutes les nations pour ne s'occuper que des Juifs ; celui-ci prouve par ces mêmes Livres, que Dieu non-seulement toléroit tous les peuples, mais qu'il en avoit un soin paternel. Nous lui savons gré de cette observation.

La Question n'est pas de savoir si Dieu tolere toutes les erreurs, les crimes, les folies du genre humain, & les blasphêmes des Incrédules, nous n'en pouvons pas douter ; mais si dans un état policé, on doit laisser un libre cours à tous ces désordres, parce que Dieu ne les punit pas toujours en ce monde. Lorsque les Livres saints proposent aux hommes pour modele la bonté, la justice, la sainteté, la miséricorde du Seigneur, les Incrédules crient aux blasphême : *Comme si les hommes*, disent-ils, *pouvoient imiter Dieu !* L'Auteur que nous réfutons nous exhorte à la tolérance, parce que Dieu nous en donne l'exemple ; il est difficile de tolérer tant de contradictions.

Dieu appelle Nabuchodonosor son serviteur, parce qu'il se sert de ce Prince pour exécuter ses desseins, & il le déclare lui-même. D'ailleurs ce Roi n'a pas toujours été idolâtre ; nous voyons dans le livre de Daniel, qu'après avoir été châtié de son orgueil, il a rendu hommage au vrai Dieu.

Jérémie conseille aux Juifs de lui livrer Jérusalem, parce que le Prophete instruit des desseins de Dieu, savoit certainement que la ville seroit prise d'assaut, & le Temple détruit. Il jugeoit donc qu'en se rendant volontairement, les Juifs pourroient calmer la fureur du vainqueur, & obtenir des conditions plus douces. L'événement justifia la sagesse de ses conseils. Quelques Incrédules ont saisi ce prétexte pour soutenir que le Prophete étoit un traître vendu aux Assyriens. On peut en juger par sa conduite. Il refusa les présens du général Assyrien, il ne voulut point aller à Babylone, il demeura dans la Judée pour consoler les Juifs fugitifs, & les suivit jusqu'en Egypte ; un traître n'a pas coutume d'être si désintéressé ni si charitable.

Dieu appelle Cyrus son oint, son pasteur ; c'est-à-dire, un Roi qu'il a suscité pour délivrer son peuple, & mettre fin à la captivité ; c'est ainsi qu'il l'explique lui-même. Il n'est pas vrai que Cyrus fût un usurpateur, à moins que l'on ne veuille donner ce titre odieux à tous les conquérans. Que s'enfuit-il de-là pour prouver la tolérance des Juifs?

Il est évident que le texte de Malachie est une prédiction de l'établissement de la vraie religion chez toutes les nations par le ministere du Messie; nous le prouverons dans la suite. Le Prophete peint cet événement comme présent & déja opéré; c'est le style ordinaire des prophéties.

§. XVIII.

Huitieme Objection. Après la captivité, il se forma plusieurs sectes chez les Juifs; les Saducéens nioient l'existence des esprits, la vie future & la résurrection, ils n'en demeurerent pas moins dans la communion de leurs freres; on vit même des Grands-Prêtres de leur secte. Les Pharisiens croyoient à la fatalité & à la métempsycose. Les Esséniens pensoient que les ames des Justes alloient dans les isles fortunées, & celles des méchans dans une espece de Tartare; ils ne faisoient point de sacrifices, & s'assembloient entr'eux dans une Synagogue particuliere. Ainsi, en examinant de près le Judaïsme, on y trouve la plus grande tolérance (a).

Réponse. Les opinions de ces différentes sectes sont ici mal rendues; mais supposons cet exposé vrai. Il s'ensuit que quand des sectes opposées sont devenues nombreuses, & ont acquis assez de force pour se contrebalancer, elles ne peuvent plus sévir, & se bornent à disputer; c'est l'histoire de toutes les hérésies. Il reste à savoir si les Pharisiens, devenus les plus forts, n'auroient pas été en droit d'excommunier les Saducéens, comme déserteurs de la doctine de Moïse: cette question nous est indifférente.

Les Saducéens n'étoient pas fort zélés pour répandre leur erreur, & pour gagner des prosélytes; Jesus-Christ ne leur fait point ce reproche, & il le fait aux Pharisiens. Les Saducéens observoient tout l'extérieur de la religion, ils ne causoient aucun scandale, ils ne faisoient pas comme les Incrédules modernes qui ne remplissent aucun devoir religieux, & qui dogmatisent sans mission.

Quand la tolérance auroit été aussi grande que l'Auteur le suppose dans les

---

(*a*) Traité sur la Tolérance c. 13, pag. 137.

derniers tems de la Synagogue, ce ne seroit pas une forte preuve à nous opposer. La religion Juive touchoit à sa fin, la loi de Moïse étoit défigurée par les commentaires & les fausses traditions des Pharisiens, la morale même étoit fort corrompue. Il étoit tems que le Messie arrivât pour enseigner aux hommes une croyance plus pure, un culte plus saint, une morale plus sublime.

Il est clair que cette multitude d'objections entassées par l'Auteur du Traité de la Tolérance sont sans justesse & sans force. La plupart sont étrangeres à la question, les autres sont de fausses allégations, des faits défigurés ou des textes mal entendus. Il nous suffit d'avoir prouvé que les loix de Moïse devoient être intolérantes; que la seule vraie religion a droit de l'être; qu'il est impossible qu'elle subsiste avec l'indifférence des Philosophes pour toute religion. Quand même l'Auteur auroit mieux prouvé sa these, il en résulteroit toujours qu'il se contredit aussi bien que ses confreres. Si les Juifs ont été tolérans, ce ne sont donc ni des tigres ni des barbares; s'ils ont été cruels & féroces, ils n'ont pas pu être tolérans.

Encore une fois, la vraie religion est essentiellement intolérante dans ce sens qu'elle ne peut approuver aucun culte qui lui soit opposé, & qu'elle doit se défendre contre ceux qui l'attaquent. L'erreur qui favorise les passions a plus d'attraits que la vérité qui les réprime, celle-ci a donc besoin du secours des loix pour se soutenir. Mais la religion n'est point intolérante dans ce sens qu'elle commande la cruauté, la persécution, la guerre, le carnage, elle les défend au contraire ; elle est sainte & austere comme les loix qui ordonnent le supplice des coupables, & non la proscription des innocens, qui commandent à toute société de maintenir l'ordre chez elle, & non d'inquiéter ses voisins.

Les anciens mieux instruits que les modernes, Naménius dans Eusebe, Diodore, Strabon, Tacite, Dion Cassius, Celse dans Origene, Julien, &c. ont remarqué que les Juifs n'adoroient qu'un seul Dieu, qu'ils détestoient le polythéisme & les idoles ; ils leur en ont fait un crime. Aujourd'hui un Philosophe entreprend de prouver que les Juifs étoient très-indifférens sur ce point, qu'ils pratiquoient selon les occasions l'idolatrie, ou le culte du vrai Dieu. Il n'eſt aucun paradoxe que nous ne devions attendre de la profonde érudition des Incrédules.

Fin du Tome ſixième.

TABLE
DES MATIERES

DU SIXIEME VOLUME.

CHAPITRE IV. *De la Mission de Moïse.* Page 1

§. *Quels sont les signes certains d'une mission divine ?* Ibid.

ART. I. *Des miracles de Moïse.* 4

§. I. *Evénemens qui ont précédé sa mission.* Ibid.

§. II. *Fut-il coupable d'un homicide ?* 7

§. III. *Premiere Preuve de ses miracles, la tradition juive.* Deuxieme Preuve, *les Auteurs profanes.* Troisieme Preuve, *effets de ces miracles.* 11

§. IV. *Quatrieme Preuve. Les rites judaïques.* Cinquieme Preuve, *les prédictions.* Sixieme, *la divinité de sa loi.* 15

§. V. *Nous ne supposons point ce qui est en question.* 19

§. VI. *Moïse étoit-il magicien ?* 24

§. VII. Premiere Objection. *Il étoit injuste de punir les Egyptiens.* 26

§. VIII. Deuxieme Objection. *Des miracles destinés à endurcir un Roi, sont faux.* 30

§. IX. Troisieme Objection. *Les Juifs ont été induits en erreur par cette opinion.* 36

§. X. *Les Plaies de l'Egypte furent miraculeuses.* 37

§. XI. *Preuve de cette vérité.* 42

§. XII. Premiere Objection. *Les Juifs ignorans ont pris des faits naturels pour des miracles.* 45

§. XIII. Deuxieme Objection. *Moïse, par politique, a tourné tous les faits en miracles.* 47

§. XIV. Troisieme Objection. *Dieu n'a pu faire des miracles pour un peuple voleur.* 52

§. XV. Quatrieme Objection. *Pourquoi Moïse ne s'est-il pas emparé de l'Egypte?* 55

§. XVI. *Passage de la Mer rouge.* 58

§. XVII. *Ce passage fut miraculeux.* 61

§. XVIII. *La tradition en a toujours subsisté.* 65

§. XIX. *Colonne de nuée lumineuse.* 68

§. XX. *Manne du désert.* 70

§. XXI. *Tous ces miracles tiennent à des événemens indubitables.* 74

§. XXII. *Ils sont le fondement des loix juives.* 76

§. XXIII. *Ils sont attestés par l'obéissance des Juifs portés à la révolte.* 80

§. XXIV *Repos de la septieme année, miracle permanent.* 86

§. XXV. Objection. *La loi naturelle n'a pas besoin de miracles.* 88

§. XXVI. *Le Pentateuque est-il une histoire incroyable ?* 93

§. XXVII. *Différence entre cette histoire & les fables.* 98

Art. II. *Des Prophéties de Moïse.* 101

§. I. *Différentes prédictions de ce Législateur.* Ibid.

§. II. *Elles ne sont point faites au hazard.* 103

§. III *Aucune ne s'est trouvée fausse.* 105

Art. III. *De la conduite de Moïse.* 109

§. I. *Cercle vicieux, dans lequel tournent les Incrédules.* Ibid.

§. II. *L'autorité de Moïse étoit légitime & sage.* 112

§. III. *Il n'a point usurpé le pouvoir pour lui ni pour sa Tribu.* 116

§. IV. *Le Sacerdoce étoit onéreux, & venoit du choix de Dieu.* 120

§. V. *En quel sens ce Gouvernement étoit théocratique.* 125

§. VI. *Moïse étoit-il orgueilleux ?* 128

§. VII. *Il n'a point envisagé les autres peuples comme réprouvés.* 130

§. VIII. *Prétendus traits de cruauté de sa part.* 131

§. IX. *Juifs punis pour avoir idolatré avec les Madianites.* 136

§. X. *L'adoration du veau d'or est-elle incroyable ?* 140

§. XI. *Dieu devoit-il changer les Juifs par miracle ?* 145

§. XII. *Invectives des Incrédules contre Moïse.* 148

§. XIII. *Apologie de ce Législateur.* 150

CHAP. V. *De la Religion Juive, ou de la croyance & des loix que Moïse a données aux Juifs.* 155

§. *Cette Religion étoit nationnale, & il le falloit.* Ibid.

ART. I. *Des dogmes de la Religion Juive.* 158

TABLE.

§. I. *L'unité de Dieu, & la Création.* 158

§. II. *La Providence universelle sur tous les peuples, sans exception.* 161

§. III. *L'approbation de tout culte adressé à Dieu seul.* 166

§. IV. Premiere Objection. *Moïse prêche aux Juifs un Dieu corporel.* 170

§. V. Deuxieme Objection. *Il leur propose un Dieu local & particulier, un Dieu partial.* 172

§. VI Réfutation de ces calomnies. 176

§. VII. Troisieme Objection. *Les Juifs ont cru que Dieu ne s'étoit révélé qu'à eux.* 180

§. VIII. Quatrieme Objection. *Ils ont admis un Dieu qui tente, qui aveugle, qui endurcit.* 184

§. IX. *Explication des termes* endurcir, aveugler. 188

§. X. Cinquieme Objection. *Moïse peint Dieu comme un tyran capricieux.* 191

§. XI. *Dieu punit-il les enfans pour les fautes de leurs peres ?* 195

§. XII. Sixieme Objection. *Dieu est représenté comme un Monarque avide de présens.* 199

§. XIII. *Moïse n'a-t-il pas enseigné l'immortalité de l'ame ?* Premiere Preuve. 204

§. XIV. Deuxieme Preuve. *Défense d'interroger les morts.* Troisieme Preuve, *de leur faire des offrandes.* 209

§. XV. Quatrieme Preuve. *Etre réuni à ses proches.* Cinquieme Preuve, *résurrections.* 213

§. XVI. Sixieme Preuve. *Différentes récompenses.* Septieme Preuve, *Elie enlevé au Ciel.* 216

§. XVII. *Passages de l'Ecclésiaste.* 219

§. XVIII. *Prétendu scandale de David ; silence de Jésus-Christ.* 223

§. XIX. *Pourquoi Moïse n'a pas parlé plus clairement de la vie future.* 227

§. XX. *Pourquoi il n'en a pas fait la base de ses loix.* 231

§. XXI. *Il ne le devoit pas.* 234

§. XXII. *Deux excès dans lesquels sont tombés les Critiques.* 238

§. XXIII. *Nécessité pour les Juifs de consulter leur tradition nationnale.* 244

§. XXIV. *Nouvelles preuves de cette vérité.* 248

ART. II. *Des loix cérémonielles, ou du culte extérieur prescrit par Moïse.* 251

§. I. *Nécessité du culte extérieur en général.* Ibid.

§. II. *Pratiques communes à toutes les Nations.* 255

TABLE.

§. III. *Idée que les Livres saints nous donnent du culte judaïque.* 259

§. IV. *Ce qu'en ont pensé les Peres de l'Eglise.* 262

§. V. *De la Circoncision & du Sabbat.* 265

§ VI. *Du Tabernacle, du Temple, des Autels, des Instrumens du culte divin.* 270

§. VII. *L'usage des Temples est-il blâmable?* 273

§. VIII. *De la pompe extérieure dans le culte religieux.* 278

§. IX. *Les Juifs y étoient sensibles. Arche d'Alliance.* 282

§. X. *Est-il vrai que les Juifs n'ont point adoré Dieu dans le désert?* 284

§ XI. *Des Prêtres & des Lévites.* 287

§. XII. *Utilité de leurs fonctions.* 290

§ XIII. *Des Sacrifices, du choix des victimes, &c.* 294

§ XIV. *Fausses conjectures des Philosophes sur l'origine des Sacrifices sanglans.* 297

§. XV. *Les Juifs ont-ils immolé des hommes? Preuves du contraire.* 304

§. XVI. *Faux raisonnemens des Incrédules sur ce point.* 309

§. XVII. *Vœu de Jephté.* 313

§. XVIII. *Raisons du choix des victimes.*
317

§. XIX. *Diverses défenses relatives à l'Idolatrie.* 321

§. XX. *Des Fêtes & des Assemblées.* 327

§. XXI. *Ces Fêtes étoient commémoratives.*
327

§. XXII. *Des souillures & des purifications.*
331

§. XXIII. *Utilité des ablutions en Orient.*
334

§. XXIV. Premiere Objection. *Des rites ne peuvent effacer les péchés.* 337

§. XXV. Deuxieme Objection. *Ils ne peuvent nous rendre saints.* 341

§. XXVI. Troisieme Objection. *Les Juifs y ont attaché plus de prix qu'aux vertus.*
344

§. XXVII. *Des abstinences, & du choix des viandes.* 346

§. XXVIII. *De plusieurs autres defenses faites aux Juifs.* 351

§. XXIX. *Nécessité de la décence dans les mœurs.* 356

§. XXX. *Des prieres que faisoient les Juifs. Y avoit-il des imprécations ?* 360

TABLE.

ART. III. *Des loix civiles, politiques & militaires des Juifs* 365

§. I. *Sentiment des Savans anciens & modernes sur ces loix.* Ibid.

§. II. *Stabilité & conséquences avantageuses des loix mosaïques.* 369

§. III. *De l'esclavage. Moïse a-t-il eu tort de le conserver ?* 372

§. IV. *Censure imprudente des anciens Législateurs.* 377

§. V. *Combien la liberté étoit rare dans les premiers tems.* 379

§. VI. *De la Polygamie : Moïse l'avoit restreinte.* 383

§. VII. *Prétendue contradiction entre ses loix.* 386

§. VIII. *Du Divorce. Eaux de jalousie.* 389

§. IX. *Du Gouvernement théocratique, & de ses suites.* 391

§. X. *Droit que Samuel attribue à un Roi.* 396

§. XI. *De la maniere dont les Juifs devoient faire la guerre.* 400

§. XII. *Effets qui devoient résulter des loix de Moïse.* 404

ART. IV. *Des mœurs & de la prospérité des Juifs.* 407

§. I. *Différence entre les mœurs anciennes & celles d'aujourd'hui.* Ibid.

§. II. *Population abondante chez les Juifs;
agriculture, fertilité.* 400

§. III. *Connoissance des arts & du commerce.* 412

§. IV. *Comparaison des Juifs avec les autres Peuples.* 416

§. V. *Etoit-ce une horde d'Arabes Bédouins?* 423

§. VI. *Preuves du contraire.* 427

§. VII. *Leur prétendu vol en Egypte.* 430

§. VIII. *Calomnies accumulées contr'eux.* 434

§. IX. *Multitude d'homicides supposés.* 438

§. X. *Accusation d'impudicité.* 442

§. XI. *Preuves absurdes de cette fausseté.* 445

§. XII. *Les Juifs ont-ils été des Antropophages?* 448

§. XIII. *Les promesses de prospérité ont-elles été fausses?* 452

§. XIV. *Nombre de leurs servitudes.* 455

§. XV. *Furent-ils esclaves sous les Philistins?* 458

§. XVI. *Manquoient-ils absolument d'armes?* 461

TABLE.

§. XVII. *De la captivité de Babylone, & des suites.* 466

§. XVIII. *Les Juifs furent-ils malheureux depuis leur retour?* 469

§. XIX. *Les calamités ont été communes à tous les Peuples.* 471

Art. V. *De l'intolérance des Juifs, & de leur haine contre les autres Nations.* 476

§. I. *L'amour de la vérité est incompatible avec la tolérance de l'erreur.* Ibid.

§. II. *La révélation est essentiellement intolérante.* 479

§. III. *La défense de pratiquer l'idolatrie devoit être sévere.* 481

§. IV. *Les Juifs ne la proscrivoient que dans leur territoire.* 484

§. V. *Pourquoi ils avoient peu de société avec les Etrangers.* 488

§. VI. *Pourquoi l'idolatrie étoit punie de mort.* 491

§. VII. *Les autres Peuples ont été plus intolérans que les Juifs.* 494

§. VIII. *L'abus que l'on peut faire de leurs loix ne prouve rien.* 496

§. IX. *Il est faux que les innocens aient été proscrits avec les coupables.* 499

§. X. *Réveries d'un Philosophe sur la tolérance des Juifs.* 502

§. XI. Premiere Objection. *Les Juifs ont été idolâtres dans tous les tems.* 505

§. XII. Deuxieme Objection. *Ils n'ont fait aucun acte de Religion dans le désert.* 508

§. XIII. Troisieme Objection. *Moïse fit adorer le Serpent d'airain.* 512

§. XIV. Quatrieme Objection. *Josué laisse l'option aux Juifs sur la Religion.* 514

§. XV. Cinquieme Objection. *Chamos, Michas, culte de Baal-Bérith.* 516

§. XVI. Sixieme Objection. *Salomon & d'autres Rois furent paisiblement idolâtres.* 520

§. XVII. Septieme Objection. *Dieu protege les Rois païens.* 525

§. XVIII. Huitieme Objection. *Les Saducéens furent tolérés.* 528

Fin de la Table.